P. IRÉNÉE, O. M. C.

COMMINGES ET NÉBOUZAN

AULON

MONOGRAPHIE LOCALE

ACCOMPAGNÉE DE

Notes importantes sur l'ancien diocèse de Comminges,
la vicomté de Nébouzan
et les communes voisines d'Aulon.

TOULOUSE
LIBRAIRIE ÉD. PRIVAT
14, RUE DES ARTS, 14

SAINT-GAUDENS
LIBRAIRIE ABADIE
2, RUE THIERS, 2

1904

P. Irénée, O. M. C.

COMMINGES ET NÉBOUZAN

AULON

MONOGRAPHIE LOCALE

ACCOMPAGNÉE DE

Notes importantes sur l'ancien diocése de Comminges,
la vicomté de Nébouzan
et les communes voisines d'Aulon.

TOULOUSE	SAINT-GAUDENS
LIBRAIRIE ÉD. PRIVAT	LIBRAIRIE ABADIE
14, RUE DES ARTS, 14	2, RUE THIERS, 2

1904

A LA MÉMOIRE

DE

BERTRAND LAMOURELLE

Né à Aulon, le 8 mai 1820

Décédé le 24 avril 1894

AVERTISSEMENT

Nous offrons les pages qui suivent à nos compatriotes. Nous les offrons pareillement à la *Société des Etudes du Comminges et du Nébouzan*, et à tous ceux qui s'intéressent au passé de notre pays.

Ce n'est point sous l'inspiration d'une pensée vaine ou d'un amour-propre déplacé que nous nous sommes résolu à publier la monographie d'Aulon. C'est plutôt à un devoir de justice que nous obéissons.

Il y a quelques années, au lendemain d'un événement religieux rapporté plus loin, nous engageâmes M. l'abbé Ader à commencer des recherches sur le passé de sa paroisse et même de la commune d'Aulon. D'autres devoirs nous retenant loin du sol natal, nous ne pouvions songer à entreprendre nous-même une pareille tâche, du moins avec les mêmes chances de succès.

Le curé d'Aulon, bien que les circonstances ne l'eussent point préparé à ce genre de travail, se mit à l'œuvre avec un courage et une persévérance que rien ne put rebuter.

Ses laborieuses recherches commencèrent dans sa propre paroisse. Les archives de l'ancien notariat four-

nirent à l'abbé Ader, à partir du seizième siècle, quantité de documents ayant tous un caractère officiel et
concernant, outre les familles privées d'Aulon et des
localités environnantes, les biens du prieuré, la seigneurie d'Aulon, l'administration consulaire et même
la paroisse.

Des papiers de famille, oubliés dans quelques anciennes maisons bourgeoises de la localité, vinrent augmenter considérablement la provision du vaillant cher-
cheur.

L'abbé Ader consulta également les archives de la
Haute-Garonne et de quelques départements voisins,
celles du Parlement de Toulouse et de la ville d'Auch.
Il se mit aussi en rapport avec quelques spécialistes de
renom afin d'en obtenir tous les renseignements dési-
rables sur le passé d'Aulon.

Si le Moyen-âge demeura impénétrable pour lui
comme pour tant d'autres explorateurs, par contre, les
trois siècles qui précédèrent le dix-neuvième lui ont
révélé, sinon la totalité des faits, du moins tous ceux
qui permettent de reconstituer, sans trop grandes lacunes, la vie civile et religieuse d'une localité.

L'abbé Ader avait eu d'abord la pensée de communiquer ses découvertes historiques à la *Revue de Comminges*, où leur place semblait être, en effet, toute
marquée. Mais voulant faire profiter ses paroissiens
des nombreux détails recueillis sur leurs ancêtres, il
préféra une Revue plus modeste, déjà répandue dans
d'autres paroisses et à la portée de toutes les familles.

Le premier numéro de ce Bulletin parut vers la fin

du mois de mai 1902. Le curé d'Aulon y annonçait à ses paroissiens que, tous les mois, il publierait, par petits feuillets, le fruit de ses laborieuses recherches sur le passé.

Cette publication, pour arriver à sa fin, demandait des années. Mais le pauvre prêtre avait compté sans ses forces défaillantes, et surtout sans les surprises de la mort. Celle-ci vint le frapper dans la nuit du 24 au 25 juillet suivant. Le *Bulletin paroissial d'Aulon*, qui n'était encore qu'à son troisième numéro, disparùt avec son auteur.

C'est dans ces circonstances que les papiers de l'abbé Ader, devenus la propriété de sa famille, furent complaisamment mis à notre disposition par un de ses neveux (J. Ader). Il s'agissait de les mettre en valeur en les présentant sous forme de monographie locale.

Nous commençâmes par faire un travail de sélection, car on ne pouvait songer à publier toutes ces pièces. Leur nombre eût été trop considérable, et beaucoup de ces documents ne présentaient pas un intérêt suffisant pour justifier leur publication. Nous avons donc fait un choix, estimant que certaines pièces devaient être reproduites intégralement, tandis qu'il suffisait de donner des extraits ou même le résumé de quelques autres. On les retrouvera, soit dans les divers chapitres dont la monographie est composée, soit surtout à la fin de cet ouvrage dont elles forment les *Pièces justificatives*.

Quant à la division que nous avons adoptée pour notre travail, elle nous a été suggérée par l'étude des documents que nous avions en main.

Le passé d'Aulon se présenta à nous avec quatre institutions d'ordre différent, ayant eu chacune sa physionomie propre et même une certaine autonomie. Dès lors, il nous parut plus logique de les traiter séparément au lieu de les présenter ensemble, dans un même ordre chronologique.

Le prieuré bénédictin, la seigneurie d'Aulon, la paroisse, et enfin l'administration civile des consuls, tels sont les quatre titres qui forment la division de cette monographie. Nous leur consacrons un ou plusieurs chapitres, selon leur importance locale, et eu égard à la quantité de matériaux dont nous pouvions disposer.

En maints endroits, nous avons dû recourir à l'histoire générale du pays pour harmoniser avec elle les documents qui se rapportent exclusivement à Aulon. Mais autant que possible, nous avons cherché à ne pas nous égarer dans des développements inutiles et à ne pas nous laisser entraîner à des considérations trop générales. Nous ne pouvions perdre de vue qu'il s'agissait, après tout, d'une modeste localité. Les documents qui la concernent diront au lecteur l'importance relative qu'elle a pu avoir dans les siècles passés.

On trouvera dans cette monographie un certain nombre de problèmes dont nous avons dû chercher la solution en fouillant, d'ici et de là, quantité de documents inédits et de livres imprimés que nous aurons soin de toujours citer, sauf oublis involontaires.

Si le lecteur n'accepte pas toujours notre manière de voir, nous espérons que cela n'empêchera pas sa sympathie pour notre pauvre petite œuvre. Il n'y a d'ailleurs que le chapitre des *Origines*, où nous avons réuni les préliminaires de cette monographie, qui puisse fournir matière à controverse.

La principale objection que l'on pourra faire contre l'étymologie d'*Aulon*, c'est que le grec n'a jamais été parlé dans nos contrées commingeoises, parce que les premières colonies de cette langue ne s'éloignèrent pas du littoral de la Méditerranée, dont les plus anciennes villes leur doivent la fondation.

Il n'y a pas à discuter sur ce point. Mais reste à savoir si, dans les temps anciens, il fut radicalement impossible que des mots usuels d'une langue pussent s'infiltrer dans les autres : phénomène devenu si commun de nos jours.

Une objection beaucoup plus sérieuse pourra s'adresser à l'interprétation que nous avons donnée au dieu *Abellion*. Or, deux faits nous autorisaient à émettre cette opinion.

D'abord, il est reconnu que cette divinité ne peut être confondue avec *Apollon*, contrairement à ce qu'ont avancé trop légèrement certains auteurs. De plus, la secte des *Abellonites* ou *Abelliani*, sur laquelle nous nous appuyons, n'était pas une production du quatrième siècle. Elle plongeait ses racines jusque dans les temps antérieurs à l'ère chrétienne. Les Abelliani dont parle saint Augustin avaient emprunté au christianisme des pratiques de culte que ne pouvaient pas connaître de pauvres païens. Mais chez les uns comme chez les autres, nous retrouvons le même intéressant

personnage des premiers temps de la Bible, soit comme
modèle de justice et de vertu, soit comme divinité toute
sainte et bienfaisante.

Nous avions déjà écrit ces choses lorsqu'un érudit
des pays basques nous apprit que, d'après sa langue,
l'étymologie d'*Abellion* correspondait exactement à l'interprétation que nous lui avons donnée.

Nous n'insistons pas davantage. Mais puisque Abellion fut la principale divinité du Comminges, il semble
qu'au lieu de simples négations *à priori*, il serait préférable de diriger de sérieuses recherches de ce côté.
Peut-être arriverait-on à connaître l'une des causes
pour lesquelles le christianisme fut accepté assez facilement dans certaines contrées, tandis que d'autres lui
demandèrent des flots de sang pendant plusieurs siècles. Et ce ne serait pas un moindre honneur pour
l'histoire du pays, de nous apprendre que nos ancêtres
n'avaient pas voulu des dieux impurs de l'Olympe et
leur avaient préféré des divinités infiniment plus res-
pectables.

Le lecteur éprouvera peut-être quelque étonnement
de voir, reproduits à la fin de ce livre, un si grand
nombre de documents originaux. Plusieurs de ces pièces, concernant le prieuré ou la seigneurie, et surtout
l'organisation communale, semblent n'être, de prime
abord, que de simples répétitions. Mais il ne sera pas
difficile à tout œil observateur de saisir les nombreuses
nuances qui distinguent ces documents de même nature.
On verra aussi qu'ils se complètent sur bien des points,
car telle donnée qui paraissait confuse ou incertaine

dans un premier acte officiel est rendue très compréhensible par l'exposé d'un second.

Tous ces documents d'un autre âge, malgré les imperfections de style et leur orthographe parfois très défectueuse, ont une grande portée historique, non seulement pour Aulon, mais aussi pour les communes environnantes, et même pour tout l'ancien pays du Nébouzan.

C'est principalement ce caractère de généralité qui se révèle dans la plupart de ces pièces qui nous a déterminé à les reproduire dans leur texte original. A ceux qui voudraient entreprendre des travaux comme celui-ci, elles fourniront des données sûres, quelquefois même la solution de certains problèmes historiques relatifs à certaines localités du pays commingeois.

L'administration communale pendant le dix-neuvième siècle semblait devoir entrer dans notre cadre, et les archives de la mairie d'Aulon nous auraient été complaisamment ouvertes pour mener ce travail à bonne fin. Seulement, nous ne pouvions aboutir qu'en donnant à cette monographie des proportions considérables et qui en eussent rendu l'acquisition trop onéreuse pour la généralité de ceux à qui elle s'adresse.

Quant à résumer dans quelques courtes pages la vie civile à Aulon, durant le dernier siècle, le trop grand nombre d'événements notables, et qu'on ne saurait relater sans faire ressortir en même temps les particularités propres à chacun, ne le permettaient pas. Ce système nous était rendu plus facile par *la paroisse au dix-neuvième siècle*, car ses annales sont beaucoup plus restreintes. Nous voulions, en outre, sauver de l'oubli des choses instructives et édifiantes qui seraient demeurées introuvables pour les générations qui suivront la nôtre.

Un devoir de la plus stricte justice comme de la reconnaissance la plus vivement sentie, nous oblige à remercier ici tous ceux qui, de près ou de loin, confrères ou étrangers, ont bien voulu nous aider de leurs conseils. Plusieurs nous ayant manifesté le désir de n'être pas mentionnés dans cette monographie, nous garderons cette même réserve pour tous. Mais que les uns et les autres veuillent bien accepter le témoignage public de gratitude qui leur est offerte d'une manière générale.

Qu'il nous soit permis, en terminant, de placer cette monographie locale sous les auspices d'un grand chrétien qui a laissé à Aulon d'impérissables souvenirs. Puisse le résultat de nos efforts n'être pas indigne de sa mémoire à jamais vénérée.

Rome, du couvent généralice des Frères Mineurs Capucins, ce 15 novembre 1903.

Fr. Irénée, *d'Aulon*.

TABLE DES MATIÈRES

CHAPITRE DIXIÈME. — La Paroisse d'Aulon, de 1803 a 1860.

CHAPITRE ONZIÈME. — La Paroisse d'Aulon, de 1860 a 1902.

CHAPITRE DOUZIÈME. — Mengué.

PIÈCES JUSTIFICATIVES.

AULON

CHAPITRE PREMIER.

ORIGINES.

Etymologie. — Description. — Etendue. — Principaux sommets. — La
rivière. — Antiquité d'Aulon. — Principaux quartiers. — Souvenir
du paganisme. — Célébrité d'un autel votif. — Symbolisme du culte
d'Abellion. — Tradition chrétienne confirmée.

Aulon, ancienne seigneurie du Comminges, puis du Nébouzan, est aujourd'hui une commune rurale du département de
la Haute-Garonne, située dans l'arrondissement de Saint-Gaudens, à 14 kilomètres de cette dernière ville, et à 7 d'Aurignac,
son chef-lieu cantonal.

Elle doit son nom à la situation topographique qu'elle
occupe, car *Aulon* est un nom de lieu descriptif. Mais c'est en
vain qu'on en chercherait l'étymologie dans le dialecte patois,
tel qu'on le parle de nos jours, et encore moins dans la langue
française.

Pour trouver la signification de ce nom, il faut remonter, à
travers les siècles, jusqu'au langage des premiers peuples
venus de l'Orient dans nos contrées pyrénéennes. Strabon, le

1

célèbre géographe grec qui vivait avant l'ère chrétienne, nous en a livré le secret.

Signalant une ville de la Macédoine qui était ainsi appelée, il dit que cette dénomination lui venait de sa situation topographique, parce qu'*aulon* est un mot grec qui a la même signification que le mot latin *convallis*, et sert à désigner une vallée fermée de tous côtés.

Or, ceux qui connaissent la configuration topographique du lieu dont nous nous occupons ici savent qu'elle justifie pleinement cette dénomination. Il est entouré d'une ceinture de coteaux, et la rivière qui le traverse a un passage tellement oblique à l'entrée et à la sortie, qu'elle ne permet pas au regard de s'étendre au delà des limites naturelles de la vallée d'Aulon.

Nous pourrions ajouter, comme preuve à l'appui d'une origine aussi ancienne, que le mot exotique qui sert à désigner le village gracieusement assis sur les bords de la Noue n'a nullement changé dans la suite des siècles. A l'encontre de beaucoup d'autres, on le retrouve avec la même orthographe dans les premières chartes du pays, la plupart rédigées en latin, et quelques autres dans les divers dialectes des populations pyrénéennes.

Nous avons pu le voir également conservé aux Archives vaticanes, dans les documents officiels émanés des Papes du Moyen-âge. Jean XXII et Benoît XII, entre autres, eurent à s'occuper du prieuré d'Aulon. Si le mot a été tant soit peu latinisé dans leurs bulles, c'est plutôt par accomodement avec la langue latine à cette époque : *Prioratus de Aulono* (1330). Le bullaire de Clément VII, rédigé en 1533, revient à l'orthographe primitive : « Ecclesia B. Mariæ de *Aulon* ». Enfin, dans un acte des consuls, daté de 1500 et rédigé dans le dialecte du pays, nous relevons ces mots : « *los cossos et tota la villa de Aulon*, etc. »

L'étendue de cette commune est aujourd'hui ce qu'elle était dans les siècles passés ; ses limites n'ont pas changé. Les paroisses qui l'entourent existaient déjà au douzième siècle. Ce sont : Peyrouzet, Saint-Elix-Séglan et Cazeneuve-Montaut à l'est; Sepx au sud; Latoue au sud-ouest; Saint-Marcet à l'ouest, et Cassagnabère-Tournas au nord.

Des diverses ondulations de terrain formées par les coteaux qui dominent la vallée d'Aulon se détachent deux sommets principaux, l'un et l'autre à perspective très agréable : *la Hage* et *le Mont*.

Le premier, qui a une hauteur de 490 mètres au-dessus du niveau de la mer, fut ainsi appelé dans les temps anciens à cause de sa situation topographique. Le mot *hage* signifie clôture, forte barrière. C'est, en effet, la position qu'occupe cette haute colline à l'entrée de la vallée, sur les limites de Latoue et de Saint-Marcet.

Du sommet de la *Hage*, l'œil peut se promener sur un horizon très étendu et qui permet de voir, vers le nord, Boulogne-sur-Gesse et les premières communes du canton de l'Isle-en-Dodon; et au sud, la chaîne des Pyrénées depuis le Pic du Midi jusqu'aux dernières montagnes de l'Ariège, ainsi que les collines qui dominent la vallée de la Garonne depuis Montréjeau jusqu'au delà de Martres-Tolosane. Le *Mont* est un peu moins élevé (431 mètres). Les autres collines d'Aulon ne dépassent pas 400 mètres. Quant au centre du village, la partie qui est assise sur les bords de la Noue a une altitude de 335 mètres au-dessus du niveau de la mer.

A partir du quinzième siècle, les actes civils font souvent mention de la *Hage* et du *Mont*, parce que ces deux collines, transformées en pâturages, constituaient, avec quelques prairies, les biens communaux légitimement acquis des anciens seigneurs d'Aulon, moyennant certaines redevances annuelles dont nous aurons à parler.

La *Noue*, qui traverse la vallée d'Aulon du sud-ouest au sud-est, prend sa source sur les premières pentes du plateau de Lannemezan, entre Franquevielle et Pinas, et elle se jette dans la Garonne entre Saint-Martory et Boussens.

La charte de fondation de la collégiale de Cazeneuve, datée
de l'an 1003, donne à cette rivière le nom de *Rivus Lubunensis*. On peut interpréter cette dénomination de différentes manières : cours d'eau facile à traverser, qu'on peut même passer
à gué; ou encore, rivière qui coule à travers des terrains humi-
des. Mais nous préférons à cette seconde signification du mot
Lubunensis celle qui peut lui venir tout aussi bien de l'aspect
agréable que donnent aux bords de la *Noue* les prairies et les
champs avec leur tapis de verdure.

Quant au nom que porte actuellement cette rivière, on ne
voit pas trop comment il dérive du précédent. Le mot latin
nua, qu'on trouve dans de vieilles chartes du pays vénitien,
nous semble donner l'étymologie du mot *noue*; non seulement
à cause de la prononciation qui est presque identique, mais
surtout parce que les *nuæ* constituaient des biens, objet de donations ou de redevances. Dans ce cas, ce n'est pas tant la
rivière elle-même, mais plutôt les terres qu'elle arrose qui
auraient donné lieu à sa dénomination. C'est aussi l'interprétation donnée par la lexicologie française, d'après laquelle le
mot *noue* signifie une terre grasse et humide cultivée en
prairie pour le pâturage des bestiaux.

L'antiquité des noms de lieux descriptifs évoque tout de suite
l'idée d'une population très ancienne. Nous ne prétendons pas
précisément que l'origine de celle d'Aulon se perde dans la
nuit des temps. Néanmoins, les quelques monuments qui nous
restent du passé permettent de lui attribuer une antiquité assez
respectable. Les historiens du pays de Comminges l'ont tous
reconnu. Voici comment s'exprime à ce sujet l'*Historique de
la Gascogne et en particulier du Comminges*, publié à Saint-
Gaudens en 1899 :

« Aulon est une localité fort antique du moment qu'elle fut
protégée par le dieu Abellion de l'olympe gaulois; elle est antique surtout, parce que ses premiers habitants faisaient usage
des haches de pierre que l'on a trouvées sur les coteaux envi-
ronnants. »

Nous ne nous attarderons pas à discourir sur ces pierres polies et autres débris préhistoriques, pas plus que sur les ossements d'animaux antédiluviens trouvés au quartier de Vidalle, à 12 mètres de profondeur. Cette étude nous mènerait trop loin. Constatons en passant que, dans les temps les plus reculés, le territoire d'Aulon était habité. Le nom seul de la plupart des quartiers qui composent actuellement la commune révèle une origine très ancienne.

Faut-il ajouter que la plupart tendent à disparaître, notamment ceux qui sont situés sur les hauteurs?

Il y a trente ans, on pouvait voir encore ces agglomérations de maisons patriarcales, où vivaient des familles nombreuses et laborieuses. La dépopulation d'un côté, le goût de l'industrie et du commerce de l'autre, ont fait peu à peu le vide dans ces quartiers. Les maisons abandonnées y tombent en ruines, et ceux qui viendront après nous n'en sauront pas même le nom.

Il en est deux cependant qu'il convient de mentionner ici, parce que, de temps immémorial, ils ont formé la plus importante section de la commune. Nous voulons parler de Mengué et Lucet, avec leurs petits quartiers secondaires situés sur les deux côtés de la Louge.

En remontant jusqu'au quinzième siècle, il est clairement démontré que l'administration communale fut la même. Les consuls d'Aulon exerçaient leur autorité dans ces deux sections. Mais il en fut tout autrement au point de vue religieux. La paroisse de Mengué se trouve mentionnée dans les documents pontificaux du douzième siècle. Elle perdit ce titre au commencement du seizième; et jusqu'à la grande Révolution, elle forma une annexe de Cazeneuve.

L'église de Lucet, dont il ne reste pas même des ruines, était primitivement rattachée à celle de Mengué. Et lorque cette dernière perdit son titre de paroisse, l'église de Lucet fut attribuée tantôt à Aulon, tantôt à Cazeneuve, comme le prouvent plusieurs titres de collation de ces cures, que nous avons retrouvés aux Archives vaticanes. Le culte de saint Lizier, autrefois en honneur dans ce quartier qui lui devait son nom, a disparu avec les traces de sa chapelle; celui de saint Antoine, au contraire, continue de signaler l'église de Mengué comme un lieu de dévotion et même de pèlerinage pour tout le pays d'alentour. Nous en parlerons dans un chapitre spécial.

La partie centrale du village d'Aulon s'est beaucoup développée depuis un demi-siècle. Une plus grande aisance a facilité la construction ou l'embellissement d'édifices qui ont complètement changé l'aspect du vieil Aulon. Le voyageur qui parcourt aujourd'hui la route départementale de Saint-Gaudens à Aurignac est agréablement impressionné lorsqu'il traverse notre pays natal. Mais ce qui frappe surtout ses regards, c'est le monument le plus ancien de la localité : l'église paroissiale.

A première vue, l'église d'Aulon transporte la pensée au delà des siècles. Elle parle de nombreuses générations disparues, du triomphe permanent de la foi catholique en dépit des révolutions qui passent et bouleversent le monde. Cette antique priorale des moines bénédictins va nous fournir l'objet et le sujet d'une étude spéciale. Auparavant nous devons rappeler le souvenir et conserver la mémoire d'un autre monument religieux bien antérieur à l'église actuelle d'Aulon.

Jusqu'en 1898, époque où fut commencée la construction de la nouvelle sacristie, on pouvait voir, dans la partie extérieure du chevet de l'église qui correspond au maître-autel, les traces d'une grande niche rectangulaire qui avait été murée après la grande Révolution. Quand on l'eut dégagée pour y placer le vestiaire, on put constater que cette niche, de 0m30 de profondeur, n'avait pas été creusée après coup. Son existence datait de la construction même de l'église, et elle avait été façonnée en cet endroit, tout spécialement choisi, pour recevoir un monument du paganisme, un autel votif dédié au dieu Abellion.

Vers 1820, un sous-préfet de Saint-Gaudens eut la malencontreuse idée de faire transporter ce marbre au musée de Toulouse où il est coté sous le numéro 182. Tous les Aulonais qui s'intéressent aux choses du passé regretteront avec nous que la municipalité de l'époque ait trop facilement permis l'enlèvement de cet autel votif. Il constituait à lui seul plus d'un titre de gloire. Les premiers ancêtres chrétiens l'avaient pieusement conservé, lui réservant même une place d'honneur, parce que, de tous les cultes du paganisme, celui d'Abellion rendait plus facile et acceptable la doctrine évangélique.

Cet autel votif consiste dans une demi-colonne quadrangulaire, haute de 0^{m}75 et large de 0^{m}30. La gravure, très superficielle, est à peine visible aujourd'hui par suite de l'altération du marbre. Sur chacun des latéraux, elle reproduit une amphore surmontée d'une patère. Quant à l'inscription, la voici avec la traduction en regard :

<table>
<tr><td>ABELLIO
NI
MINICIA
JUSTA
V ᵛ S ᵛ L ᵛ M</td><td>Au dieu Abellion
Minicia Justa
(votum solvit libens merito,
c'est-à-dire :)
En accomplissement légitime
d'un vœu spontané.</td></tr>
</table>

Cet autel votif devait avoir une certaine célébrité puisque nous le voyons mentionné par des auteurs anciens, même étrangers à notre pays. Joseph Scaliger, historien et philologue, le signale entre tous les autres monuments commingeois qui rappelaient le culte d'Abellion[1]. Après lui, Berthald, Lipsius, Gruter, Orelli et d'autres auteurs qui ont traité des antiquités romaines donnent une place à part à l'autel votif d'Aulon. Il figure également dans les divers travaux publiés

1. *Ausoniarum Lectionum libri duo.* Edition de 1595, chap. I, p. 28.

de nos jours sur les populations pyrénéennes et leurs divers cultes [1].

Celui d'Abellion embrassait presque tout le vaste espace occupé par les Celtibères. Les autels votifs, les cippes funéraires et les colonnes, conservés ou retrouvés en grand nombre, indiquent clairement qu'Abellion fut la divinité pyrénéenne dont l'aire d'action avait le plus d'étendue, et le culte les plus nombreux partisans.

Quant à l'interprétation donnée jusqu'ici à ce nom divin, nous la croyons fort contestable. M. Julien Sacaze, l'épigraphiste si connu et si compétent en cette matière, se montre lui-même peu convaincu après avoir exposé ce sujet et fait connaître les diverses interprétions du mot *abellion*.

Au risque d'avoir des contradicteurs, et jusqu'à preuve du contraire, nous croyons que l'étymologie de ce nom ne peut être expliquée que par celui d'*Abel*, fils du premier homme.

Saint Augustin raconte dans ses écrits qu'il y avait de son temps, en Afrique, une secte appelée des *Abelliani*, rappelant plus ou moins, dans leur conduite, ce que les Esséniens avaient été parmi le peuple d'Israël. L'objectif de leur culte consistait à honorer et surtout à imiter l'innocence d'Abel et son intégrité de mœurs. Le saint Docteur leur rend le témoignage qu'ils étaient les plus faciles à ramener au sein de l'Eglise.

Pour en revenir à la divinité qui nous occupe, qui ne voit la facilité, pour les Orientaux venus les premiers dans nos contrées pyrénéennes, de transformer peu à peu la mémoire d'Abel en une sorte de culte, jusqu'à lui rendre les honneurs divins, et finalement à le considérer comme un dieu ?

De fait, le culte d'Abellion, à cause de son symbolisme, ne fut jamais connu, ou du moins bien pratiqué dans les villes corrompues de l'empire romain. Il est incontestable que la vie des champs et la simplicité de mœurs des habitants des cam-

---

1. Du Mège, Castillon d'Aspet, Cénac-Moncaut, Roschach, Julien Sacaze, etc.

pagnes cadraient mieux avec le souvenir d'Abel, même divinisé, et se prêtaient davantage aux exercices d'un culte destiné à le faire revivre à travers les âges et à se le rendre propice.

Pourquoi n'ajouterions-nous pas que le culte d'Abellion, ainsi présenté, confirme la tradition rapportée par tous les historiens du pays commingeois et d'après laquelle notre contrée, visitée par saint Saturnin, fut des premières à embrasser la foi catholique?

CHAPITRE DEUXIÈME.

LE PRIEURÉ BÉNÉDICTIN.

L'ordre de Saint-Benoît en France. — Les Sarrasins renversent les premiers monastères de Gascogne. — Origine de celui de Pessan. — Les
Bénédictins à Saint-Gaudens et à Aulon. — Couvent de Viala. — Le
chapitre de Saint-Gaudens cède l'église de Notre-Dame d'Aulon aux
moines de Pessan. — Fondation du prieuré. — Description et modifications successives de l'église priorale. — Salutaire influence des
moines dans tout le pays. — Construction de l'église de Saint-Michel
à Aulon. — Les vicaires perpétuels. — Fléau de la commende. — Le
prieuré d'Aulon perd sa conventualité et disparaît totalement.

Avant d'esquisser la physionomie physique et morale de
l'ancien prieuré d'Aulon, il nous paraît opportun de rappeler
en quelques mots le souvenir de saint Benoît. Les religieux
établis jadis dans notre silencieuse vallée le vénéraient comme
leur fondateur et leur père, et nos ancêtres voyaient en lui l'un
des premiers protecteurs du pays. A ce double titre, l'histoire
locale doit présenter saint Benoît comme un bienfaiteur insigne
et, par conséquent, digne d'une éternelle reconnaissance.

Nous ne raconterons pas les détails de sa vie, tels que ses
contemporains ont pu les saisir. Il suffit de rappeler ici que
saint Benoît, né en Italie vers 480, se vit appelé de bonne
heure à fonder plusieurs monastères pour y recevoir les nombreux disciples que lui attirait la renommée de sa vie plus
angélique qu'humaine.

Au commencement de l'année 547, il envoya en France
quelques-uns de ses religieux pour y implanter la vie monastique. Cet événement, qui passa inaperçu aux yeux du monde,

allait avoir une influence incalculable sur le sort de la société française.

Pour dompter et civiliser des gens encore à moitié barbares, pour défricher les forêts, assainir les vallées et les transformer en champs fertiles, il fallait aux premiers évêques des auxiliaires robustes, ne craignant rien et sachant se contenter de peu. Les communautés de saint Benoît y pourvurent avec avantage; et toute l'histoire leur rend ce témoignage, en dépit de l'ingratitude et de la haine avec lesquelles on poursuit de nos jours les successeurs de ces moines qui firent la France.

Ceux que saint Benoît y avait envoyés les premiers s'établirent sur les bords de la Loire. Mais là ne devait pas se borner leur action bienfaisante. Un souffle religieux se répandit sur tout le pays des Gaules et y fit éclore de nombreux monastères, pour lesquels le génie du saint patriarche avait déjà tracé une législation admirable.

Il paraît bien difficile aujourd'hui de faire connaître l'origine et même le nombre des monastères bénédictins qui furent fondés dans nos contrées méridionales à partir du sixième siècle. Les premières invasions des Sarrasins occasionnèrent, au début du huitième siècle, la destruction ou la ruine de tous ceux qui avaient été établis sur les confins des Pyrénées ou en pays de Gascogne.

Quelques historiens de nos contrées commingeoises comprennent dans cette destruction une abbaye bénédictine qui aurait été fondée antérieurement auprès de la ville de Saint-Gaudens.

Le chanoine Abadie, qui rapporte cette tradition dans son *Catalogue des évêques de Comminges*, lui attribue comme origine et comme point d'appui les relations et surtout la dépendance dans laquelle le prieuré d'Aulon se trouvait, de temps immémorial, vis-à-vis de l'abbaye de Pessan, située tout à côté d'Auch.

« Les moines de cette abbaye, dit-il, savent par tradition qu'ils ont été fondés par des religieux venus de Saint-Gau-

dens, et cette tradition s'est toujours conservée parmi leurs
prédécesseurs, malgré la disparition des chartes et les diverses destructions et autres vicissitudes de leur monastère. La
pension qu'ils paient annuellement au chapitre de Saint-Gaudens, à cause du prieuré d'Aulon, semble confirmer cette tradition. »

Voulant faire la lumière sur ce point qui intéresse tout particulièrement notre histoire locale, nous avons soigneusement
compulsé les ouvrages anciens et modernes qui traitent de
l'ordre de Saint-Benoît et de son établissement en France.
Mais toutes nos recherches sont restées infructueuses. Même
les Archives vaticanes, qui renferment tant et de si riches tré-
sors pour l'histoire monastique et l'histoire locale, ne nous ont
rien fourni sur cette question d'origine. Plusieurs Papes du
Moyen-âge ont reconnu et déclaré la suzeraineté de l'abbaye de
Pessan sur le prieuré d'Aulon, mais sans trancher la question
d'origine.

A défaut de documents écrits, il ne nous reste donc plus
que la tradition orale. Or, celle-ci est assez respectable pour
être prise en considération, surtout si on peut lui trouver des
fondements solides et un ensemble de circonstances qui aient
tous les caractères de la vraisemblance.

Ce qui milite tout d'abord en faveur de cette tradition, c'est
qu'il n'en existe aucune autre qui lui soit contraire. Les auteurs bénédictins, depuis le savant Mabillon jusqu'à dom Brugèle, qui écrivit la *Chronique du diocèse d'Auch* en 1746, déclarent que l'on ne connaît ni l'auteur ni l'époque de la fondation du monastère de Pessan.

La première mention qui en soit faite d'une manière certaine
remonte au concile d'Aix-la-Chapelle, tenu en 817, et dont les
actes classent l'abbaye de Pessan au nombre des monastères
de Gascogne qui furent dispensés, à cause de leur grande pauvreté, de payer un certain tribut. Mais le fait de son existence
en 817, sans qu'on puisse remonter à son origine, confirme la
tradition que nous venons de rapporter au lieu de la détruire.

Reste à savoir comment à pu s'opérer cette fondation. Si le monastère de Saint-Gaudens fut renversé ou brûlé par les Sarrasins, comme le veut la tradition, le même sort, au dire de dom Brugèle, atteignit celui de Pessan et à la même époque. Et si cette double ruine a eu lieu presque simultanément, il en résulte que la fondation de Pessan ne fut pas occasionnée par l'abandon forcé de l'abbaye-mère, mais en suivant la règle établie dans l'ordre de Saint-Benoît et d'après laquelle les monastères naissent ou procèdent les uns des autres, par voie de provenance ou d'affiliation.

C'est donc à tort que certains auteurs contemporains ont donné comme origine au monastère de Pessan la destruction de celui de Saint Gaudens et la dispersion des religieux qui l'occupaient. D'après l'opinion d'un savant bénédictin que nous avons consulté, le chapitre collégial de cette ville n'aurait été que la continuation de l'abbaye de saint Benoît, dont la tradition nous a conservé le souvenir.

On sait d'ailleurs que plusieurs monastères furent forcément sécularisés par suite des invasions de toutes sortes, sarrasines ou northmandes; et les quelques documents du onzième siècle qui signalent le chapitre de Saint-Gaudens à l'attention des historiens prouvent bien que son origine est toute monastique.

Cette dernière abbaye ne fut pas cependant la seule établie dans nos contrées. Nous savons que la silencieuse vallée d'Aulon eut l'avantage d'être habitée par les religieux bénédictins à deux reprises différentes. La première est démontrée par une respectable tradition qui s'est maintenue jusqu'à ces derniers temps, et la seconde par des documents de première main. Qu'on ne nous demande pas d'où étaient venus les premiers religieux ; mais nous sommes un peu plus renseignés sur l'arrivée des seconds, et les circonstances qui l'accompagnèrent indiquent assez clairement qu'ils voulurent reprendre possession d'un lieu qui n'avait pas été inconnu des premiers moines de Pessan, ni de ceux de Saint-Gaudens.

Il y a plus de trente ans, alors que nous ne pouvions pas même avoir la pensée d'écrire un jour l'histoire d'Aulon, nous avons recueilli de la bouche de vieillards octogénaires que, dans les temps les plus reculés, les moines avaient occupé un des plus beaux sites de notre vallée, et qu'ils étaient revenus plus tard auprès de l'église actuelle.

Bien entendu, il ne reste plus que l'emplacement de cette première habitation monastique, et il ne faut pas même se la représenter comme ces puissantes abbayes du Moyen-âge, chefs-d'œuvre d'architecture, et semblables à de petits diocèses à cause de l'étendue de leurs terres et du prestige de leurs abbés, presque toujours apparentés aux familles seigneuriales du pays. Quelques prêtres et un peu plus de frères convers formaient à cette époque primitive de la vie religieuse le personnel des communautés bénédictines.

Sur l'emplacement du premier couvent de *Viala,* dont le nom seul évoque une idée d'antiquité qui est loin de nuire à la tradition, on voit se dresser une maison très ancienne. C'est là que vécut jusqu'à la fin du dix-huitième siècle une famille quasi-seigneuriale et dont nous parlerons plus loin. La position qu'occupe cette antique demeure de la famille Daure de Viala n'est pas un endroit quelconque; et l'on comprend que des religieux l'eussent choisi longtemps auparavant de préférence à tout autre. De plus, la solitude de la vallée d'Aulon à cette époque reculée, solitude que les premiers moines recherchaient par dessus tout, semblait devoir attirer leur attention et les porter à s'y établir de préférence à d'autres sites bien moins favorables. Faute de documents précis nous ne pouvons définir les rapports qui existèrent entre ces deux communautés de moines bénédictins; rapports rendus d'autant plus faciles que la distance qui séparait Saint-Gaudens de Viala ne dépassait guère 12 kilomètres. Mais il est assez probable qu'elles procédaient l'une de l'autre, tout comme elles durent disparaître dans le même cataclisme.

Plus tard, l'ancienne abbaye de Saint-Gaudens, devenue le

chapitre collégial de cette ville, devait faire revivre à Aulon les souvenirs du passé. Et c'est sans nul doute à cause de cette origine monastique que le titre de *Prieur d'Aulon* fut toujours donné, à Pessan, au religieux qui occupait le premier rang après le Père abbé de ce monastère, et bien qu'il existât d'autres prieurés dépendants de la même abbaye. Même sans avoir sous les yeux une charte qui fasse connaître les motifs de cette préséance, elle évoque tout de suite l'idée d'un droit d'aînesse incontestable et que ne suffirait pas à prouver la seconde communauté bénédictine dont nous allons parler.

A une époque qu'il est difficile de bien préciser, mais que nous croyons être le onzième siècle, l'église de Notre-Dame d'Aulon fut cédée aux moines de Pessan par le chapitre collégial de Saint-Gaudens, auquel elle appartenait précédemment.

Les donations faites aux monastères, à cette époque, étaient chose courante parmi les seigneurs et les riches propriétaires. Mais pour qu'un chapitre de chanoines ait cédé une église assez importante, située à proximité de sa collégiale, il y a là, croyons-nous, plus qu'une vulgaire donation; et la création immédiate d'un prieuré, voulue de part et d'autre, semble indiquer que moines et chanoines y trouvaient un intérêt primordial excité par des souvenirs anciens.

C'est ce qui ressort clairement d'un ancien registre de taxes du diocèse de Comminges, dans lequel nous voyons figurer ensemble et sous la même contribution le chapitre collégial et notre prieuré : *Capitulum Sancti Gaudentii cum prioratu de Aulono* (1387).

Lorsque le prieuré d'Aulon perdit sa conventualité au quinzième siècle, il possédait des biens dans presque toutes les communes des environs. L'abbaye de Pessan les conserva soigneusement comme un héritage de famille; et l'on peut voir, parmi les *Pièces justificatives*, un certain nombre de baux à ferme retrouvés par l'abbé Ader dans les archives du notariat. Ces documents sont très instructifs et fournissent à l'histoire

civile et religieuse du pays, avant la Révolution, des données
sûres et du plus haut intérêt.

Mais il est assez probable que la plupart des biens du
prieuré furent acquis par les moines bénédictins à partir de
leur seconde installation à Aulon. Lorsque le Directoire du
département en fit l'inventaire en 1791, il ne signala comme
biens de première origine, ayant appartenu au chapitre de
Saint-Gaudens, que les dépendances qui se trouvaient dans
les environs de l'église, jusqu'à la rivière.

Nous croyons, en effet, que ce fut, dès le début, le seul petit
domaine cédé par la collégiale aux religieux de Pessan.
L'église existait déjà, et les cercueils en pierre trouvés sous
ses fondations prouvent bien qu'elle n'avait pas été construite
sur un terrain quelconque. Le bénitier qu'on voit en y entrant
est formé par deux anciens chapiteaux superposés, qui n'ont
jamais servi au monument actuel. On leur attribue, comme
provenance, l'époque qui vit sculpter l'autel votif d'Abellion,
mentionné au chapitre précédent.

Les nombreuses restaurations ou adjonctions dont l'église
priorale a été l'objet depuis fort longtemps lui ont donné l'ap-
parence d'un monument du onzième siècle, tandis qu'elle est
bien antérieure à cette époque.

L'église d'Aulon n'a du onzième siècle que les fenêtres géminées du chevet. Cette partie supérieure du sanctuaire jusqu'à
la voûte seulement est d'une construction plus récente que le
reste de l'édifice et accuse l'œuvre des moines. Les fenêtres des
bas-côtés de l'église, qui sont une imitation des précédentes,
ne datent que de la fin du dix-neuvième siècle. Elles ont finalement remplacé, après plusieurs modifications successives, les
ouvertures très étroites qui caractérisent le roman le plus primitif.

A l'origine, l'église avait exactement les mêmes dimensions
qu'on lui connaît de nos jours. Quand les moines de Pessan
vinrent en prendre possession, au lieu de se construire une
maison spéciale, ils profitèrent de la solidité et de la conte-

nance suffisante de cet édifice religieux et établirent leur maison priorale dans la travée du fond.

Une forte cloison fut élevée entre les deux dernières colonnes et jusqu'au mur des bas-côtés. On fit disparaître la voûte de cette travée pour faciliter la disposition de quelques pièces intérieures. Les murs extérieurs furent exhaussés dans ce même but, ce qui donna au nouveau prieuré l'aspect d'une assez haute tour quadrangulaire s'élevant au-dessus de l'église, mais sans la déparer.

Trois cents ans plus tard, la construction du clocher vint encore modifier considérablement l'église d'Aulon et lui donna cette forme qu'elle a conservée jusqu'à nos jours.

Ce clocher, qui date du quatorzième siècle, consiste dans une tour octogonale portée sur les quatre piliers du milieu de la nef principale. Sa belle construction, en pierre de grand appareil, rappelle le temps où le prieuré d'Aulon était devenu un bénéfice ecclésiastique assez lucratif, ayant pour usufruitier quelque moine de Pessan généralement pourvu de titres nobiliaires. Les trois étages de ce clocher sont percés, sur chaque face, par des fenêtres qui offrent un caractère négatif du vrai style gothique, comme dans celui de Saint-Sernin de Toulouse ou de Martres-Tolosane. La flèche, en pierre de taille, ne date que de 1878.

La construction du clocher d'Aulon modifia complètement l'aspect de l'église priorale. A défaut de contreforts, il fallut exhausser les murs extérieurs pour empêcher l'écartement des voûtes. On peut voir encore la ceinture de pierres d'appareil qui supportaient l'ancienne corniche. La toiture, élevée sur charpente, fit établir au-dessus des voûtes des greniers qui n'existaient pas précédemment. Pour éclairer ces nouveaux galetas, on pratiqua les petites baies presque quadrangulaires et à peine cintrées qu'on remarque au-dessous de la toiture.

Les dîmes du prieuré étaient recueillies dans ces greniers, et nous verrons bientôt à quel procès leur passage donna lieu, quelques années avant la grande Révolution, entre la commune d'Aulon et les fermiers du monastère de Pessan.

Le portail actuel de l'église date de la Renaissance. Il a remplacé une porte romane plus étroite, semblable à celle qui lui était parallèle du côté nord, et dont on peut voir encore les traces.

Sur le médaillon qui ferme l'arceau de la porte d'entrée, le millésime de 1556 a été gravé au-dessous du monogramme du Christ. Une belle statue de Notre-Dame, exposée dans une niche au-dessus du portail, venait en compléter la décoration. Cette image fut sacrilègement brisée, en 1793, par les révolutionnaires de la localité.

Les indications sommaires que nous venons de relater et qui ne regardent cependant que le côté extérieur de l'église d'Aulon font comprendre combien elle a été modifiée depuis l'origine. Commencées dès le onzième siècle, les modifications ou adjonctions se sont terminées de nos jours par l'agrandissement du sanctuaire et la construction de la nouvelle sacristie au chevet de l'église (1900).

Il est incontestable que la splendeur du culte et la commodité des fidèles ont beaucoup gagné à tous ces changements. Mais nous n'avons plus ce monument de l'époque carlovingienne, qui fut comme une ébauche de l'église collégiale de Saint-Gaudens. C'était un édifice massif, à peine éclairé, sobre de décorations, simple de style et sans profils compliqués. Rien n'y faisait prévoir encore ce grand mouvement religieux qui s'empara des peuples après l'an 1000 et leur fit produire les merveilles du style roman. Si l'intérieur portait au recueillement et à la prière, la vue extérieure indiquait clairement que l'époque de la construction avait demandé avant tout de la solidité et de la résistance contre les agressions dont son histoire est remplie.

L'arrivée des Bénédictins à Aulon et leur installation auprès de ce monument semblent marquer, dans notre histoire locale, la fin des grandes vicissitudes. Il est fort regrettable que la perte des documents de l'époque nous mette dans l'impossibilité d'énumérer leurs bienfaits et d'apprécier à sa juste valeur la part qui revient aux moines dans la régénération physique et morale de notre pays; mais leur action n'en dut pas moins exister par le fait même de leur règle et de leur institution religieuse.

Bien qu'il fût situé à la campagne et ne pût par là même acquérir une grande notoriété, le prieuré d'Aulon vit son patrimoine augmenter progressivement, au point de constituer plus tard un bénéfice ecclésiastique qui méritait d'être pris en considération. On peut s'en rendre compte par l'exposé des deux documents pontificaux que nous avons insérés en tête des *Pièces justificatives*.

Nous n'ajouterons pas précisément que la question tranchée par le pape Jean XXII constitue le plus beau titre de gloire du prieuré d'Aulon; mais nous pouvons en détacher ce fait, autrement instructif et intéressant, qui ressort de la générosité des bienfaiteurs à l'égard de la petite communauté bénédictine. Celle-ci avait trouvé des donateurs non seulement à Aulon, mais aussi dans toutes les communes voisines de cette localité. (Voir *Pièces justificatives : baux à ferme.*) Ce serait même une preuve que la considération dont ils jouissaient dans le pays avait eu pour résultat de faire placer les paroisses environnantes sous leur dépendance immédiate. Mais qu'elles aient été desservies directement par eux-mêmes ou par d'autres, nous savons que le concile de Latran, célébré en 1215, obligea tous les moines chargés jusqu'alors de l'administration des sacrements de faire remplir ces fonctions sacrées par un prêtre séculier avec lequel ils partageraient les revenus du bénéfice.

Cette décision opéra une grande transformation partout où il y avait des communautés religieuses. A côté de l'église abbatiale ou priorale, on bâtit une petite église paroissiale et on y transporta les fonts baptismaux. C'est ce qui arriva à Aulon.

Les moines firent construire à l'extrémité de la grande place, sur l'emplacement qu'occupe la maison du Dr Azéma, une chapelle qu'ils dédièrent à l'archange saint Michel, en souvenir de l'église abbatiale du monastère de Pessan, placée sous le même vocable. Nous verrons plus loin en quels termes Mgr Donadieu de Griet, évêque de Comminges, parle de cette chapelle dans le procès-verbal de sa visite pastorale (1630).

Dès l'année 1215, nous trouvons les prêtres séculiers exerçant le ministère paroissial à Aulon, sous la dépendance et la juridiction des religieux bénédictins. L'abbé de Pessan, Guillaume de Panessac, confia le premier ces fonctions à un prêtre natif d'Aulon et appelé Arnaud-Guillaume (*Cartulaire d'Auch*).

Désormais et jusqu'à la grande Révolution, les moines ne conserveront plus sur la paroisse que le titre de *curé primitif* ou collateur. Le religieux pourvu du titre de *Prieur d'Aulon*, et qui pour cela même occupait toujours le second rang parmi les dignitaires de l'abbaye, avait le droit de proposer à l'évêque de Comminges le prêtre séculier qui devait exercer le ministère paroissial en son nom. Le prélat lui conférait ensuite les pouvoirs ordinaires avec le titre de *vicaire perpétuel*. Même le vénérable M. Bon, qui avait traversé la période révolutionnaire et mourut curé d'Aulon en 1830, était allé se présenter à Pessan pour obtenir les lettres patentes de vicaire perpétuel dont il devait être le dernier titulaire.

Les Bénédictins avaient quitté notre localité longtemps avant cette époque. Dom Brugèle dit dans sa *Chronique du diocèse d'Auch* que le prieuré d'Aulon perdit sa conventualité au quinzième siècle et fut réuni à la mense capitulaire de Pessan.

Quel fut le vrai motif du départ de ces religieux d'un pays où ils avaient acquis droit de cité? Hélas! l'époque qui vit leur disparition l'indique assez clairement.

Le fléau de la *commende*, cette plaie hideuse qui devait dévorer pendant plusieurs siècles la meilleure substance de la vie religieuse, avait fait son apparition en France et s'était abattu sur les corporations monastiques de cette époque. Les prieurés, même conventuels, comme celui d'Aulon, ne furent plus considérés que comme des fermes ecclésiastiques rapportant un revenu plus ou moins considérable. Dès lors, ils n'avaient plus leur raison d'être.

C'est en 1473 que l'abbaye de Pessan et le prieuré d'Aulon furent entraînés dans cette ruine morale. Nous devons ajouter qu'après le départ des Bénédictins, l'histoire locale devient de moins en moins intéressante. Celle du prieuré ne consiste plus qu'en baux à ferme que les religieux de Pessan viennent passer périodiquement avec leurs fermiers. On remarquera en les lisant combien les moines avaient à cœur de séparer la maison priorale de l'affermage du reste de leurs biens. Etait-ce dans l'espoir d'y revenir un jour, ou par respect pour une demeure qui avait été longtemps sanctifiée par la présence d'une communauté religieuse? Peut-être pour l'un et l'autre de ces motifs.

Mais les moines ne devaient pas revenir, et leur maison priorale eut le sort de toutes les maisons abandonnées. Ce ne fut plus qu'une ruine jusqu'à l'année 1852, époque où les autorités locales la firent servir au prolongement de l'église paroissiale, rendant par le fait même à celle-ci les dimensions intérieures qu'elle avait après sa construction.

CHAPITRE TROISIÈME.

LA SEIGNEURIE D'AULON JUSQU'EN 1540.

Le manoir féodal. — Vicissitudes. — Premiers seigneurs d'Aulon : les
barons de Benque; les comtes de Foix et de Béarn; les barons d'Espagne-Ramefort et d'Espagne-Montespan. — Jean d'Aulon, écuyer de
Jeanne d'Arc. — Un bail passé en 1500. — Suppression de la châtellenie d'Aulon. — Procès de la commune avec Charles d'Espagne. —
Deux jugements favorables. — Dénombrement de la terre d'Aulon
en 1540.

La seigneurie d'Aulon eut, à partir du douzième siècle, un
sort presque analogue à celui que le prieuré bénédictin du
même lieu devait avoir trois siècles plus tard. Elle devint
comme un bénéfice séculier; et jusqu'à la grande Révolution,
nous verrons toute une série de familles, n'ayant la plupart
aucun lien de parenté, se transmettre le titre seigneurial
comme une source de revenus plus ou moins considérables.

Principalement pour ce motif, les deux chapitres que nous
allons consacrer à la seigneurie du pays natal seront dépour-
vus de l'intérêt qu'aurait pu nous fournir l'histoire d'une seule
et même famille, se perpétuant sans interruption dans le château d'Aulon.

Celui-ci était situé primitivement sur la rive droite de la
Noue, et bâti sur un tertre qui l'exhaussait suffisamment pour
lui permettre de dominer toute la vallée, jusqu'aux limites de
Latoue. Le voisinage de la rivière et les multiples moyens de
passage ont fait donner à ce quartier le nom de *Cap-des-Ponts*,
c'est-à-dire à l'autre extrémité des ponts.

Du vieux manoir il ne reste plus aujourd'hui que le donjon démantelé et une petite partie du mur d'enceinte, utilisé par quelques familles pour y adosser leurs maisons.

Cette demeure féodale était défendue, à l'extérieur, par une muraille d'une solidité extraordinaire, comme on peut en juger par le fragment qui existe encore. Et quand le seigneur se voyait assiégé jusque dans cette enceinte, il lui restait le donjon, défendu à son tour par un fossé large et profond, et offrant ainsi à ses hôtes un dernier refuge contre les assauts de l'ennemi.

Ce donjon consiste en une tour de forme carrée, mesurant 9^m80 sur 9^m07, et dont la superficie totale atteint 90 mètres carrés. Mais sa véritable hauteur n'est plus appréciable de nos jours, parce qu'on a comblé les fossés qui l'entouraient, pour y établir des cours et des jardins. De plus, il y a une cinquantaine d'années, la municipalité d'Aulon autorisa un entrepreneur à lui prendre des matériaux pour construire la maison commune : ce qui diminua cette tour de plusieurs mètres.

L'unique porte d'entrée du donjon n'était accessible qu'au moyen d'une échelle. Même un pont-levis ne pouvait suffire parce qu'elle était trop élevée au-dessus du sol primitif. A l'intérieur on accédait d'un étage à un autre par un escalier pratiqué dans l'énorme épaisseur du mur.

Jusqu'à ce qu'il fut vendu, il y a environ vingt-cinq ans, à un particulier qui le transforma en grenier à foin, ce donjon seigneurial était communément désigné sous le nom de *prison*. La crédulité populaire ne lui a jamais assigné une destination plus lugubre, comme cela arrive ailleurs. Et même l'on remarquera, dans la nomenclature des droits et prérogatives revendiqués par les seigneurs d'Aulon, qu'il n'est jamais question de fourches patibulaires ou autres supplices pour punir les criminels. Le tempérament des Aulonais se prêtait peu à ces démonstrations de justice et de sévérité. En 1524, les consuls firent même des démarches pour n'avoir et ne reconnaître d'autre justicier que le Roi, en sa qualité de vicomte du Nébouzan.

Un acte rapporté plus loin fait supposer que la famille des barons de Benque fut la dernière à habiter le château féodal d'Aulon. Les autres seigneurs durent le trouver trop sombre, si toutefois il ne fut pas démoli pendant les guerres qui désolèrent nos contrées au Moyen-âge. Quoi qu'il en soit, les nouveaux maîtres le remplacèrent par une construction plus conforme aux temps modernes et surtout mieux appropriée à leurs besoins et à ceux de leurs fermiers.

Cette nouvelle résidence seigneuriale fut élevée sur la rive gauche de la Noue, à l'entrée du village, en venant d'Aurignac. Dans les anciens actes publics elle figure sous le nom de *château*, qu'elle a d'ailleurs conservé jusqu'à nos jours, nonobstant le changement de maîtres et les nombreuses modifications que cette maison a dû subir dans le cours des derniers siècles.

Il ne sera pas inutile de faire remarquer en passant que les divers possesseurs du titre seigneurial d'Aulon avaient ailleurs d'autres châteaux plus importants que celui-ci et dont ils faisaient leur résidence habituelle. Cette considération nous dispense par le fait de donner au château moderne plus d'importance que celle qui lui est attribuée par les actes qu'on trouvera plus loin. Revenons à l'ancien manoir.

D'après les archéologues les plus experts, il appartient à cette époque de l'histoire du Comminges qui vit construire les *châteaux primitifs*. Il est par conséquent d'une date antérieure au onzième siècle, contrairement à ce qu'ont écrit quelques auteurs.

Les origines du manoir d'Aulon et le nom de son fondateur nous sont inconnus. La première famille que des documents authentiques nous montrent comme possédant notre seigneurie est celle de Benque, l'une des plus illustres de l'ancien comté de Comminges. Mais rien ne prouve que les barons de Benque en aient été les fondateurs ou les premiers titulaires, vu surtout la haute antiquité d'Aulon et de son manoir.

Dès les débuts de la féodalité, le moindre village posséda son seigneur et son petit château fort, plus ou moins bien situé. Puis vinrent des alliances, presque toujours accompagnées de donations seigneuriales; et à leur défaut, les prétextes arrivaient bien vite pour permettre au moindre baron de se mesurer avec son petit seigneur voisin, et de lui ravir un titre qu'il ajoutait au sien. D'autres fois encore, quelque haut et puissant comte venant mettre la paix parmi les querelleurs se faisait la part du lion et réduisait à son profit le nombre des titulaires seigneuriaux.

Il n'est pas impossible que la seigneurie d'Aulon ait, comme tant d'autres, surtout dans les premiers temps, suivi cette gradation avantageuse ou défavorable. Les premiers documents connus qui la concernent nous la montrent déjà incorporée ou affiliée à d'autres seigneuries de la région, d'abord avec une priorité incontestable et ensuite placée au second rang. Des barons de Benque elle passa aux comtes de Foix. Gaston Phébus en fit hommage au seigneur de Ramefort. Pendant plus de deux siècles, Aulon ne connut d'autres seigneurs que ceux d'Espagne-Ramefort. Mais à partir de 1593 et jusqu'à la grande Révolution, notre antique seigneurie, devenue presque une marchandise courante, devait changer de titulaire à peu près tous les cinquante ans : ce qui en diminue considérablement l'intérêt pour l'histoire locale.

Nous allons quand même relater fidèlement, et en suivant l'ordre chronologique, les principaux événements qui s'y rapportent d'une manière directe. Mais nous laisserons aux historiens du Comminges ou du Nébouzan l'honneur de raconter la généalogie de ces familles seigneuriales qui appartinrent à d'autres communes, autant et même plus qu'à celle d'Aulon.

M. du Bourg, dans son *Histoire du Grand Prieuré de Toulouse*, rapporte que l'illustre famille de Benque, suzeraine d'Aulon, vit, en 1201, l'un de ses membres, Guilhem de Benque, recevoir le manteau des Templiers des mains du commandeur de Montsaunès. A cette même occasion, Guilhem de

Benque fit certaines largesses à l'ordre militaire du Temple. Ceci se passait au château d'Aulon le 19 décembre 1201, en présence de tous les parents de l'intéressé.

Un peu plus tard (1230), noble Bernard-Ramond de Benque, seigneur d'Aulon, figure dans une autre donation faite aux Templiers et concernant les revenus de Latoue.

Après cette date, la seigneurie d'Aulon passe aux comtes de Foix ; probablement lorsque la terre de Nébouzan et la ville de Saint-Gaudens furent données en gage à cette maison par le vicomte de Béarn, le 19 mars 1258, et à la suite des conquêtes du fameux comte Bozon dans nos contrées.

Dans le dénombrement rendu au roi Louis IX en 1263, le détail des propriétés que Roger IV possédait dans notre pays est ainsi désigné : « Le comte de Foix possède dans le Comminges, à titre d'hommage, concédés par le roi de France, les châteaux d'Aulon, de Cassagnabère, de Séglan et de Peyrouzet. » (V. *Hist. de Languedoc*, t. VIII, p. 1513.)

La priorité de la seigneurie d'Aulon sur les autres seigneuries circonvoisines est encore plus marquée dans un acte du 3 juin 1345, contenant prestation de serment du comte Gaston de Foix, relativement aux coutumes et franchises de la ville de Saint-Gaudens. Le comte de Foix y figure avec tous ses titres de vicomte de Béarn, de Marsan et de Lautrec *et seigneur de Saint-Gaudens, d'Aulon et de leur ressort.*

La même priorité et importance de notre seigneurie est reproduite en termes identiques dans une charte de privilèges accordée, le 13 juin 1345, à la Bastide-de-Blajan. Un autre document, daté du 23 juillet suivant, nous montre les consuls de ce lieu en instances devant Bernard de Buguet, juge ordinaire de la terre et vicomté de Nébouzan, de Saint-Gaudens, *d'Aulon* et de leur ressort. (V. *Revue de Comminges*, t. XV, et Julien Sacaze, *Hist. de Saint-Gaudens.*)

Dans ce dernier acte, nous voyons déjà apparaître les châtellenies· ou centres administratifs et judiciaires du pays de Nébouzan. La châtellenie d'Aulon, qui fut une des premières, comprenait alors dans son ressort les communes d'*Aulon, Cassagnabère, Peyrouzet* et *Saint-Elix-Séglan*. Un peu plus tard, de nouvelles acquisitions faites par les comtes de Foix et de Béarn lui adjoignirent quatre autres communes assez éloignées : *Lannemezan, Pinas, Escala* et *Tuzaguet*.

L'importance que donnait à Aulon le siège d'une chatellenie était considérablement augmentée par le prieuré bénédictin et par la salutaire influence que les religieux exercèrent à cette époque dans tous le pays. Mais il vint un jour où cette commune fut privée du relief qui nous est montré dans les actes déjà mentionnés.

Le 3 novembre 1363, le comte de Foix fit donation de la terre et seigneurie d'Aulon à Arnaud-Ramond d'Espagne, seigneur de Ramefort : celui-là même qui, le 14 avril précédent, avait assisté à la fameuse assemblée où les comtes de Foix et d'Armagnac firent la paix dans l'église de Foix.

Comme le nouveau seigneur d'Aulon avait sa principale résidence au lieu de Ramefort, il ne devait pas tarder à établir le siège de la châtellenie de l'autre côté de la Louge. Et ce fut au profit de Cassagnabère qui le conserva jusqu'à la grande Révolution.

Maintenant, qu'elle ait été occasionnée par un simple caprice du seigneur de Ramefort ou pour tout autre motif, cette mutation ne doit pas nous surprendre outre mesure, ni surtout être considérée comme un déshonneur. N'a-t-on pas vu de nos jours la vengeance d'un candidat déçu s'exercer bassement contre la métropole des Pyrénées, l'antique cité épiscopale de Comminges, et lui faire supprimer le modeste titre de chef-lieu de canton!!!

Les barons de Ramefort devaient garder le titre seigneurial d'Aulon jusqu'en 1593. C'est donc ici, et à leur sujet, qu'un problème historique qui n'a jamais été résolu pourrait être posé : l'illustre écuyer de Jeanne d'Arc fut-il des nôtres?

Certes, nous serions trop heureux de pouvoir revendiquer cette gloire aulonaise pour notre histoire locale. Mais rien ne

nous y autorise. Notre première déception, en compulsant
soigneusement les auteurs qui ont traité de la vénérable pro-
tectrice de la France, a été de voir le nom de son écuyer écrit
de trois manières différentes : *Jean d'Aulon, d'Olon* et *Dau-
lon*. Or, nous avons déjà démontré au chapitre premier que
l'orthographe de la commune d'*Aulon* n'a jamais varié depuis
que ce mot d'origine orientale a été employé dans les langues
romanes.

De plus, il y a trois communes en France qui portent ce
même nom. Et si la nôtre avait compté l'écuyer de Jeanne
d Arc parmi ses seigneurs, il nous semble qu'on le retrouve-
rait bien vite dans la généalogie de la maison d'Espagne-
Ramefort. A moins que, par extraordinaire, Jean d'Aulon n'eût
reçu son nom de quelque famille seigneuriale antérieure à
celle-ci, et disparue depuis longtemps de notre vallée.

Nous n'avons pas les moyens de pousser plus loin nos
recherches. Mais nous saluons quand même le gentilhomme
que sa réputation d'honneur et de sagesse avait fait choisir
par le roi Charles VII pour protéger la vierge de Domrémy.

Le premier rapport officiel que nous connaissions entre la
commune d'Aulon et son seigneur date de l'an 1500. C'est le
renouvellement d'un bail relatif aux biens communaux passé
entre les consuls d'Aulon et le procureur d'Arnaud d'Espagne,
seigneur de Montespan. Celui-ci avait hérité de la seigneurie
d'Aulon en succédant à Bertrand d'Espagne-Ramefort, mort
sans postérité. Nous reproduisons cet acte tel qu'il a été retrouvé par l'abbé Ader et en lui conservant le texte original,
qui ressemble beaucoup plus à l'idiome catalan qu'au patois
de nos jours :

L'an mil cinq cens, a quatte de Seteme, los Cossos de Aulon an prés a
Fieu Navët, ab scindicat di totta la villa, *dodze arpents* de terra, au loc
appellat *la Sola deu Garlas*, confronte ab Bouson Gailhard, ab la serra
deu Garlas, ab lo rieu deu terme de Lator, ab une via publica, laquella
terra Guilhem deu Teilh et Domengion deu Teilh habian afuzada, mes,
l'an et jorn que dessus, la relaxen aux susdits Cossos, et prometen los

dits Cossos, per tota la villa, cascuna Festa de Martro de fieu *quatte ardits* per arpent, assi signat.

Lo Percuray de Montespan,
Jagmot D'ABBADIA.

L'an et jorn que dessus, los dits Cossos prengon a navöt fieu *naou arpents* de terra, en *las Enganadures*, confronte ab lo riu d'Augueras, que ven de la fargina, et ab los heretes de Méric Martin et ab lo terme de Lator et ab Bertrand de Cassanha. Fin de fieu, cascuna de martro, *quatte ardits* per arpent; *sic signatum.*

Lo Percuray de Montespan,
Jagmot D'ABBADIA.

Los Cossos, que han feyts los dits affieusaments, son : Bertran de Marti, Arnaud de Méric, Ramon de Serres, Jehan de Lodes, Jehan de Pailhac, filh de Jagmo de Pailhac.

Jo, Jehan Davezac, not. public de Sent-Gaudens, hey scriut et translatat so dessus, deu propri originau, que lo dit percuray de Montespan habe scriut; et, per so, me son assi subsignat.

DAVEZAC, *not.*

Voici la traduction française :

« L'an 1500, et le 4 septembre, les consuls d'Aulon, agissant au nom de toute la ville, ont pris à nouveau fief douze arpents de terre, au lieu appelé le Soulan de Garlas, limités par (*la terre de*) Bouson Gailhard, la serre de Garlas, le ruisseau des confins de Latoue et par un chemin public. Cette terre que Guilhem du Teilh et Dominique du Teilh avaient déjà affermée, ils la cèdent aux dits consuls, moyennant une redevance de 4 liards par arpent, que ceux-ci promettent de payer chaque année à la fête de *Martro ?* (*incompris*). Ainsi a signé le procureur de Montespan : Jacques D'ABADIE. »

« Le jour et an que dessus, lesdits consuls ont pris à nouveau fief neuf arpents de terre aux Enganadures, limités par le ruisseau d'Augueras qui vient de la *fargine ?*, par le bien des héritiers de Méric Martin, par les confins de Latoue, et la terre de Bertrand Cassagne. Le fief aura pour terme chaque fête de *Martro ?* et sera payé à raison de 4 liards par arpent.

« Les consuls qui ont fait lesdits affièvements sont : Bertrand
de Marti, syndic; Arnaud de Méric, Ramon de Serres, Jehan
de Lodes, Jehan de Pailhac, fils de Jacques de Pailhac.

« Ces deux contrats d'affièvement, écrits en langage vulgaire
par le Procureur du baron de Montespan, ont été transcrits et
contresignés par moi, Jean Davezac, notaire public de Saint-
Gaudens. »

La succession de Bertrand d'Espagne, seigneur de Ramefort et Aulon, fut contestée par certains membres de sa famille,
notamment par sa propre mère, Seguine d'Ornesan, dame
d'Encausse. Le parlement de Toulouse maintint Arnaud de
Montespan dans ses droits d'héritier, mais à la condition de
payer une légitime de 3,000 livres à la mère de Bertrand.

Arnaud prit terme de quinze ans pour payer cette somme,
et jusqu'à ce qu'elle fut acquittée, il livra, par manière de
gage, les seigneuries et places d'*Aulon, Séglan, Peyrozet* et
Gariscan.

Quelque temps après avoir passé cette convention, il mourut au château d'Ausson (1506), laissant un fils mineur, à qui
le Parlement donna comme tuteur Charles d'Espagne, seigneur de Ramefort et frère du défunt. (*Archives de la Haute-
Garonne*, E 379.)

Le nouveau tuteur ne sut pas nouer avec les divers vas-
seaux de son pupille ces liens de mutuelle obligeance que l'on
trouve fréquemment dans l'ancien régime, et qui puisaient
leur force dans une réciprocité de rapports aussi avantageux
pour les paysans que pour leur seigneur. Charles d'Espagne
ouvrit une série d'hostilités qui demandèrent l'intervention du
Parlement de Toulouse.

La commune d'Aulon avait des prérogatives garanties par
de très anciennes coutumes et maintenues par certaines redevances annuelles. Charles s'inscrivit en faux contre les précédents affièvements, et pour obtenir gain de cause il en appela
à la justice du pays.

Mais il fut débouté de ses prétentions par un double jugement : Le premier fut rendu le 22 mai 1522, par messire Bernard d'Abbadie, juge du Nébouzan, commissaire à cet effet député par le Roi, en faveur du syndic, des consuls et habitants d'Aulon, par devant Me Debitis, notaire de Saint-Gaudens. Le second est une sentence du sénéchal de Toulouse, datée du 17 novembre 1524, et par laquelle les consuls d'Aulon sont maintenus dans certains droits. (V. *Pièces justificatives.*)

Deux mois après (janvier 1525), le fils d'Arnaud de Montespan avait atteint sa majorité. Le mariage qu'il contracta, en 1526, avec Catherine de Vèze, permit à Roger d'Espagne d'acquitter les 3,000 livres consenties par son père à Séguine d'Ornesan, et de rentrer ainsi en possession des places d'Aulon, Séglan, Peyrozet et Gariscan. (*Archives de la Haute-Garonne*, E. 379.) Mais il n'en garda pas longtemps la jouissance.

Dans le dénombrement de ses terres qu'il rendit devant la Trésorerie de Toulouse, le 11 décembre 1540, Roger d'Espagne signale entre autres : *la baronnie de Ramefort*, que tient Onofré d'Espagne, capitaine et maître de camp. Or, dans cette baronnie, étaient comprises également les places susdites, comme le prouve un dénombrement antérieur rendu au Roi par devant le Sénéchal de Toulouse, commissaire député à cet effet par Sa Majesté (20 avril 1540).

Dans cet aveu, Marie d'Asté, mère et tutrice d'Honofré d'Espagne, s'exprime ainsi, faisant allusion à son fils :

« *Item :* tient et possède, ainsi qu'ont tenu et possédé ses ancêtres et prédécesseurs au vicomté de Nébouzan, ressortissant de la Sénéchaussée de Toulouse, des foi-hommage du Roi de Navarre, vicomte de Nébouzan, la place du château et seigneurie d'Aulon, avec toute juridiction haute, moyenne et basse, exercice et seigneurie directe d'icelle, ainsi que se confronte, comprenant le terroir et seigneurie de Lucet, d'une part; avec le terroir de Peyrouzet et Séglan, de l'autre; avec la seigneurie et terroir de Saint-Marcel et lieu de Fontas, et des autres parties avec le ruisseau de Gontaud, fontaine terminaire et terroir de Gariscan, Cazeneuve et Montaut; et dedans lesdites limites, un moulin, trois prés et une pièce herme et vacante, joignant aux fossés du château; trois bois, l'un nommé le Garlas, l'autre Labordasse, et l'autre Labe; et 40 écus petits, deux setiers froment et deux avoine, six volailles, que lui font, chacun an, de censives, les emphytéotes et habitants de ladite seigneurie d'Aulon. »

Voilà le plus ancien aveu ou dénombrement de la terre d'Aulon, lorsqu'elle appartenait à la maison d'Espagne-Ramefort. Il est probable que cet Honofré, dont fait mention Roger de Montespan, était le fils de Charles d'Espagne qui avait eu certains démêlés avec les consuls d'Aulon. A quel titre lui céda-t-il la baronnie de Ramefort et les diverses seigneuries qui en dépendaient? Très probablement pour conserver cette partie du patrimoine dans la famille d'Espagne. Car Roger mourut sans postérité, le 22 mars 1555; et en lui s'éteignit la maison d'Espagne-Montespan. (*Hist. des gr. officiers de la Couronne*, t. II.)

CHAPITRE QUATRIÈME.

LA SEIGNEURIE D'AULON (DEPUIS 1540 JUSQU'A SA DISPARITION).

La seigneurie d'Aulon passe de la maison d'Espagne-Ramefort à celle de Sarrecave, de Montluc (1593). — Efforts des consuls pour défendre les coutumes et privilèges de la commune. — Les barons de Massencome, de Lagarde, seigneurs d'Aulon (1630). — Dénombrement et affermage des biens de la seigneurie en 1650. — Louis XIV confirme le seigneur d'Aulon dans ses droits (1655). — La seigneurie passe aux Verdelin de Montégut (1697). — Et finalement aux Médidier, d'Aurignac (1732). — Suppression de la seigneurie d'Aulon (1791). — Son dernier titulaire en exil. — Le titre disparaît avec lui (1846).

Le dénombrement des biens et des privilèges de la seigneurie d'Aulon, fait en 1540, nous l'a montrée comme un des principaux fiefs de la maison d'Espagne-Ramefort. Mais là, disions-nous, ne devait pas s'arrêter le long parcours du titre seigneurial. La maison d'Espagne, qui le retint plus longtemps qu'aucun autre, allait bientôt le céder à son tour.

Le 14 septembre 1555, noble Honofré passa, avec les consuls d'Aulon, un contrat *d'affièvement*, dont on peut voir le texte aux *Pièces justificatives.* Ce fut, croyons-nous, le dernier acte important qui devait signaler les rapports de notre commune avec la maison d'Espagne.

Trente-huit ans plus tard, la seigneurie d'Aulon changea de titulaire. Elle fut cédée, le 9 août 1593, à Pierre de Sarrecave, de Montluc, moyennant la somme de 15,000 livres.

Nous ne connaissons pas les motifs qui portèrent Charles d'Espagne à vendre cette notable partie de son patrimoine. Comme il devait se réserver expressément, dans le contrat de vente, la faculté du rachat perpétuel de ladite seigneurie, on pourrait croire que le besoin d'argent fut le principal mobile de sa détermination.

Il est à noter que l'état de la seigneurie d'Aulon, au moment où elle passa entre les mains du baron de Sarrecave, était quelque peu en désaccord, dans l'extension de son domaine, avec le dénombrement qui en avait été fait en 1540, par la mère et tutrice d'Honofré d'Espagne-Ramefort. Nous retrouverons plus loin des modifications encore plus considérables. Des moulins et des métairies qui n'étaient pas compris dans les premiers *aveux* vinrent s'ajouter successivement dans le domaine seigneurial et lui donnèrent plus de valeur et d'importance. Cet agrandissement était dû surtout aux alliances conjugales contractées par les possesseurs de la seigneurie d'Aulon.

Voici donc la teneur du contrat de vente de 1593 : « Est du dit lieu, place et juridiction d'Aulon, avec toutes ses rentes, censives, oblies, lods et ventes, amendes, confiscations, droits et devoirs seigneuriaux et hommages, et tous autres à ladite place appartenant, avec toute seigneurie directe, juridiction haute, moyenne et basse; consistant aussi en un moulin, appelé *de Dessus*, sur la rivière de la *Noue*, et un pré appelé le *Pré du Moulin;* consistant aussi en deux autres moulins, desquels la moitié appartient au vendeur, l'un appelé de *Pime* et l'autre de *Lachaume*, moulant à deux meules sur la rivière de la *Louge,* assis en ladite juridiction d'*Aulon;* et aussi consistant en certain bois, terre et herme, appelé *Labourdasse;* et une *Tour* ancienne, inhabitable, sans aucun bâtiment; et généralement en tout ce qui consiste, sans rien réserver, et tout ainsi que le vendeur et les siens ont accoutumé avoir, tenir, jouir et posséder, et tout ce que à ladite place appartient, moyennant le prix de 15,000 livres. »

C'est sans doute à cause du pacte de rachat perpétuel sous lequel fut vendue la terre seigneuriale d'Aulon que les barons d'Espagne-Ramefort continuèrent de la signaler longtemps encore dans les divers dénombrements de leurs biens. Ainsi le 20 janvier 1666, Melchior d'Espagne déclare tenir *la place et château d'Aulon avec toute juridiction*, et bien que ladite seigneurie fût alors engagée au marquis de Lagarde.

Ce procédé était-il bien conforme aux lois de l'époque? Nous n'avons pas à traiter ici cette question de jurisprudence. Ce qui intéresse beaucoup plus l'histoire locale, c'est de rappeler qu'avec le nouveau seigneur d'Aulon des litiges inopinés se produisirent et vinrent retentir bruyamment jusqu'au Parlement de Toulouse.

Le 30 juin 1622, un jugement qu'il a été inutile de chercher (le registre de la série n'existant plus aux archives) fut rendu « *par les gens tenant les Requestes du Palais, à Tholoze* », à la diligence de noble Pierre de Sarrecave, contre le syndic et les consuls d'Aulon. Ceux-ci firent appel de ce jugement le 6 avril 1623, « *en la première chambre des Enquestes* », et obtinrent certaines sanctions favorables à l'extension de la juridiction consulaire, soit administrative soit judiciaire (V. *Pièces justificatives*).

Il faut reconnaître qu'à cette époque la puissance seigneuriale marchait rapidement vers son déclin, et détermina, dans les campagnes, une plus vigoureuse explosion de la vie communale.

Dans le but de défendre ses privilèges ou de conquérir de nouvelles franchises, Aulon, depuis déjà cent ans, soutenait contre ses seigneurs un duel judiciaire dont les phases et les péripéties diverses sont longuement développées à la fin de cet ouvrage, dans le simple exposé des pièces justificatives.

Ce duel, qui n'eut son épilogue qu'en 1668, nous montre combien les Aulonais étaient attachés à leur indépendance, à leur autonomie, et avec quelle énergique opiniâtreté les consuls s'efforcèrent de sauvegarder l'une et l'autre.

Pierre de Sarrecave dut trouver qu'une telle seigneurie était plutôt encombrante. Aussi chercha-t-il à s'en défaire. Le 24 juin 1630, il céda le titre seigneurial d'Aulon, avec tous ses

biens, à noble Pierre André de Massencome, baron de Lagarde,
en Astarac.

Nous croyons que des liens de parenté donnèrent lieu à cette
acquisition, car Pierre André de Massencome avait épousé, le
21 février 1592, Anne de Marestaingt, dont la mère, Madeleine de Vise, était Aulonaise.

On verra figurer plus loin, dans un bail à ferme du nouveau seigneur, certains domaines qui appartenaient à la maison de Vise et non à la seigneurie d'Aulon. Pierre de Massencome avait dû les obtenir par son alliance avec cette famille.

Quatre ans après avoir pris possession de son nouveau domaine et du titre seigneurial, Pierre-André de Massencome rendit hommage au Roi, selon l'usage de l'époque (13 octobre 1634).

Mais, pas plus que ses prédécesseurs, le baron de Lagarde ne vint se fixer dans notre vallée. Il était d'ailleurs, à ce moment-là, gouverneur de la ville et du château d'Orthez. Retenu loin de sa seigneurie par d'autres devoirs, Pierre de Massencome confia à des fermiers le soin et l'administration des biens qu'il possédait à Aulon et dans quelques communes voisines, notamment à Peyrouzet et Séglan.

En fouillant les vieux registres du notariat d'Aulon, l'abbé Ader retrouva la minute d'un bail à ferme daté de 1650. Nous en reproduisons la première partie, celle qui fait connaître l'énumération des biens de la seigneurie d'Aulon à cette époque et la valeur de leur affermage.

L'an 1650 et 17 juillet, après midy, au lieu d'Aulon et dans la maison seigneuriale du dit lieu, diocèse de Comenge, sénéchaussée de Tholoze, vycomté de Nébozan, régnant Louis, par la grâce de Dieu roy de France et de Navarre, par devant moy notaire royal soubsigné, présans les tesmoings bas-nommés, constitué en personne messire Pierre-André de Massencome, seigneur baron de Lagarde, Aulon et autres places, lequel de son bon gred, a baillé en afferme et rantement, à Jehan Cassaigne et Philip Labatut, habitants d'Aulon, présans, stipullants et acceptants, savoir :

La seigneurie du lieu d'Aulon et toutes les terres dépendantes, comme sont fiefs, lods, ventes, greffes des consuls et juge du dit Aulon ; ensemble : tous les moullins et meyteries que le seigneur a, et possède à Aulon, comme sont :

<table>
<tr><td>Le moulin de Dessus,</td><td>Les meytéries du Bousquet,</td></tr>
<tr><td>Le moulin du Micy,</td><td>—   de la Bernissère,</td></tr>
<tr><td>Le moulin de Débat,</td><td>—   de Cougot,</td></tr>
<tr><td>Le moulin de Lachaume,</td><td>—   d'Amaret,</td></tr>
<tr><td>Le Moulin de Pime.</td><td>—   de Mallane,</td></tr>
<tr><td></td><td>—   de Borde-Neuve</td></tr>
<tr><td></td><td>—   et du Château.</td></tr>
</table>

Ensemble : la vigne d'Anan,   Les preds dépendants de la seigneurie et autres que le seigneur possède à Aulon.

la vigne de la Place,

la vigne du Bousquet.

Le bois de la Bourdasse.

Et ce, pour le temps et espace de deux ans et deux récoltes, qui ont commencé à la Fayte de S. Jehan-Baptiste et finiront à pareyl jour, et pour le prix et somme de 1,500 livres par an.

Convcneu est aussy, et accordé entre parties, que le seigneur se réserbe, sur le total de l'afferme, le molin du Millieu et la rente du molin de la Rivière...

(Suivent les autres dispositions de l'affermage.)

AMYEL, notaire.

Pierre-André de Massencome ne survécut pas longtemps aux dispositions qu'il avait prises pour assurer la rente de la seigneurie d'Aulon. Jacques de Massencome, son fils et héritier, eut à lutter dès le début contre les agissements de certains particuliers mal intentionnés. Ceux-ci prétendaient le priver des droits, honneurs et privilèges qui lui appartenaient en sa qualité de seigneur *haut justicier* de la terre et seigneurie d'Aulon.

Justement blessé dans ses droits par la malveillance de quelques Aulonais, il adressa au Roi une requête avec pièces justificatives, sollicitant la confirmation et la ratification du droit de justice haute, moyenne et basse du lieu d'Aulon, en la même forme que ses prédécesseurs en avaient joui, et qu'en jouissaient encore les autres seigneurs hauts justiciers du pays et vicomté de Nébouzan.

Par lettres patentes, datées de Soissons (juillet 1655), le
roi Louis XIV confirma Jacques de Massencome en la possession du droit de justice haute, moyenne et basse de la terre
et seigneurie d'Aulon, *pour en jouir pleinement et paisiblement, lui, ses héritiers et successeurs.* (V. *Pièces justificatives.*)

Le dernier acte que nous connaissions de Jacques de Massencome fut un bail à ferme des biens qu'il possédait à Aulon,
pour six ans, du 24 juin 1658 au 24 juin 1664. Moyennant la
somme de 1,000 livres par an, il afferma le tout à Bernard
Cazac de Pradère, Noé Servat et Jehan Cazeneuve, tous trois
d'Aulon. Mais lui-même ne vit pas la fin de ce bail. Il mourut
en septembre 1658, et eut pour successeur et héritier son fils,
François de Massencome.

Le 3 juillet 1663, le nouveau seigneur d'Aulon rendit hommage au Roi à l'instar de ses prédécesseurs. Le dénombrement
des biens nobles qu'il possédait et dont il fit l'aveu selon l'usage
de l'époque, rappelle celui de 1540. C'est-à-dire que les métairies et les moulins possédés antérieurement par son grand-
père ne figurent pas dans ce dernier acte. On ne peut supposer
que la fraude soit pour rien dans cette omission. Il est plus
vraisemblable que les seigneurs féodaux devaient seulement
mentionner les biens nobles de première origine, et non ceux
qui pouvaient provenir d'acquisitions subséquentes.

Voici donc quels étaient les biens et les prérogatives du seigneur d'Aulon en 1663. François de Massencome, baron de
Lagarde, déclara « tenir et posséder la terre et seigneurie d'Aulon, en titre de châtellenie avec toute justice haute moyenne et
basse; plus un château et une grande tour carrée servant de
prison; plus les fiefs à raison d'un sol par arpent de terre,
payables annuellement par les habitants du lieu d'Aulon; plus le
droit de lods et ventes, amendes et confiscations; plus une pièce
de terre pré, communément appelé le Prat Bésiaou; ensemble :
trois bois appelés Laba, las Enganadures et Garlas; lesquelles
pièces ont été baillées aux habitants du dit lieu, sous le fief de

11 livres 10 sous et quatre paires de chapons; plus autre bois appelé Labordasse; davántage : trois prés au dit lieu; finalement un moulin, appelé le moulin de Dessus. La dite terre et seigneurie d'Aulon, avec ses dépendances, confronte, du Levant les terroirs de Saint-Elix et Séglan ; Midi, les terroirs de Montaut; Septentrion et Couchant, les terroirs de Latour, Saint-Marcel, Cassagnabère et Peyrouzet ».

Le 18 janvier 1697, la seigneurie d'Aulon passa des Massencome de Lagarde, aux Verdelin de Montégut, par le mariage d'Anne Cécile de Massencome avec Philippe de Verdelin.

Trente-cinq ans plus tard Aulon devait connaître un nouveau propriétaire, par suite du mariage de Madeleine de Verdelin avec noble Urbain de Médidier. Comme celui-ci résidait à Aurignac et que son épouse devait lui apporter une bonne dot, la famille de Verdelin céda la seigneurie d'Aulon, moyennant une compensation pour la plus-value du domaine seigneurial.

Le contrat de vente de la terre et seigneurie d'Aulon fut passé le 16 février 1732, par-devant Sanarens, notaire royal d'Aurignac. Le prix de cette acquisition était fixé à 18,000 livres, y comprise la dot de Madeleine, laquelle dot ne dépassait pas la moitié de cette somme.

Outre les droits et privilèges qui lui étaient inhérents, la seigneurie d'Aulon comprenait, à cette date, le château (très détérioré) avec ses dépendances, trois moulins sur la Noue et deux sur la Louge, plus les biens de première origine mentionnés dans ce chapitre et le précédent.

Deux ans plus tard, le baron de Médidier acheta la métairie du Bousquet qui avait appartenu primitivement à la maison de Vise. Et à son sujet nous devons rapporter ici que, le 15 novembre 1598, Madeleine de Vise avait fondé une modeste rente en faveur du couvent de la Merci, d'Aurignac. Elle devait être payée annuellement avec les revenus de la métairie du Bousquet.

Au moment où cette propriété passa dans le domaine du nouveau seigneur d'Aulon, le P. Guigonis, commandeur de la Merci, et le Fr. Duplessis, religieux du même ordre, déclarèrent, dans un acte spécial, que leur communauté d'Aurignac avait été fidèlement payée jusqu'à ce jour par les possesseurs de la terre et seigneurie d'Aulon, ou par leurs fermiers.

Urbain de Médidier mourut le 16 octobre 1741, à l'âge de quatre-vingt-un ans, et fut inhumé dans l'église de Saint-Michel d'Aurignac. Sa veuve, Madeleine de Verdelin, mourut le 2 septembre 1753, âgée de soixante-dix ans, et fut inhumée à côté de son époux.

Jeseph Tranquillin de Médidier, leur fils et héritier, devint seigneur d'Aulon, et à ce titre il rendit son hommage au Roi, le 19 juin 1754. Il renouvela l'aveu et dénombrement de ses biens le 12 mai 1762.

Mais, peu de temps après, il s'éleva un assez grave conflit entre lui et la commune d'Aulon, au sujet du Moulin de Pine, établi à Mengué. L'affaire fut portée devant le Parlement de Navarre. Une sentence du 14 juillet 1763 donna gain de cause à Joseph de Médidier.

Les consuls d'Aulon, qui n'en étaient pas à leur premier procès avec les seigneurs, voulurent se pourvoir en cassation. Le 10 avril 1765, le marquis d'Etigny, Intendant du Roi, leur avait accordé d'imposer la population pour soutenir les frais de ce nouveau recours. Mais un triste événement vint suspendre le procès.

Le 22 mai suivant, Joseph de Médidier, seigneur d'Aulon, mourut de mort violente (dans un duel d'après la tradition). Il n'avait que quarante-cinq ans, et laissait une veuve et quatre enfants encore en bas-âge.

On peut voir encore autour des piliers de l'église d'Aulon la trace à demi effacée d'une bande noire, de 0^{m}30 de largeur. Nous tenons de quelques vieillards disparus, notamment de Jean-Gabriel Martin, homme d'église, que cette litre seigneuriale était le souvenir funèbre de l'assassinat de noble Joseph Tranquillin de Médidier.

Cet infortuné seigneur avait eu quatre enfants de son mariage avec Gabrielle de Prat, célébré le 26 septembre 1758.

Celle-ci resta seigneuresse d'Aulon en qualité de tutrice de ses enfants. Les quelques actes de son administration qui nous soient connus ne concernent guère que le paiement de l'affermage des biens de la seigneurie.

Son fils aîné, Jean-Simon, étant mort à peine âgé de six ans, ce fut le second, Joseph-Philippe, qui hérita de la seigneurie et devint par le fait le dernier baron officiel d'Aulon. Il était né le 21 novembre 1761.

Entré de bonne heure au régiment de la Couronne, Joseph de Médidier obtint rapidement les premiers grades; et le 15 septembre 1791, il fut promu à celui de capitaine. Mais la France était déjà en Révolution.

Dans le courant du mois de février 1792, il se vit obligé d'abandonner l'armée comme tous les nobles restés fidèles à leur souverain légitime; et peu après, le dernier seigneur d'Aulon allait chercher un refuge sur la terre étrangère.

Ses biens furent confisqués par le gouvernement révolutionnaire et vendus aux enchères.

En 1801, Joseph de Médidier revint en France, et ne tarda pas à être nommé maire d'Aurignac. Mais le mariage qu'il contracta, en décembre 1813, avec Suzanne d'Arcamont, le détermina à quitter le pays natal pour aller habiter cette commune du Gers. C'est là qu'il mourut, le 24 mai 1846, âgé de quatre-vingt-cinq ans. Son épouse l'avait précédé dans la tombe depuis le 21 août 1842.

Dans les actes officiels, Joseph de Médidier signait toujours par ces seuls mots : *Le baron d'Aulon.* Ce titre s'éteignit avec lui.

Sous le gouvernement de la Restauration, comme il ne s'était pas cru suffisamment indemnisé des biens que lui avait confisqués la Révolution, il fit des instances pour obtenir une restitution plus abondante. Ses revendications donnèrent lieu à des actes d'expertise de la part du conseil municipal d'Aulon, et finalement à une sentence portée par le conseil de préfecture de la Haute-Garonne.

Comme ces documents offrent un certain intérêt à notre histoire locale, nous les insérerons parmi les *Pièces justificatires*.

Les deux sœurs de Joseph de Médidier, Jacquette-Françoise
et Josèphe-Marie, avaient épousé, la première Ambroise de
Rességuier, et la seconde le marquis de Faudoas-Barbazan.

C'est de ce dernier mariage que naquit, le 25 février 1799,
à Aurignac, Lucile de Faudoas, devenue plus tard supérieure
générale de la Congrégation des Dames de Saint-Maur, et dont
le P. Henri de Grèzes, capucin, a écrit l'admirable vie.

CHAPITRE CINQUIÈME.

LA PAROISSE D'AULON JUSQU'EN 1630.

Le ministère paroissial et les moines. — Les églises du Comminges
avant le treizième siècle. — Autonomie de la paroisse d'Aulon. —
Les curés primitifs et les vicaires perpétuels. — Visite pastorale de
Mgr Donadieu de Griet en 1630. — Etat de l'église et de la paroisse
d'Aulon à cette époque. — Ordonnances épiscopales qui résultèrent
de cette visite.

La paroisse d'Aulon, à cause de son origine monastique, se
trouva de tout temps dans des conditions spéciales d'autonomie qui ne permettent pas de l'assimiler aux autres. Nous
avons déjà démontré, au chapitre du *Prieuré bénédictin*,
qu'avant 1215 le service paroissial était fait par les religieux.
A cette époque, le Concile de Latran décréta que les moines
chargés de l'administration des sacrements feraient remplir
désormais ces fonctions par des prêtres séculiers avec lesquels
ils devaient partager les revenus du bénéfice.

Cette mesure générale donna lieu à la construction d'une
seconde église à Aulon. Et celle-ci conserva le titre de paroissiale jusqu'au départ des religieux, c'est-à-dire jusqu'au quinzième siècle.

Il n'est pas probable qu'avant la célébration de ce même
Concile de Latran le Comminges ait eu des paroisses dans le
sens rigoureux du mot, mais seulement des églises sans délimitation bien tranchée et dont la fondation était aussi souvent l'œuvre des moines que celle des évêques, lorsqu'elles
ne devaient pas leur naissance à un patronage seigneurial et
laïque.

Une bulle du pape Pascal II, datée de 1116, énumérant les églises de Gascogne qui appartenaient à une abbaye bénédictine, s'exprime ainsi sur notre ancien diocèse : « In *parrochia Conveniensi*, ecclesiam S. Mariæ de Aurignaco et ecclesiam S. Petri de Podio. » Cent ans plus tard, le pape Innocent III emploie la même expression.

Effectivement, le diocèse de Comminges formait, à cette époque, une vaste paroisse dont l'évêque était le premier curé, et qu'il administrait avec le concours de prêtres réguliers ou séculiers. La vie de saint Bertrand, telle que l'ont décrite ses biographes, ressemble absolument à celle que mènent aujourd'hui les vicaires apostoliques de certaines régions lointaines, à peu près gagnées à l'Evangile. Et même on ne s'expliquerait pas la grande popularité du saint évêque de Comminges, s'il fût resté seulement la moitié de sa vie enfermé dans sa demeure épiscopale.

Mais c'est surtout dans les pontificats de Clément V et de Jean XXII qu'on voit apparaître avec plus de précision les circonscriptions paroissiales. Jean XXII érigea plusieurs nouveaux diocèses dans nos contrées méridionales. Cette initiative, qui a été si glorieuse pour la région du Sud, donna lieu à une délimitation territoriale plus parfaite entre les diverses églises. Les catalogues de cette époque conservés aux Archives vaticanes nous les montrent déjà divisées par archiprêtrés, tout comme dans un *Ordo* diocésain édité de nos jours. Les églises du Comminges y figurent même plus nombreuses qu'elles ne l'étaient au moment de la suppression de ce diocèse, à la fin du dix-huitième siècle.

La paroisse d'Aulon, disions-nous, se trouvait dans des conditions spéciales d'autonomie. Primitivement rattachée au chapitre collégial de Saint-Gaudens, notre église passa ensuite sous la juridiction immédiate des religieux bénédictins. Et ceux-ci, en lui conférant le titre de priorale, lui communiquèrent par le fait même le privilège de l'exemption.

Même après l'abandon du prieuré, les moines conservèrent

un droit incontestable sur l'église d'Aulon. Non seulement ils avaient gardé le titre de *curé primitif* de cette paroisse, mais, de plus, il leur appartenait, d'après les règles alors en vigueur dans l'église, de choisir le prêtre séculier qui, sous le titre de *vicaire perpétuel*, devait remplir le ministère paroissial en leur nom et à leur place.

Deux titres de collation de cette vicairerie, que nous avons retrouvés aux Archives vaticanes, et qui datent, l'un de 1533, et l'autre de l'année suivante, démontrent clairement que la situation paroissiale n'avait pas changé à ce point de vue depuis 1215. Nous avons déjà relaté qu'à cette dernière date l'abbé de Pessan avait nommé le premier desservant d'Aulon.

C'est encore pour ces mêmes motifs que notre paroisse ne fut jamais comprise hiérarchiquement dans aucun des anciens archiprêtrés du diocèse de Comminges, mais releva toujours directement de l'évêque et des supérieurs du monastère de Pessan.

Depuis le départ des moines, et jusqu'en 1630, nous ne connaissons rien de bien particulier concernant la paroisse d'Aulon; si elle eut à souffrir des guerres de religion, etc. L'église priorale était devenue paroissiale, et celle de Saint-Michel, sans être précisément abandonnée, perdit peu à peu de son importance et fut même employée à des usages profanes contre lesquels devait justement s'élever l'évêque de Comminges.

Quant aux vicaires perpétuels ou desservants, nous ne pouvons qu'en donner la liste assez incomplète à la fin de cet ouvrage. Ceux du dix-huitième siècle ont laissé quelques traces, mais de leurs prédécesseurs nous en savons à peine le nom.

La visite pastorale de Mgr Donadieu de Griet, en 1630, donna lieu à un long rapport sur l'état de l'église, de la paroisse et même de la commune d'Aulon. Ce document épiscopal, qui devait jadis se trouver aux archives de l'évêché de Comminges, a été providentiellement conservé jusqu'à nos jours. L'abbé Ader le retrouva à Saint-Bertrand, chez M. de Lassus, et c'est assurément une bonne fortune pour notre histoire locale de pouvoir le reproduire en entier. Nous lui laissons sa tournure originale et même l'orthographe de l'époque. Mais il ne sera pas inutile de le faire accompagner de quelques notes explicatives que l'exposé de ce procès-verbal rend parfois nécessaires, à cause de certains changements d'ordre matériel opérés depuis cette visite pastorale :

L'an 1630 et le cinquiesme novembre, nous Barthélémy de Donadieu de Griet, Evesque de Comenge, sommes partis de la ville d'Aurignac, au point du jour (y demeurant notre oncle le seigneur et réverendissime Evesque d'Auxerre, avec les personnes nommées en notre précédent verbal de visite faicte en la paroisse de la ville d'Aurignac)... Me Pierre Lorine, vicaire du dit Aurignac, et Me Pierre de Bonnemaison, vicaire de Bouzin, suivis de nos officiers domestiques, où, estant arrivés environ de six à sept heures, y aurions été receus processionnellement par le recteur, deux vicaires et autres ecclésiastiques, ensemble : par les consuls, marguilliers et autres habitants du lieu, soubs un pavillon porté par les dits consuls, depuis notre première station jusques à celle que nous avons faicte à la porte de l'Eglise, d'où, y ayant observé les cérémonies commandées par le Pontifical romain, nous serions advancés jusques aux degrés du Grand Autel, le chœur ayant fini l'hymne *Te Deum* et chantant l'antienne *Sacerdos*, laquelle dicte et celle du Patron avec leurs versets et oraisons, et la Bénédiction estant donnée au peuple, nous avons procédé aux prières et cérémonies des défunts, tant en la dite Eglise qu'au cimetière[1].

En suitte de ce, nous avons visité le Saint Sacrement, lequel avons trouvé dans un tabernacle de bois émernisé, assis au mitan du grand autel, et en un ciboire de laiton doré, au dedans duquel il y a un petit vase d'argent, où repose le Saint Sacrement, et est le dit ciboire couvert de gaze, et ce après avoir faict chanter par le chœur le verset *Tantum Ergo* et le suivant.

Après cela, nous avons visité les Fonts-Baptismaux situés au bas de l'Eglise, du costé de l'Epistre, couverts d'un couvercle de bois, garni tout-à-l'entour de clous, parés d'une nappe par dessus, fermant à clef, dans lesquels avons trouvé un vase de cuivre avec son couvercle de mesme matière; en iceluy sont conservées les Eaux du Baptesme dé-

---

1. A cette époque, le cimetière occupait tout le terrain libre qui se trouve au nord, à l'est et au midi de l'église paroissiale.

centement; avons aussi trouvé aux dits Fonts deux petites tunices, pour mettre sur les baptisés, ensemble : les crémières en bon estat et remplies des Saintes Huiles.

Incontinent après la visite des dits Fonts, avons procédé à celles des reliques, qui sont tenues dans un petit coffre d'arguenie, couvert d'un petit crespe de soye, depuis environ quarante ans que les reliquaires furent dérobés, qui faict que les dites reliques sont sans tillets et en l'estat qu'elles furent laissées par les larrons. Le dit coffre est enfermé en une armoire, faicte dans la muraille de l'Eglise, du costé de l'Evangile [1].

Ceste visite finie, avons célébré la messe et donné la communion à ceux qui avaient confessé leurs péchés à nos confesseurs extraordinaires, partie desquels avaient esté envoyés avant le jour, et après ayant prins lieu, avons vacqué à ouïr les confessions des pénitents qui se sont présentés à nous, jusques après midi sonné, tant estait grande l'affluence des pénitents que nous nous sommes retirés pour prendre notre réfection, et, aussitôt après, nous sommes retournés à l'Eglise où nous avons donné la Confirmation à environ 200 personnes; ayant achevé, nous avons procédé à l'audition des recteur, consuls, marguilliers et autres habitants, tant conjointement que séparément, en la manière suivante :

SUR LES DEMANDES A RAISON DU SAINT SACREMENT.

A esté respondu le Saint Sacrement estre tousiours en réserve et que la lampe brusle jour et nuit au devant.

Qu'il est porté dans le village aux malades dans le grand ciboire de laiton ; mais l'orsqu'il y a des malades aux métairies, qui en sont éloignées, qu'il y est porté seulement dans le petit, qui est d'argent, la lumière avec la clochette sonant et précedent.

Que les espéces sont renouvellées de quinze en quinze jours, et quelquefois plus souvent.

Qu'il est exposé les jours du jeudi et vendredi saints, en une luné d'argent, devant lequel on met grand nombre de lumières, tant aux despens de l'Œuvre que des offrandes particulières du peuple qui se font à cet effet.

Qu'un prestre veille la nuit du jeudi avec le peuple, dans l'Eglise, afin

---

1. Cette armoire, qui fut fermée plus tard par une cloison, a été retrouvée en 1899, lors du percement de la muraille qui séparait le sanctuaire de la chapelle de saint Joseph.

que la révérence düe au Saint Sacrement soit rendue par la modestie des veillants en ce lieu.

Qu'il est porté processionnellement, le jour de la Feste-Dieu, soubs un pavillon, en la même lune, les consuls portant ledit pavillon.

Qu'il n'est en autre temps exposé, sans notre commandement exprès.

DES FONTS BAPTISMAUX.

Les Eaux du Baptesme sont renouvelées, les veilles de Pasques et Pentecostes, et n'est arrivé aucun abus pour raison d'icelles, ou autres choses saintes.

Qu'aucune chose n'est exigée pour l'administration du sacrement du Baptesme, et qu'un seul parrain et marraine est admis pour chasque enfant, qui est porté au Baptesme.

Qu'il y a registre des baptisés, depuis le huitiesme janvier 1604, ensemble : des morts et mariages[1].

Que le chresme n'est appliqué qu'aux eaux réservées pour le Baptesme.

DES CRÉMIÈRES.

Les Saintes Huiles sont renouvelées au temps requis et commandé, et n'y a abus ou superstition recogneüe pour ce regard.

DE LA SACRISTIE.

Il n'y a aucune sacristie, au lieu de laquelle on se sert d'un vide, qui est entre la muraille de l'Eglise, du costé de l'Orient et le grand autel, auquel lieu on tient un coffre pour la conservation des ornements, qui consistent en : 1 chasuble de damas vert avec ses offres de satin rouge; les deux dalmatiques et pluvial sont de mesme; 1 chasuble de damas violet, manipule et estole avec ses offres en broderie; 1 chasuble de damas bleu avec ses offres de satin rouge, et y a manipule et estole; 1 chasuble de toile rayée avec passements d'argent faux; 1 chasuble de burat rouge d'auvergne avec des passements de soye violette; 3 autres de fustaine bleue meslée de blanc et rouge, sauf l'une qui est meslée de vert et blanc sans estoles, et sont si vieilles qu'on en a quitté l'usage; 2 dalmatiques de damas tané, fort vieilles et usées; 5 aubes avec leurs amicts; 15 nappes, dans lequel nombre sont comprinses celles qui couvrent les autels; 1 petit calice d'argent avec sa patène; 1 autre d'estain,

---

1. Les registres qui étaient en usage avant la Révolution sont aujourd'hui conservés aux archives de la mairie d'Aulon, ainsi que ceux de Mengué.

dont on ne se sert plus ; 3 corporaux ; 3 volets avec une bourse ; 2 voiles, l'un de toile d'argent, l'autre de toile, parsemé de fleurs faictes de soye avec l'éguille ; 4 cuisins, les deux de soye tissüe au petit mestier, et les deux autres de toile d'argent ; 2 chandeliers de laiton et 2 de buis avec peintures, et 4 de fer fort anciens ; 2 missels, 1 vespéral, 1 rituel de Gomelier ; le tout à l'usage du diocèse, avec 2 graduels.

DU CORPS DE L'ÉGLISE.

Ceste Eglise est bastie de murailles fortes et grandement espaisses, faites de pierre de taille et chaux ; sa longueur est de vingt pas[1], sa largeur en laquelle est comprinse celle des deux courroirs, qui sont de part et d'autre la nef, et mesme le clocher, est de dix huit pas ; les dits courroirs sont portés sur les murailles de l'Eglise, d'une part, et sur quatre piliers qui sont en la nef, d'autre part ; le surplus, du costé du chœur, est porté sur les murailles qui font la distinction du grand autel d'avec deux chapelles qui sont à costé d'iceluy[2] au bout des dits courroirs de part et d'autre, estant la dite Eglise avec ses courroirs voûtés.

Il y a 3 autels en la dite Eglise ; le principal, qui est dédié à Ste Catherine[3], est de longueur d'environ une canne, et de cinq pans de largeur, au derrière d'iceluy est l'image de Ste Catherine, relevée en bosse et peincte ; le dit autel est couvert de trois nappes, paré par devant d'un ornement de damas caffard blanc, et au mitan d'iceluy est enchassée une pierre sacrée.

Il y a du costé de l'Evangile la chapelle St Jehan, où l'autel de laquelle est d'environ sept pans de longueur, et quatre de largeur. Il y a, au dit autel, une pierre sacrée enchassée, iceluy est couvert de trois nappes, paré de cuir doré et de rets ; par dessus sur le dit autel est l'image Notre-Dame en bosse, celle de S. Jehan, et une de S. Pierre, qui est fort petite.

Du costé de l'Epistre est la chapelle St Martin, l'autel de laquelle est

1. A cette époque, la maison priorale existait encore, occupant la dernière travée du fond. L'église avait par conséquent des dimensions plus restreintes qu'aujourd'hui.

2. En 1898, ces deux fortes murailles de séparation ont été supprimées et remplacées par deux beaux arcs qui mettent le sanctuaire en communication avec les chapelles latérales du chevet de l'église.

3. On ne s'explique pas comment le vocable de *Notre-Dame,* qui fut le premier de l'église d'Aulon, avait été changé. Cette injustice, car c'en est une, devait être de date assez récente, puisque cent ans auparavant (1533) le pape Clément V mentionne l'église d'Aulon sous son vrai titre : « *Ecclesia B. Mariæ de Aulon.* »

couvert de trois nappes, paré de taffetas orangé; au milieu d'iceluy il y a une pierre sacrée enchassée; et, au dessus, l'image de S. Luc, celle de S. Jacques et celle de S. Martin, relevées en bosse, peinctes et fort anciennes, y sont exposées[1].

Au bas de l'Eglise, du costé de l'Evangile,[2] il y a un fort beau clocher, basti de pierres de taille, percé de diverses fenestres, voûté par haut et par bas, et est eslevé en pointe par dessus l'église. Il y a, au dit clocher, quatre cloches[3], et est le dit clocher faict à 7 ou 8 façiades.

DU CIMETIÈRE.

Le cimetière est du costé d'orient, joignant le clocher de l'Eglise et le bout du porche, qui est contre la dite église, du costé du midi[4].

SUR LES DEMANDES FAITES AUX RECTEUR, CONSULS, MARGUILLIERS ET AUTRES HABITANTS.

A esté respondu n'y avoir aucun verbal de visite.

Qu'il y a indulgence plénière, le jour de la Nativité Notre-Dame, octroyée pour sept ans, qui ont commencé l'année 1627.

Qu'il est incertain si l'Eglise est consacrée, n'y ayant aucune marque de ce, ni mesme tradition.

Qu'il y a confrérie du Rosaire et statuts, en la chapelle de S. Jehan, érigée tant seulement au mois dernier d'octobre. Auparavant, estait la confrérie de Notre-Dame, qui se solemnisait, le jour de la Nativité, laquelle, estant sans statuts, a esté supprimée et délaissée par l'érection de celle du Rosaire[5].

Qu'il y a quatre bassins, sçavoir : du *Corporis Christi*, de Notre-Dame, de St Michel et Purgatoire.

Qu'il y a huit marguilliers, lesquels rendent compte de leur administration devant le recteur, les consuls appelés, ce qui se fait sans frais;

1. Toutes ces statues furent sacrilègement brûlées à la Bouzigue pendant la Révolution.

2. C'est une erreur, occasionnée sans doute par le passage établi dans le prieuré ou par l'escalier de la tribune, et situé à cette époque du côté de l'Evangile.

3. Deux cloches furent descendues sous la Révolution pour être fondues à Toulouse : on sait dans quel but.

4. Ce porche n'existe plus depuis longtemps, mais on en voit encore les traces.

5. Cette confrérie a été reconstituée à deux reprises dans le courant du dix-neuvième siècle.

aussi n'a la dite église autre reveneu que celuy qu'elle recueille de la libéralité des paroissiens.

Que les Religieux de Pessan prétendent avoir droict de présentation à la cure, et que la collation nous appartient, et que la dite cure n'est dépendante d'aucun archidiaconné.

Que le recteur possède ladite cure par résignation qui luy en fut faicte en cour de Rome, sur laquelle il auroit obteneu signature et sur ycelle *formá dignum* de feu messire Urbain de Saint-Gelais, notre prédécesseur, en date du 29ᵐᵉ mars 1599, et a maison presbytérale, joignant le cimetière[1].

Qu'il y a environ deux cent cinquante communiants.

Que le recteur réside avec deux vicaires, qui sont salariés aux despens des religieux de Pessan, prieurs dudit lieu d'Aulon, duquel salaire lesdits religieux sont quittes, moyennant six sestiers de bled, et demeurent les dits vicaires en maisons particulières.

Que festes et dimanches, on dit une messe parochielle; pour le regard des vespres, on ne les dit que les dimanches et grandes festes, et toutes celles de Notre-Dame.

Qu'outre la messe parochielle, toutes les festes solemnelles et dimanches de l'année, on en célèbre une matutinale, à sept heures, à voix basse.

Qu'on faisait l'exercice de la doctrine chrétienne, mais, à cause du mépris qu'on a fait d'y assister, qu'elle a esté intermise depuis quelque temps.

DES CHAPPELLES CHAMPESTRES.

Il y a une chapelle champestre, dédiée à saint Michel, qui a esté autrefois l'église parochielle[2]; néanmoins est sans aucune rente et s'entretient des aumosnes, qui se recueillent en un bassin, qui est en l'église parochielle, destiné à cest effet. Ladite chapelle est quelque fois fréquentée processionnellement, et en particulier rarement, si ce n'est lorsqu'on y fait dire quelques messes par dévotion.

Qu'en la dite chapelle, au grand scandale des âmes pieuses, on y

---

1. Ce presbytère n'était autre que la maison basse du prieuré, dont il est souvent fait mention dans les baux à ferme des moines de Pessan. Elle existe encore, bien que divisée en plusieurs parties indépendantes. Quelques années avant sa mort, l'abbé Ader en acheta la plus grande portion pour la faire servir à l'établissement des Sœurs de Saint-Joseph.

2. Nous en avons déjà rappelé l'origine; au chapitre suivant nous raconterons comment elle fut détruite.

traicte des affaires de la communauté, estant le lieu où se font les assemblées communales [1].

Qu'il y a un obit, fondé en la paroisse par feu M° Jehan Cazac et Jehanne Martin, mariés; la rente annuelle duquel est de six livres, à la charge que le recteur avec un autre prestre diront, tous les samedis, l'*Antienne*, *verset* et *Oraison de Notre-Dame*, à l'heure du soir, et incontinent après, le respond *Libera me*, avec les versets et oraisons pour les défunts, station au lieu de la sépulture desdits fondateurs.

Il y a un autre obit, fondé en ladite église par feu M° Anthoine Férault, prestre, le revenu duquel obit consistait aux fruits des terres et autres choses que possédoit ledit Férault, en son vivant et lors de son décés; toute la succession duquel affectée audit obit a esté vendüe, et l'argent, qui est proveneu du prix, mis en rente, laquelle rente et charge dudit obit ne nous a peu estre exprimée présentement; ce n'est qu'annuellement ceux qui ont esté acquéreurs des biens du dit défunt payent la rente de cinquante-deux livres, qui s'employent, selon l'intention du fondateur, pour la célébration d'autant de messes basses que la dite rente y pourra atteindre, donnant à celuy qui les célébrera, tous les jours qu'il célébrera pour ledit fondateur, cinq sous, et trois deniers au luminaire.

Qu'il y a un troisiesme obit de vingt-cinq sous de rente, fondé par feu Domenc Bolivi, à la charge que, chasque lendemain de Toussaints, on célébrera, pour le bien de son âme, une messe de *Requiem* à haulte voix, avec diacre et soubsdiacre. [2]

Qu'il n'y a M° d'Eschole, médecin, chirurgien, apothicaire, ni notaire, mais deux hostes et une sage-femme.

Qu'à cause de la valeur extraordinaire des grains, il y a quantité de pauvres; autrement qu'il n'y a personne qui ne gaigne sa vie sans mandier, ou, pour le moins, fort peu.

Qu'il n'y a aucun divorce parmi les mariés; aussi aucun n'a contracté mariage illégitimement qu'on sache.

Que la paroisse confronte avec celles de Cazeneufve et Mengué, son annexe [3], Sepx, Latoue et Peyrouset.

Que les fruits-prenants sont le recteur et les religieux de Pessan. Ledit recteur prend tant seulement la quatriesme portion de tous grains et autres fruits et mesme des carnalages, n'estant advantagé en aucune

---

1. On peut voir plus loin la sentence portée par l'évêque pour empêcher ce scandale.

2. D'autres obits furent fondés successivement jusqu'à la Révolution. Ils disparurent avec les biens du prieuré.

3. Nous avons déjà rappelé qu'à cette époque Mengué dépendait de Cazeneuve pour le spirituel et d'Aulon pour le temporel.

chose, de quoy il se plainct, et singulièrement de ce que les carnalages ne lui appartiennent entièrement, veu qu'ailleurs les autres recteurs les tirent en seuls entièrement [1].

Quant à la forme de dixmer, elle est de *dix un* des grains, vins, lins et autres choses, comme agneaux, laines, chevaux, couchons. Pour le foing, on ne paye que de *treize un*; de chasque poulain un sous; de chasque veau, mulet, asnon, on paye de même un souls; une paire de poulets pour chasque maison; mais pour le regard des oysons et canards, on n'en paye aucune disme.

Que la portion du recteur vault annuellement environ 120 ou 125 livres, sur quoy il paye environ 10 livres.

AUX DEMANDES FAICTES PARTICULIÈREMENT AU CURÉ.

A esté respondu qu'il célèbre tous les jours, ce que, sans manquer, au moins depuis quatre ans, et qu'il est assidu avec les vicaires à la célébration des divins offices.

Que, s'il y a quelque chose à reprendre en la vie des dits vicaires que cela n'est venu à sa côgnoissance.

Que le peuple tient fort peu de compte, les jours de festes, d'assister aux divins offices, mais plustost par une mauvaise coustume que par mespris des commandements de l'Eglise; que le dit peuple se lève plus matin, les jours de festes d'apostres et autres chomables, pour s'appliquer aux œuvres manuelles.

Qu'il n'y a abus ni superstition recògnü en la paroisse.

AUX DEMANDES FAICTES AUX HABITANTS EN PARTICULIER.

A esté respondu le recteur estre résident avec deux vicaires, lesquels sont assidus à faire les divins offices accoustumés d'estre faicts dans la paroisse.

Qu'il n'y a en leur vie et mœurs choses qui leur soyent congnües dont ils ayent subject d'y former plaincte.

Après avoir procédé de la sorte aux auditions des personnes susdites, avons donné le sacrement de Confirmation à un grand nombre de personnes, et, incontinent après, avons reprins notre chemin vers la ville d'Aurignac, où nous avons passé la nuit.

---

1. Ces plaintes donnèrent lieu à des réclamations qui furent résolues favorablement par les religieux de Pessan.

ORDONNANCES

FAICTES EN SUITTE DU VERBAL SUR LA VISITE DE L'ÉGLISE PAROCHIELLE D'AULON.

Nous Barthélemy DE DONADIEU DE GRIET, par la permission divine et du Sainct Siège apostolique, Evesque de Comenge, à tous ceux qui ces présentes verront, salut. Scavoir faisons que, continuant notre visite pastorale, en la paroisse du lieu d'Aulon, sur les défaults trouvés en icelle, à la réquisition de notre procureur fiscal, establi en notre visite, avons ordonné ce qui s'en suit :

Premièrement. — Que le tabernacle sera doublé par dedans de quelque estoffe honneste de couleur rouge, si faire se peut, dans deux mois aux despens de l'œuvre.

Que 6 purificatoires seront acheptés aux despens de l'œuvre, dans un mois.

Que la doctrine chrestienne sera faicte, tous les dimanches, appellant le peuple avec la cloche, et ce à peine de désobéissance, quand bien il n'y auroit que deux ou trois enfants pour apprendre leur créance.

Que très expresses défenses sont faictes aux habitants du lieu de convoquer à l'advenir leurs assemblées à la chapelle Saint-Michel, lieu destiné pour les choses spirituelles et non temporelles, et ce, à peine d'excommunication tant contre les paroissiens, qui voudroient contrevenir à notre présente ordonnance, que contre le recteur qui leur permettra.

Que le recteur aura le soing de voir si les sages-femmes scavent la forme du baptesme, et si, appliquant l'eau, elles prononcent les paroles essentielles du baptesme, et, en cas elles n'en pourroient apprendre la forme, il leur défendra de notre part de ne s'ingérer dans fonction de sage-femme, attendeu que la nécessité le plus souvent oblige à baptizer ou, pour le moins, appelleront promptement quelque personne qui sache baptizer.

Que, suivant plusieurs préjugés de nos prédécesseurs, confirmés en la Cour métropolitaine d'Auch, les rentes et reveneus, tant des obits fondés en ladite Eglise, si les fondations le portent ainsi par exprès, que de la table du Purgatoire, seront percües par le recteur et prestres natifs du dit lieu, sans que les vicaires, s'ils ne sont pas natifs du lieu, y puissent prétendre aucune chose en la dite qualité de vicaire.

Que pour la décence des offices et tenir les ornements de l'Eglise comme il fault, le recteur faira assembler les consuls et les habitants, pour délibérer de faire une Sacristie au despens de l'Œuvre, en quelques questes, que nous leur permettons dans le district du dixmaire du dit lieu, pour une fois, sans conséquence, et ce, dans un an[1].

Que les hostes n'administreront point des vivres aux habitants du lieu, pendant la célébration des divins offices, à peine d'excommunication.

Que les consuls tiendront la main à ce que les dimanches et festes soient observées et gardées, et, en cas de contravention, déféreront les infracteurs au plus prochain magistrat royal à ce qu'ils soient punis, suivant les ordonnances du Roy et arrests de la Cour, et déféreront de mesme ceux qui seront trouvés blasphêmer le nom de Dieu, si ce n'est qu'ils satisfassent incontinent aux asmandes que la police de chasque lieu faict observer en les appliquant au luminaire ou autres nécessités de l'eglise, sans toutefois que, pour cela, nous entendions contrevenir ni aux dites ordonnances ni arrests de la Cour, les consuls, pour ce regard, se gouvernant ainsi qu'ils adviseront.

Finalement. Est ordonné que nous réservons la faculté de pouvoir adjouter à nos ordonnances cy-dessus, ou autrement les modifier, selon l'exigeance des temps, ou qu'il nous pourra estre cy-après représenté par ceux qui nous en requerront; les marguilliers, dans un mois après la publication d'icelles, en retireront copie, ensemble : du verbal de notre visite, pour la tenir et garder soigneusement avec les autres papiers et documents de l'église, et qu'à la diligence de notre procureur fiscal, nos dites ordonnances seront leües et publiées, par le recteur ou vicaire, au prosne de la messe parochielle du premier dimanche après qu'elles leur auront esté intimées, et que, de ladite publication, ils nous certifieront par une déclaration escrite et signée au dessoubs de nos présentes ordonnances, faisant injonction et commandement au premier prestre ou clerc tonsuré, requis pour la dite intimation, faire tous exploicts nécessaires.

Donné en notre chasteau épiscopal d'Alan, le dixiesme jour du mois de febvrier mil six cent trente-un.

BARTHÉLÉMY, évêque de Cômenge.

Du mandement de mon dict Seigneur,

JORRAND, prêtre, secrétaire.

---

1. Cette sacristie, si justement réclamée par l'évêque de Comminges, n'a été faite que deux cent soixante-dix ans après l'ordonnance épiscopale. Jusqu'en 1900, on s'était contenté du chevet des bas côtés de l'église. Les deux chapelles latérales n'occupaient alors que la moitié de l'espace qu'elles ont aujourd'hui. L'autre moitié, avait été transformée en sacristie pour répondre au désir de l'évêque.

CHAPITRE SIXIÈME.

LA PAROISSE D'AULON DEPUIS 1630 JUSQU'À LA GRANDE RÉVOLUTION.

Traitement que les religieux de Pessan payaient au clergé d'Aulon. — Les obits. — Le curé Labatut plaide contre les consuls pour avoir un presbytère. — 14,000 francs sont cachés dans les ruines du prieuré, vers 1750. — Le passage du clocher donne lieu à un procès retentissant. — Construction du presbytère actuel, en 1782. — Mort du curé Edouard Dulong (1790). — M. Jean Bon lui succède. — Période révolutionnaire. — M. Bon refuse de prêter le serment schismatique. — Il est proscrit. — La Terreur à Aulon. — Les saintes images sont livrées aux flammes. — Châtiment des coupables. — Héroïsme de M. Bon pendant la Terreur. — Ses protecteurs. — Son apostolat dans tout le pays. — Fin de la Révolution.

Le procès-verbal de la visite pastorale du vénérable évêque Donadieu de Griet nous a montré la paroisse d'Aulon sous son vrai jour, telle qu'elle était en 1630. A partir de cette époque et jusqu'à la grande Révolution, l'histoire locale n'offre, au point de vue religieux, que des événements d'une importance secondaire. C'est dire qu'ils ne changent rien de substantiel à ce que nous a appris le rapport de l'évêque de Comminges.

Quelques actes officiels insérés parmi les *Pièces justificatives*, tels que la prise de possession des nouveaux recteurs, les rapports des religieux de Pessan avec le clergé d'Aulon, etc., confirment ce que nous avons rapporté précédemment sur l'autonomie de notre église paroissiale. Ils fournissent de plus à l'histoire religieuse des renseignements très instructifs sur l'époque qui précéda la Révolution.

On remarquera tout d'abord, en les lisant, qu'au lieu d'un

seul prêtre, il y en avait généralement trois attachés au service de la paroisse, et bien que le chiffre de la population aulonaise ne comprît, en moyenne, qu'un millier d'habitants. Ces ecclésiastiques prélevaient leur subsistance sur un traitement annuel qui leur était payé par le chapitre collégial de Pessan, et aussi sur les revenus des obits ou fondations à perpétuité.

Le traitement du recteur consistait en une rente annuelle de 300 livres, communément appelée la portion congrue. Plus tard, un supplément fut ajouté à cette somme, devenue insuffisante à cause des nombreuses charges qui lui incombaient en sa qualité de pasteur.

Après le recteur ou vicaire perpétuel, les documents font mention d'un matutinaire ou chapelain, qui percevait annuellement 200 livres. Les fonctions sacerdotales de cet auxiliaire, bien qu'elles ne soient pas clairement expliquées, le plaçaient dans un rang plus élevé que celui de simple vicaire. Mais il arriva parfois que l'emploi de chapelain fut rempli par un des vicaires, notamment lorsqu'il n'y avait que trois prêtres à Aulon.

La portion congrue, que le chapitre de Pessan payait au clergé paroissial, n'était pas la seule ressource des ministres du culte. Ceux-ci trouvaient encore un secours pour leur subsistance dans les obits ou anniversaires fondés à perpétuité, en faveur des morts. Le rapport de l'évêque Donadieu de Griet n'en mentionne que trois : ceux qui existaient au moment de sa visite pastorale. Mais leur nombre alla en augmentant jusqu'à la grande Révolution.

A cette époque qui les vit supprimer, on en comptait une vingtaine, consistant en pièces de terre, prés ou bois, et quelques autres placés en rentes sur l'Etat. Presque tous ces fondateurs d'obits avaient déterminé, comme clause spéciale, que les services anniversaires seraient célébrés par des prêtres natifs d'Aulon. C'est probablement pour ce motif que la plupart des recteurs, chapelains ou vicaires d'Aulon, au dix-huitième siècle, étaient originaires de la paroisse.

Entre autres donations de ce genre nous signalons celle qui fut faite, le 4 mars 1734, par Jean Capdeville, vicaire de Castillon. Cet abbé laissa aux prêtres Daure de Viala, Féraut et Amiel, tous les trois originaires d'Aulon comme lui, une petite somme destinée à faire célébrer des messes dans la chapelle de Saint-Michel d'Aulon. Il laissa également au clergé paroissial la rente d'un pré pour la célébration de douze messes annuelles pendant la durée de seize ans. Enfin il mit à la disposition du recteur une chambre de sa propre maison, dans le cas où celui-ci serait obligé d'abandonner une dépendance de la maison priorale qui lui servait de presbytère.

De cette dernière concession du prêtre Capdeville, il résulte que le logement du curé d'Aulon à cette époque n'était pas précisément une demeure permanente. Un acte des consuls, de l'année 1742, vient expliquer la situation.

A cette date, les autorités municipales déterminèrent d'aller trouver le délégué de l'Intendant général qui résidait à ce moment à Montréjeau, afin de protester devant lui contre la requête que lui avait adressée Pierre Labatut, curé d'Aulon.

Celui-ci demandait la construction d'un presbytère convenable. Mais les consuls n'entraient pas dans ses vues. Dans leur délibération ils exposent qu'il existe déjà une maison presbytérale, tout en reconnaissant qu'elle était un peu délabrée. Les consuls se plaignent ensuite que M. Labatut, depuis plus de trente ans qu'il était curé d'Aulon, avait mieux aimé loger dans une dépendance de la maison priorale, parce qu'elle était plus rapprochée de l'église. Ils trouvent aussi que le prix du loyer exigé par les fermiers de Pessan était trop onéreux pour la commune. En conséquence, ils sollicitent l'autorisation de prélever des ressources spéciales afin de réparer la maison destinée au logement du recteur, et se dispenser ainsi d'en construire une nouvelle.

L'Intendant de la généralité d'Auch accorda aux consuls d'Aulon ce qu'ils demandaient. Mais, d'après les termes d'une autre délibération, datée de cette même année 1742, on voit qu'ils n'étaient dispensés de construire un nouveau presbytère qu'à la condition expresse de réparer convenablement l'ancien logement du recteur.

Le curé Labatut mourut le 14 février 1751. Sa mémoire fut rappelée et mise en cause, il y a cinquante ans, lorsqu'on travaillait au prolongement de l'église paroissiale. La découverte de deux pots de terre renfermant 14,000 francs et l'effigie de Louis XV gravée sur les pièces d'or qui formaient cette somme éveillèrent, chez quelques vieillards d'Aulon, le souvenir d'un fait resté inexplicable jusqu'à ce jour.

Quelques moments avant sa mort, le prêtre Labatut, ne pouvant plus parler, faisait des signes désespérés vers les ruines de l'ancienne maison priorale. Les témoins de cette scène ne purent connaître ses intentions, ni pénétrer le mystère. Et en mourant, le curé d'Aulon emporta le secret avec lui dans la tombe.

Que signifiait cette somme d'argent? Etait-elle destinée à une bonne œuvre? Nul ne l'a jamais su, et c'est encore le secret de Dieu.

En attendant de raconter les détails de cette découverte, qui fut faite le 3 mars 1852, nous devons dire que la bonne œuvre (si c'en était une dans l'intention de celui qui cacha la somme) a été malheureusement détournée. Car l'église d'Aulon, qui semblait devoir être la plus favorisée dans la répartition des 14,000 francs, n'obtint rien du tout.

Il est également regrettable que cette adjonction des restes du prieuré à l'église paroissiale, dont l'exécution facilita la découverte de l'argent caché, n'ait pas été faite bien longtemps auparavant. Car, en 1768, ce fut la cause d'un fâcheux désaccord entre la commune et les fermiers des religieux de Pessan. A cette époque l'on ne pouvait avoir accès au clocher qu'en passant par l'intérieur de la maison priorale. La description que nous avons donnée au chapitre deuxième explique nettement la situation.

En avril 1768, les fermiers du prieuré d'Aulon, Jean Lempé

et Bertrand Dastre, négociants de Saint-Gaudens, entreprirent de fermer et condamner cet unique passage. Ils étaient sans doute vexés d'entendre les récriminations des gens contre l'usage qui avait transformé le dessus des voûtes de l'église en véritables greniers. Leur opposition et leur ténacité allèrent jusqu'à refuser au carillonneur de monter au clocher pour rajuster les cordages des cloches qui venaient de rompre. Ce conflit fut bientôt aggravé par une maladie épidémique qui jeta la paroisse dans le deuil; le silence des cloches ne pouvait qu'augmenter la stupeur des habitants.

Le 8 mai, les consuls et les notables d'Aulon se réunirent sous la présidence de Jean Tatareau, conseiller du Roi et juge mage en la sénéchaussée de Nébouzan. D'un commun accord ils résolurent de réclamer devant toutes les juridictions compétentes la servitude de passage pratiqué de temps immémorial dans la maison priorale.

Le chapitre collégial de Pessan, qui avait été le premier sollicité pour désavouer les injustes prétentions de ses fermiers, répondit, le 14 mai suivant, par l'organe de son syndic, qui était alors le chanoine Lubis. « Mon chapitre, dit ce dernier, est bien sensible à l'attention que vous avez eue, de lui faire passer la délibération datée du 8 courant. Comme nous ne désirons que la paix, nous sommes déterminés à envoyer, pour les fêtes de la Pentecôte, un exprès qui, en réglant d'autres affaires, vous donnera la satisfaction que vous pouvez attendre. »

Cette lettre étant restée sans effet, les consuls d'Aulon s'adressèrent à deux avocats du Parlement de Toulouse, MM. de Joly et Désirat, qui reconnurent le bien-fondé de leur requête.

La procédure suivit son cours. Une première sommation de Pierre Vinsonneau, huissier au siège et sénéchal de Nébouzan, ne put briser la résistance des fermiers : il fallut se pourvoir devant le sénéchal de Toulouse.

Le 30 juin 1768, M. de Morlhon, juge mage, ordonna aux fermiers d'ouvrir les portes de la maison priorale; et en cas de refus, il autorisa les consuls à se servir de la force en présence du premier huissier requis.

Les fermiers, de leur côté, durent faire appel; car une lettre du chanoine Mailhos, syndic de Pessan, adressée aux consuls d'Aulon, en date du 10 octobre 1768, témoigne du désir qu'avait le chapitre collégial de voir suspendre le procès en instance contre notre commune. Cette triste affaire allait enfin se terminer en dehors des tribunaux et par voie d'arbitrage.

Le 24 mai 1769, l'Intendant de la généralité d'Auch obtint du chapitre collégial de Pessan et des consuls d'Aulon l'acceptation réciproque d'un accommodement qui mit fin au litige.

Le libre passage du clocher était accordé chaque fois que des réparations l'exigeraient; mais les cloches ne devaient être sonnées, selon l'usage, que depuis l'intérieur de l'église. De plus, comme on avait décidé d'établir une horloge à la tribune, la concession du passage de la maison priorale fut étendue aux besoins de la sonnerie des heures. Quant aux dépenses qu'avait occasionnées ce long procès, elles devaient être couvertes respectivement de part et d'autre (V. *Pièces justificatives.*)

Jusqu'en 1782, aucun événement marquant ne vint modifier l'état religieux de la paroisse d'Aulon. Mais le 10 mars de cette année, une délibération prise par les consuls nous les montre aux prises avec quelques difficultés d'ordre matériel. L'Intendant de la généralité d'Auch leur imposait la construction d'un nouveau presbytère, et une ordonnance de l'évêque de Comminges les mettait dans l'obligation de réparer l'église paroissiale.

Pour faire face aux dépenses qu'allait occasionner cette double entreprise, les consuls décidèrent de recourir aux Etats de Nébouzan, afin d'en obtenir un secours. Nous ignorons quel fut le résultat de leur requête; mais le presbytère fut construit. C'est le même qui existe de nos jours, au midi de l'église, dont il était jadis séparé par le cimetière, et aujourd'hui par une place plantée d'arbres.

Cette nouvelle maison presbytérale fut étrennée par l'abbé Edouard Dulong, qui administrait la paroisse depuis 1779. Lorsqu'il rendit son âme à Dieu, au printemps de 1790, la situation devenait de plus en plus critique pour les prêtres, car la période révolutionnaire était déjà ouverte depuis un an.

Le chapitre collégial de Pessan eut tout juste le temps d'user une dernière fois de ses prérogatives vis-à-vis de la paroisse d'Aulon. Le 9 août de la même année, il conféra le titre de recteur à l'un des vicaires de l'abbé Dulong; c'était un prêtre natif de Génos, près de Sauveterre, et qui s'appelait Jean Bon. Deux jours après, l'évêque de Comminges confirma le choix du chapitre suzerain d'Aulon, et remit notre paroisse aux mains de ce prêtre fidèle et intrépide qui allait bientôt s'exposer aux plus grands périls plutôt que d'abandonner son troupeau.

Les événements nous amènent à crayonner une des plus intéressantes figures sacerdotales sous la Révolution. Depuis dix ans qu'il exerçait les fonctions de vicaire à Aulon, le nouveau curé avait appris à connaître ses ouailles. Secondé et protégé par quelques familles, nous allons le voir tenir tête à l'orage qui gronde sur l'Eglise de France, suivre la marche rapide et violente de la Révolution et prendre même le premier rang dans la contrée parmi les athlètes de la foi.

Un des premiers actes du gouvernement révolutionnaire avait été d'imposer aux prêtres la prestation d'un serment schismatique condamné par le Pape et les Evêques. M. Bon refusa de se soumettre à cette loi injuste. Dès lors, chassé de son église et de son presbytère, proscrit comme un malfaiteur, il se vit réduit à errer çà et là dans le pays et à user d'une hospitalité clandestine aussi périlleuse pour ses hôtes que pour lui-même.

C'est dans les premiers mois de 1792 que le vénéré pasteur dut opérer sa retraite. Pendant quelque temps encore, ses deux vicaires, Jean Sénac et Gaudens Capdeville, purent exercer les fonctions curiales à Aulon et à Mengué. Le prêtre

Capdeville figure dans plusieurs actes de 1791 comme prêtre obituaire d'Aulon et vicaire de Mengué. Il était alors infirme et âgé de soixante-trois ans. Il avait demandé au Directoire du département une pension de retraite comprise dans la vente des biens de l'église d'Aulon. Cette pension lui fut accordée; mais il n'en jouit pas longtemps, car il mourut le 15 février 1794.

L'abbé Sénac figure lui aussi dans un arrêté du Directoire de la Haute-Garonne, daté du 7 novembre 1792. Depuis le 15 août précédent, il exerçait le ministère paroissial à Aulon et à Mengué; et pour ce binage, l'abbé Sénac avait demandé une augmentation de traitement. La municipalité d'Aulon et le district de Saint-Gaudens ayant donné un avis favorable, le Directoire du département lui accorda ce supplément de pension. Mais cette largesse gouvernementale fut de courte durée.

Au commencement de 1793, l'abbé Sénac se vit obligé d'abandonner le ministère paroissial et de s'éclipser à son tour devant le flot montant de la Révolution. Il avait signé les derniers actes de l'état civil. Après lui, les registres furent tenus par les membres du conseil de la commune.

Pendant plusieurs années, la paroisse d'Aulon ne devait avoir ni curé, ni vicaire; plus d'autels, plus de chants, plus de cérémonies religieuses. La Terreur régnait en France, et presque chaque jour la municipalité recevait les ordres les plus tyranniques :

Ordre de démolir la chapelle de Saint-Michel;

Ordre de descendre les cloches et de les diriger sur Toulouse pour y être fondues et transformées en canons;

Ordre de remettre aux autorités du district tous les objets ayant servi au culte catholique, etc.

Les autorités locales, soit dit à leur louange, mirent peu d'empressement à exécuter les ukases de la Révolution triomphante. Et c'est grâce à leur répugnance devant un tel abus de pouvoir que deux cloches sur quatre furent conservées et maintenues à leur place.

Malheureusement, la municipalité ne put empêcher tous les excès. A Aulon comme partout ailleurs, l'année 1793 vit se commettre des scènes d'un vandalisme tellement sacrilège que nous aurions voulu les passer sous silence, si la vérité historique et l'honneur de la religion ne s'y étaient opposés.

Des vieillards dignes de foi, qui avaient connu les survivants de la grande Révolution, nous ont transmis les noms de cinq forcenés qui se signalèrent par leurs excès contre les choses saintes. Profitant de la stupeur générale qui s'était emparée de la population au récit des abominations commises en France, ils se ruèrent sur les objets religieux qui embellissaient notre antique église. Les statues, les images vénérées depuis des siècles furent sacrilègement arrachées des autels et portées à la bouzigue pour y être livrées aux flammes.

Notre-Dame d'Aulon ne trouva pas grâce à leurs yeux, malgré le miracle dont ils furent témoins. Car, ô prodige! la vénérable statue de la Mère de Dieu se rejeta d'elle-même hors du bûcher, à trois reprises différentes; tandis qu'un de ces monstres, armé d'une fourche, la refoulait chaque fois au milieu des flammes, en proférant d'horribles blasphèmes.

Le châtiment d'un pareil forfait ne se fit pas attendre, et il fut éclatant et durable. Les effets de la malédiction divine nous ont été souvent racontés avec une précision de détails qui rend leur authenticité irrécusable. On sait d'ailleurs que la justice de Dieu en use toujours ainsi avec les persécuteurs de l'Eglise et les profanateurs des choses saintes.

On nous excusera de ne pas nommer les auteurs de ces scènes infernales. Car, à l'exception des deux frères Lavigne, dont la famille a complètement disparu d'Aulon, les autres avaient un nom et une parenté qui existe encore de nos jours.

Mais qu'il nous soit permis de procurer un dédommagement au lecteur en lui disant que l'opinion publique fut loin d'approuver les actes de sauvagerie commis par ces quelques énergumènes. Nous en avons comme garant le maintien de la foi à Aulon et les efforts tentés par la plupart des familles pour procurer à leurs membres les bienfaits ou les secours de la religion pendant les mauvais jours.

La divine Providence n'abandonna pas nos ancêtres chrétiens dans ce temps de trouble et de persécution. Le vénéré pasteur, à qui le dernier évêque de Comminges avait confié le soin de leurs âmes, dès les débuts de la Révolution, poussa le zèle jusqu'à l'héroïsme. Alors que la plupart des prêtres avaient pris le chemin de l'exil, M. Bon ne voulut pas abandonner ses ouailles. Il trouva auprès de quelques familles la sécurité et toutes les attentions que peut inspirer la foi dans de telles conjonctures. La nuit, il sortait de sa cachette et gagnait à pas de loup quelque maison sûre, où ceux qui avaient besoin de son ministère venaient solliciter le soulagement de leur conscience, le baptème de leurs enfants, ou les bénédictions nuptiales.

On sait par tradition orale à Aulon que les métairies qui appartenaient alors aux familles Sarraute et Amiel avaient été mises à sa dispostion à cause de leur isolement. Bien souvent, il y célébra les saints mystères; et il existe encore des vieillards dont le père ou la mère avaient reçu le baptême dans quelqu'une de ces maisons solitaires et éloignées.

M. Bon trouva aussi moyen d'exercer son zèle dans les paroisses voisines, notamment sur le parcours d'Aulon à Saint-Gaudens. Une humble maison de la serre de Cazaux lui servit souvent de refuge et même de chapelle. Là, deux jeunes époux, Jean Cames et Jeanne Fages, se constituèrent les protecteurs du saint prêtre, malgré les menaces et les rigueurs de la loi envers les proscrits et leurs hôtes.

Le curé d'Aulon échappa plusieurs fois aux poursuites de la maréchaussée, grâce à l'ingénieuse charité de l'héroïque Jeanne. Un membre de sa famille nous a rapporté des dialogues du plus piquant intérêt échangés entre les émissaires du district et Jeanne Fages. Rien ne manquait à celle-ci, ni sang-froid, ni courage, ni à-propos dans ses réponses. Aussi cette admirable paysanne pouvait-elle se féliciter plus tard d'avoir

sauvé de la mort ou de l'exil le saint prêtre qui s'était constitué l'apôtre de toute la région.

A partir de 1796, se voyant moins exposé aux poursuites
des agents du gouvernement, M. Bon put célébrer les saints
mystères dans l'intérieur même du village, notamment chez
M. Sarraute, le notaire. On montrait encore, il y a quelques
années, une petite chambre de cette maison qui lui avait servi
de chapelle. Il dut même reprendre le ministère paroissial
assez ostensiblement puisqu'à partir du mois de juin 1796 les
registres de paroisse portent sa signature et celle de plusieurs
notables de la localité.

D'après ces mêmes documents officiels, c'est chez M. Sarraute, notaire d'Aulon, que le vénérable pasteur baptisait les
enfants et bénissait les mariages.

L'église paroissiale était donc encore fermée au culte. Mais
tout le monde soupirait après le retour des choses saintes.

La Révolution essaya une dernière fois, vers 1797, de renou-
veler les premières proscriptions. Elle se heurta à la plus
amère impopularité. La France, fatiguée de tant d'excès, atten-
dait un sauveur. C'est lui qui ouvrit les églises et rappela les
prêtres.

Lorsque le rétablissement du culte catholique fut devenu
une chose légale, M. Bon se trouvait déjà à la tête de sa paroisse. Il ne l'avait pas abandonnée dans les plus mauvais
jours. La Providence allait l'y maintenir encore pendant
trente ans.

CHAPITRE SEPTIÈME

ADMINISTRATION CONSULAIRE

Institution des consuls. — Leurs attributions. — Une élection consulaire
à Aulon. — Privilèges du seigneur à cet égard. — Préjugés contre
l'ancien régime. — Les assemblées délibérantes à Aulon. — Respect
de la majorité. — Rôle du syndic dans les affaires communales. —
Privilèges du pays de Nébouzan. — Ses châtellenies. — Ancienne
juridiction de celle d'Aulon. — Les impositions de la commune en
1684 et en 1786. — Les contribuables d'Aulon avant la Révolution.

Dans les deux chapitres consacrés à la seigneurie d'Aulon,
nous avons montré, à côté du pouvoir féodal, un autre pouvoir
parallèle, provenant de l'organisation communale. Celle-ci
avait donné lieu à l'institution des consuls ou magistrats municipaux. Il est même assez probable que leur existence à Aulon
avait précédé celle des seigneurs; car leur élection, leur nombre, leurs prérogatives et jusqu'à leur nom de consuls nous
les montrent dans l'histoire comme une suite et le développement des anciens municipes romains, établis autrefois dans
tout l'empire.

Aux yeux de la population, les consuls étaient surtout chargés de défendre ses intérêts et de conserver intacts les privilèges établis par les plus anciennes coutumes. Bien qu'elle eût
été placée de bonne heure sous le contrôle et la juridiction des
seigneurs, l'administration des consuls n'en avait pas moins
gardé une certaine autonomie. Celle-ci alla toujours se déve-
loppant à mesure que la puissance seigneuriale marchait vers
son déclin. Et finalement, l'administration consulaire devait
survivre au pouvoir féodal, avec une plus vigoureuse explosion
de la vie communale.

C'est surtout au Moyen-âge que nous voyons apparaître les
consuls comme un véritable corps constitué, avec ses droits,
ses prérogatives et ses diverses attributions. Ils étaient toujours choisis parmi les principaux propriétaires et on les nommait le 1er janvier.

Leur nombre et la durée de leur charge furent soumis à des
modifications successives. Ainsi le bail qu'ils passèrent, en 1500,
avec le seigneur d'Aulon, nous les montre au nombre de cinq.
A partir de cette époque, ils ne figurent jamais plus de quatre,
dont un était toujours pris parmi les notables de la section de
Mengué.

Jusqu'au commencement du dix-huitième siècle, les consuls
d'Aulon étaient renouvelés chaque année. Puis leur mandat fut
prolongé durant une période de deux et même trois ans. Il
arriva aussi que les mêmes consuls se virent maintenus en
charge dans plusieurs élections successives. Mais cette dernière disposition, qui pouvait provenir de la pénurie de sujets
capables, était contraire aux lois établies à cet égard et donna
lieu à des plaintes, comme le prouve le document que nous
rapportons plus loin.

Le renouvellement des consuls s'opérait de la manière la
plus simple. Ceux qui étaient arrivés au bout de leur administration, réunis en présence du juge et des notables, établis-
saient deux listes de candidats à nommer à leur place. Ces
désignations étaient manifestées au peuple, devant l'église, à
la sortie de la messe paroissiale. Les Aulonais donnaient leur
assentiment au choix des nouveaux consuls par une sorte d'ac-
clamation populaire et surtout générale; car les protestations
devaient être vraisemblablement assez restreintes.

Les deux listes ainsi approuvées par la population étaient
ensuite présentées au seigneur d'Aulon, afin qu'il fît le choix
de l'une d'elles. Et c'est celle-là qui revêtait aussitôt un caractère officiel. Le document suivant, que nous transcrivons
d'après l'original, peut nous donner une idée de ce qui se passait en pareil cas. Il y est fait mention de la seigneuresse,

parce que Joseph de Médidier, son époux et vrai seigneur
d'Aulon, était mort et qu'elle avait hérité de ses droits féodaux
en qualité de tutrice de ses enfants, encore mineurs.

Election consulaire de la communauté d'Aulon et Mengué, pour l'année 1784, faite en conformité de la délibération générale de la dite communauté du 1er de l'an de la dite année, pour être présentée à Mme d'Aulon, seigneuresse du lieu, afin qu'elle fasse le choix de l'une des deux
colonnes.

PREMIÈRE COLONNE :

André LABATUT.
Vidian CASTET.
Michel CASSAIGNE.
Gabriel FAGET.

DEUXIÈME COLONNE :

Léon MARTIN.
Jean DARAY.
Jean-Pierre CASSAIGNE.
Jean-Guillaume LAYRISSE.

Fait à Aulon le 1er de l'an 1784.

SENTSÉBÉ, *consul.*

Un autre document antérieur et concernant les mêmes personnages vient nous démontrer que cette acceptation des nouveaux consuls par le seigneur ne s'opérait pas toujours à
l'amiable. Quelquefois même cette prescription légale pouvait
donner lieu à de graves difficultés, jusqu'à faire recourir aux
voies judiciaires.

La veuve de Joseph de Médidier, seigneur d'Aulon, s'était
vue obligée, en tant qu'héritière de ses droits féodaux, de recevoir le serment traditionnel des nouveaux consuls. Comme elle
y mettait de la mauvaise grâce, à cause de ses préférences
pour les consuls sortants, on lui envoya tout bonnement une
contrainte par huissier.

L'an 1768 et le premier février, par moi, Denis Lachaume, bayle
royal receu au siège de la ville d'Aurignac, y résidant, à la requette de
Me Antoine Sarraute, syndic, et de la communauté du lieu d'Aulon en
Nébouzan, a été déclaré à Dame Gabrielle de Prat, veuve de messire Joseph de Médidier, comme tutrice de ses enfants, que, vers la fin de
l'année dernière, et en assemblée générale comme de coutume, il fut élu
huit sujets, à titre de consuls, qui furent distribués en deux colonnes,
pour servir la présente année. Cette élection duement contrerollée luy

fut de suitte présentée, qui en conséquence choisit la seconde, et commit
son juge pour recevoir le serment des dits consuls; mais comme la dite
Dame ne cherche qu'à maintenir ceux en charge, et en conformité de
leurs désirs, quoiqu'en exercice depuis trois ans, au mépris et contre la
disposition des édits et règlements, volonté et intérest de la communauté, c'est pourquoy ay sommé la dite Dame de faire transporter son
juge, ou telle autre personne qu'elle avisera, à Aulon, pour recevoir le
dit serment, et, faute d'y pourvoir dans la huittaine, les requérants se
pourvoyront devant qu'il appartiendra, luy protestant de tous dépens,
domages et intérests, sans entendre se préjudicier en l'instance pendante
au Conseil, ny donner aucun acquiessement à l'arrest du Parlement de
Navarre du 14 juillet 1763.

D. Lachaume, baile.

Ce n'est pas la première fois que nous surprenons les
anciens Aulonais en désaccord avec leur seigneur ou même
leur seigneuresse. En toute occasion, ils se montraient extrê-
mement jaloux de défendre leurs droits et ils ne supportaient
pas facilement que l'autorité seigneuriale portât atteinte à leurs
coutumes ou privilèges. L'arrêt du parlement de Navarre
auquel il est fait allusion dans la précédente citation en est
une nouvelle preuve. Il s'agit d'un recours des consuls contre
une sentence judiciaire qui avait donné gain de cause au seigneur d'Aulon. (*Voir page* 40.)

Cela n'empêche pas qu'aujourd'hui la fable se soit substituée
à la vérité, malgré la proximité des temps et l'évidence des
faits. Plusieurs croient encore qu'avant la Révolution nos
ancêtres étaient dans un état fort voisin de la barbarie; que
l'esclavage avait continué de subsister jusqu'alors; qu'il n'y
avait d'autres lois que les caprices des seigneurs; que le peuple
ne possédait rien, etc., etc.

Pour ce qui regarde Aulon, les faits enregistrés dans cette
monographie resteront comme un éternel démenti de ces
fausses accusations. Et s'il y eut des excès dans le régime
féodal, il nous serait facile de démontrer que l'administration
consulaire ne fut pas sans défauts, pas plus que le système
municipal qui lui a succédé depuis la Révolution.

A partir du quinzième siècle, grâce aux délibérations des consuls retrouvées en partie, il est permis de reconstituer, même avec assez de détails, les usages et la vie intime des Aulonais sous l'ancien régime. Les actes consulaires nous font connaître les coutumes, les privilèges, les exemptions accordées au pays de Nébouzan et jusqu'aux impositions de la commune.

Outre la simple réunion des consuls, il y avait parfois des assemblées plus générales, où les principaux contribuables avaient voix consultative et délibérative. C'est là que se discutait la répartition des impôts, qu'on choisissait le collecteur des taxes et qu'on prenait les arrêtés de police. S'il y avait des réclamations à faire, si on avait à demander réparation pour quelque injustice ou qu'on eût à solliciter quelque faveur, l'assemblée déléguait à cet effet un ou plusieurs consuls, mais presque toujours le syndic. En somme, dès qu'il fallait prendre une délibération importante, toute la population était réunie en conseil général et appelée à donner son avis. Quelle que fût la décision prise, on était sûr qu'elle répondait au vœu de la majorité.

Il n'était pas rare de voir le juge qui représentait le seigneur d'Aulon assister à ces réunions et y occuper la première place. A son défaut, le notaire du lieu présidait les séances et en dressait le procès-verbal. C'est même à cette disposition que nous devons de posséder la plupart des délibérations consulaires. Comme il n'existait pas d'archives communales pour les conserver, elles étaient réunies à celles du notariat, où M. l'abbé Ader a eu la bonne fortune de les retrouver.

On remarquera de plus, en lisant ces documents d'un autre âge, qu'il est fait souvent mention du syndic. C'était généralement un homme probe et honnête, investi de la confiance publique. Il n'était pas indispensable que le syndic appartînt au corps consulaire; on le choisissait plutôt parmi les consuls sortants. Ses fonctions consistaient principalement à représenter la commune au dehors. C'est lui qu'on déléguait lorsque,

pour un motif ou pour un autre, il fallait recourir à l'autorité
compétente, soit administrative, soit judiciaire. La durée de
son mandat était assez indéterminée. Quelques syndics conservèrent ce titre pendant plusieurs années consécutives. Il arriva
même, dans des circonstances graves, que la commune s'était
choisie deux syndics au lieu d'un.

La délibération suivante, dont nous transcrivons une partie
d'après l'original, montre de quelle manière on célébrait les
assemblées générales à Aulon.

Le 1ᵉʳ jour du mois de mai 1754, au lieu d'Aulon diocèse de Comminge, vicomté de Nébouzan, à l'issue de la messe paroissiale, à la place
où les assemblées à délibérer ont coutume d'être tenues, par-devant
nous notaire royal soubsigné et témoins bas-nommés, ont été assemblés en conseil public, les sieurs

> Jérôme Victor Cazac, de Pradère,
> Jean François Martin,
> André Labatut,
> Charles Martin,

consuls régents du présent lieu, assistés de :

> Maître Bernard Amiel, notaire royal,
> Simon Sarraute, marchand, etc.

*(Suivent trente-deux noms, probablement des principaux contri-
buables.)*
..... composant la plus saine partie de la communauté. Ils ont délibéré
que..... *(suivent les dispositifs).*

Les trois témoins qui signent la délibération avec le notaire
sont habitants de Peyrouzet. On observera dans les autres documents de ce genre, insérés parmi les pièces justificatives, que
les signataires sont presque toujours étrangers à la commune
d'Aulon. Cette disposition devait être sans doute observée en
vertu de quelque loi aujourd'hui abrogée.

Les autres délibérations consulaires ou prises dans les assemblées générales sont rédigées à peu près de la même manière
et dans des termes analogues. Nous reproduisons les plus
importantes à la fin de cet ouvrage. Celles qui n'offrent qu'un

intérêt secondaire y figurent aussi en abrégé et dans l'ordre chronologique, de manière à former comme les *Ephémérides communales d'Aulon*. L'époque, déjà bien éloignée, qui les vit paraître leur donne un caractère tout particulier et qui n'est pas sans importance pour notre histoire locale.

L'exposé de ces documents relatifs à l'administration consulaire nous dispense d'entrer dans de longues explications sur le pays de Nébouzan et les privilèges ou coutumes des localités comprises dans la vicomté de ce nom.

De même que notre ancienne paroisse, à cause de son origine monastique, avait une autonomie spéciale, de même la commune d'Aulon bénéficiait de tous les avantages que les anciens rois de Navarre avait octroyés aux populations dépendantes de leur souveraineté. Ces privilèges furent maintenus en grande partie, même après l'union du Béarn et autres possessions des seigneurs de ce nom à la couronne de France. Après comme avant, le Nébouzan continua de former un district indépendant, bien qu'il fût enclavé dans le comté de Comminges, dont il avait été distrait dans le milieu du treizième siècle (1250). Mais il resta uni au Comminges par certains liens administratifs, surtout par le lien spirituel et ecclésiastique.

Ce curieux enchevêtrement du pays nébouzanais en général se retrouvait aussi dans la délimitation des cinq châtellenies dont il était composé[1]. Celle d'Aulon, qui n'avait compris à l'origine que les communes voisines de Cassagnabère, Peyrouzet, Séglan et Gariscan, s'était accrue plus tard des communes assez éloignées de Pinas, Tuzaguet, Escala et Lannemezan. Nous avons relaté, au chapitre troisième, comment notre modeste commune avait perdu le titre de chef-lieu de châtellenie, établie au treizième siècle par les comtes de Foix et de Béarn, seigneurs d'Aulon. Ce fut au profit

---

1. Avant la Révolution, le Nébouzan comprenait cinquante-huit communes distribuées en cinq châtellenies : Saint-Gaudens, Saint-Plancard, Cassagnabère, Sauveterre et Mauvezin.

de Cassagnabère, qui le conserva jusqu'à la grande Révolution.

On remarquera, dans les documents officiels insérés plus
loin, qu'Aulon, comme d'ailleurs toutes les autres communes
de Nébouzan, était du ressort du Parlement de Toulouse,
pour le fait de la justice; de la Chambre des Comptes de Pau,
pour le fait du domaine et affaires domaniales; de la Cour des
Aides de Montauban, sous le regard des subsides; et de l'In-
tendance de la même ville, pour le fait des finances.

Mais lorsque la Généralité d'Auch fut créée, en 1716, le
Nébouzan fut compris dans cette juridiction. Il fut également
rattaché au Comminges lors de l'établissement d'une Maîtrise
des eaux et forêts.

Au point de vue politique, Aulon éprouva le contre-coup de
tous les événements qui affectèrent le Nébouzan dont il faisait
partie. Au point de vue administratif, il participait à ses avantages et devait aussi partager les mêmes charges. La plus
importante assurément était la répartition et le prélèvement
des impôts.

A l'origine on basait les impositions sur le nombre des *feux*.
(Aulon avait quatorze feux sur cinq cents que comprenait la
vicomté de Nébouzan.) Plus tard les biens roturiers devinrent
la cote *d'allivrement,* ou impôt foncier proportionné au revenu.

Chaque année, l'Intendant de la Généralité d'Auch évaluait,
d'après le cadastre, la somme que devaient cotiser les diverses
communes. Puis, des ordres étaient donnés aux consuls pour
opérer la perception de ces impôts. Les consuls convoquaient le
Conseil général, où l'on nommait huit répartiteurs chargés d'établir le montant de la perception pour chaque famille. Deux
étaient nobles ou vivant noblement; deux bourgeois; deux
artisans; et deux bordiers ou journaliers. On élisait ensuite
dans cette même assemblée le collecteur qui devait, moyennant
salaire, recouvrer toutes les impositions et les verser ensuite à
Saint-Gaudens entre les mains du receveur officiel.

Nous reproduisons ici, d'après un document original, le mouvement de la perception d'Aulon en 1684 :

Ce jourd'hui 25 juillet 1684, au lieu d'Aulon, devant l'Esglise paroissielle, ont été assemblez : Pierre Labalut, Guilhem Layrisse, consuls régents ; Gabriel Labatut, prestre, curé d'Aulon ; Me Bernard Cazac de Pradère, docteur et advocat en la cour ; Jean Martin, etc., etc. et plusieurs autres habitants du lieu d'Aulon, lesquels ont procédé au département des sommes inévitables qu'il convient d'imposer au présent lieu.

Suit le détail des sommes à imposer et formant un total de 593 livres[1]. Dans cette répartition figurent 207 livres pour le don gratuit que notre pays faisait chaque année au roi de France, en sa qualité de vicomte de Nébouzan.

Un autre document officiel de l'année 1786 nous montre que le total des sommes imposées à la commune d'Aulon avait presque quadruplé dans l'espace de cent ans. Il s'élevait à 1,962 livres ainsi réparties :

Impôt de taille, — du vingtième rural, — du vingtième patrimonial, — de capitation, — d'abonnement, — et enfin les charges particulières à la localité.

La taille était un impôt de répartition assis sur les biens roturiers. Le mot de taille provient de l'ancienne manière de recouvrer l'impôt et dont se servent encore aujourd'hui les boulangers avec leurs clients attitrés. Le collecteur marquait d'une entaille sur deux bâtons ajustés ce que le contribuable payait à compte de sa dette.

Le vingtième rural et patrimonial représentait une part proportionnelle du revenu total des biens, fixé au vingtième par Louis XIV.

Les impositions d'Aulon étaient évaluées de la manière suivante :

Pour la taille...................... 614 livres, 12 sols, 4 deniers
Pour le vingtième rural........... 250 — 2 — 8 —
Pour le vingtième patrimonial.... 11 — 12 — 10 —

---

1. La livre, à cette époque, valait un peu moins d'un franc, environ dix-neuf sous de notre monnaie actuelle. Le sol était la vingtième partie de la livre et valait douze deniers.

Outre ces impositions ordinaires, il y en avait une autre, appelée de *capitation* ou impôt par tête, décrété par Louis XIV, pour subvenir aux frais de guerre. Cet impôt, en 1786, s'élevait pour la commune d'Aulon à la somme de 512 livres 18 sols et 11 deniers.

Enfin, depuis le 5 août 1775, en vertu d'une ordonnance de l'Intendant de la généralité d'Auch, les contributions indirectes étaient couvertes par un troisième impôt appelé *d'abonnement*. L'abonnement était un prix au-dessous du taux ordinaire, déterminé par avance et tenant lieu du chiffre réel de l'impôt qui correspondait aux consommations et autres droits réservés.

L'impôt d'abonnement attribué à la commune d'Aulon s'élevait à la somme de 332 livres et 19 sols.

Après avoir satisfait aux impositions légales, les contribuables devaient aussi couvrir les frais occasionnés par diverses charges locales, et celles-ci s'élevaient, en 1786, à 183 livres 15 sols et 6 deniers, ainsi réparties :

Procession de Saint-Marc...............	6 livres, 10 sols
Bayle mandataire (*sorte d'huissier*)..	18 — —
Loyer du vicaire de Mengué.........	20 — —
Brandon de Saint-Jean...............	3 — —
Gages du garde forestier.............	36 — —
Entretien de l'horloge...............	21 — —
Port des mandements...............	3 — —
Secrétaire de la commune...........	12 — —
Fraction du présent rôle.............	7 — —
Frais de poursuite contre ceux qui commettent des délits au bois d'Aulon.	30 — —
Droit de levée.....................	27 l., 3 sols, 4 deniers.

Le total de toutes les impositions payées par les Aulonais vers la fin de l'ancien régime était donc de 1,962 livres. Nous laissons aux admirateurs du régime actuel l'honneur et le soin d'établir la différence de cette somme avec celle qu'il faut payer de nos jours.

En terminant ce chapitre de l'organisation communale, il nous semble bon de rappeler que les contribuables aulonais, en 1786, étaient, d'après le registre officiel, au nombre de cent quatre-vingt-cinq; quelques-uns n'habitaient pas la commune, mais y possédaient des biens soumis à la contribution locale

La liste s'ouvre par les noms des personnages les plus marquants. D'abord les nobles : M. de Médidier, seigneur d'Áulon; M. d'Arcizas d'Estensan; M. de Floran; M. de Latour; M. de Gontaud-Biron; M. de Montpezat d'Espeyrens; les demoiselles de Pradère. Puis viennent les bourgeois : Amiel, Sarraute, Abolin, etc.; ensuite les artisans et, enfin, les bordiers. Ceux ci étaient au nombre de vingt-huit.

Parmi les étrangers qui devaient payer un impôt à Aulon, huit étaient de Cassagnabère; dix-huit de Peyrouzet, parmi lesquels figurent M. Amiel, curé de Cassagnabère, et M. Castet, vicaire de Peyrouzet. (*Avant la Révolution, cette église n'était qu'une annexe de la precédente.*) Douze autres contribuables appartenaient à la commune de Latoue; douze à celle de Saint-Elix-Séglan; deux à Aurignac; un à Sepx, et un à Charlas (M. Lasbats, prêtre).

Le registre des impositions signé à Aulon le 20 avril 1786 est contresigné à Saint-Gaudens le 20 du même mois par les syndics des trois ordres des Etats du Nébouzan : l'abbé de LABARTHE, syndic du clergé; DE FLORAN, syndic de la noblesse (le syndic du tiers état n'a pas signé); MARIANDE, secrétaire.

CHAPITRE HUITIÈME.

AULON PENDANT LA RÉVOLUTION.

(PREMIÈRE PARTIE.)

Convocation des États généraux (1789). — Les délégués d'Aulon à l'Assemblée de Muret. — Fin du Nébouzan. — Aulon sollicite un titre
cantonal. — Réponse du député Pégot. — Fin de l'administration
des consuls. — Élection du premier maire et de son conseil. —
— Répugnance des électeurs d'Aulon pour se rendre à Cassagnabère. — Attentat contre MM. Sarraute et Amiel. — Résistance de la
municipalité de Cassagnabère. — Celles d'Aulon et Latoue obtien-
nent gain de cause. — Institution d'une milice locale à Aulon. —
Vicissitudes du nouveau régime. — Extrême pauvreté des Aulonais
durant cette période. — La municipalité demande une diminution
d'impôts.

Le 24 janvier 1789, Louis XVI publia, de son palais de
Versailles, une lettre de convocation des Etats généraux du
royaume. Un mois après, les gouverneurs des provinces rece-
vaient une autre lettre de Sa Majesté, convoquant en assemblée spéciale les délégués des communes. Ceux du Comminges,
du Nébouzan et du Couserans devaient se réunir à Muret, dans
le courant du mois d'avril de la même année.

Dès qu'ils eurent reçu cette notification officielle, les consuls
d'Aulon se réunirent en conseil extraordinaire avec tous les
notables de l'endroit, pour nommer les deux délégués qui
allaient représenter la commune, et aussi pour rédiger le
cahier des plaintes et des souhaits demandé par le message
royal.

MM. Sarraute et Abolin, l'un et l'autre avocats de profession, obtinrent la majorité des suffrages de leurs concitoyens et se rendirent à Muret porteurs du fameux cahier.

Il est très regrettable que ce mémoire n'ait pu être retrouvé ; car rien n'eût été aussi curieux à étudier que ce document où nos ancêtres d'avant la Révolution avaient consigné leurs souffrances et leurs vœux. Une simple note nous apprend que ce cahier avait été rédigé le 5 avril 1790, et qu'il comprenait huit articles.

Nous n'avons pas à faire le récit de la réunion si mouvementée de Muret, et après laquelle les Etats du Nébouzan disparurent pour toujours avec leurs droits particuliers et leurs antiques privilèges. Le nom et la vicomté de *Nébouzan* furent désormais fondus dans les deux nouveaux arrondissements de Saint-Gaudens et de Bagnères-de-Bigorre.

On nous dispensera également d'entrer dans les généralités relatives à la grande Révolution ; ces choses étant du domaine de l'histoire de France. Mais le lecteur trouvera un dédommagement dans le simple exposé des pièces qui concernent exclusivement notre histoire locale. Un certain nombre (voire les plus importantes) ont été retrouvées chez les descendants des Aulonais qui avaient pris la part la plus active dans les événements de cette époque.

Le premier document que nous possédons, par ordre chronologique, est la réponse de Bertrand Pégot, député de Saint-Gaudens, à une démarche des consuls d'Aulon. Ceux-ci, ayant appris qu'on allait créer une nouvelle division administrative de la France, résolurent de solliciter pour Saint-Gaudens et pour Aulon des titres distinctifs qui pussent les dédommager de la perte de leurs vieilles franchises. Le 2 février 1790, M. Antoine Sarraute, en qualité de syndic, en référa au député Pégot. Mais la réponse qu'il obtint fit évanouir les dernières espérances des consuls :

Paris, 14 février 1790.

Monsieur,

J'ai reçu par le courrier d'hier la lettre que vous m'avés fait lhonneur de m'écrire le 2 de ce mois. J'ai aussi reçu la Délibération de la Com^{té}

d'Aulon qui désire que S¹ Gaudens soit le chef-lieu d'un département, et qu'on lui accorde un canton. Je n'ai pu obtenir pour la ville de S¹ Gaudens l'avantage auquel votre Com^té auroit voulu concourir, cette ville est annexée au département de Toulouse avec tout le district dont elle est le chef-lieu ; il n'a pas été possible de donner un canton à Aulon, le village est trop voisin d'Aurignac, qui raisonnablement meritoit la préférence et nous n'en avons placé que dans les villes, S¹ Plancard exceptée.

Je suis infiniment reconoissant de tout ce que vous me dittes d'honette, j'aurois bien désiré pouvoir faire accorder a votre Com^té ce que vous demandés, mais j'espère que vous gouterés les raisons que je vous donne, et que vous voudrés bien vous persuader qu'on ne peut ajouter aux sentimens distingués avec lesquels j'ai l'honneur d'être bien sincèrement, Monsieur, votre très humble et très obéissant serviteur.

(Signé) Pegot.

Un autre document officiel va nous montrer comment prit fin l'administration des consuls à Aulon, et comment elle fut remplacée par un maire assisté d'un conseil municipal :

L'an mil sept cent quatre vingts dix et le septième jour du mois de février, après midi, au lieu d'Aulon, et en l'Eglise parroissiale, diocèse de Commingcs et sénéchaussée de Toulouse, le conseil général et municipal convoqué en conformité du décret de l'Assemblée nationale du quatorze décembre dernier, à l'effet de procéder à l'election des officiers dont et comme aud. decret ; feurent présents les sieurs Jean Cassaigne, Paul Daray, Michel Cassaigne et Vincent Castet, consuls en exercice du présent lieu, et les sieurs Jean-Baptiste Sarraute, François Gilles Amiel Antoine Victor Cazac de Pradère, bourgeois, Me Antoine Sarraute et Bertrand Amiel avocats en parlements (suivent d'autres noms), tous habitans du présent lieu et jurisdiction, et citoyens actifs, lesquels ont procedé à la nomination par scrutin de liste du président et secrétaire et ont nommé pour président Me Antoine Sarraulte, avocat en parlement, et pour secrétaire Me Bertrand Amiel, aussi avocat en parlement, qui ont accepté lesd. charges et ont preté le serement decreté par l'assemblée nationale en présence de l'assemblée ; et l'assemblée la de meme preté entre les mains dud. president, lesd. sieurs president et secretaire signés.

Sarraute, président.   Amiel, secretaire.

De suitte a eté procedé à la nomination des trois scrutateurs par scrutin de liste, conformement aud. decret de l'assemblée nationale ; les

sieurs *Antoine Alexandre Cazac de Pradère, Jean-Baptiste Sarraute*
et *Bernard S¹-Sébé* ont eu la pluralité des suffrages, nommés et pro-
clamés scrutateurs, les scrutins cy dessus ayant été ouverts et dépouillés
par les sieurs Gilles Amiel, Jean Baptiste Sarraute, et Jean François
Castet comme plus anciens d'age.

SARRAUTE, présidant.

Et toujours en conformité du même decret, et de suitte, a été procédé à
la nomination du maire par scrutin individuel; le sieur *Jean-Baptiste
Sarraute*, bourgeois, a été elu et nommé *Maire* à l'unanimité, et proclamé après que les billets ont été ouverts et dépouillés par lesd. scrutateurs, qui a accepté et signé.

SARRAUTE.

Et encore et de suitte a été procédé conformément aud. décret à la
nomination des cinq officiers municipaux, par scrutin de liste; et comme
les sieurs Pradère, Vincent Castet et Bernard S¹ Sébe ont seuls réuni
plus de la moitié des suffrages, et que lesd. sʳˢ Cazac de Pradère en a
reuni plus que led. Castet, et celui cy plus que led. S¹ Sébe, led. Sʳ *Pradère* a été proclamé premier officier municipal, led. Sʳ *Vincent Castet*
second et led. Sʳ *S¹ Sébe* troisième, et a été procedé de suitte à un second
scrutin pour la nomination des deux officiers municipaux qui restent;
lesd. sʳˢ Pradère et S¹ Sébé signés et non led. Castet pour ne savoir.

PRADÈRE.   SENTSÉBE.

Et de suitte, et conformément aux decrets de l'Assemblée nationale, il a
eté procédé à un second scrutin de liste des deux officiers municipaux
restans; et comme les sʳˢ André Labatut et Martin Capdeville ont réuni
plus de la moitié des suffrages et que led. sʳ Labatut en a recuilli plus
que led. Capdeville, led. sʳ *Labatut* a été proclamé quatrième officier
municipal et led. *Martin Capdeville* cinquième, lesquels ont accepté et
signé.

LABATUT.   CAPDEVILLE.

Il a été encore procédé à la nomination du procureur de la commune, et conformément auxd. decrets, par scrutin individuel; les billets
ouverts et depouillés par lesd. scrutateurs, le sʳ *Jean Cassaigne* a réuni
tous les suffrages; en conséquence a été nommé et proclamé procureur
de la commune et a signé.

CASSAIGNE.

Et finalement a été procedé à la nomination de douze notables en
conformité desd. decrets de l'Assemblée nationale; le sieur *Laurens*

6

Martin a été nommé et proclamé pour premier, *Jeammès Lozes* pour second, *Jean Pierre Amiel* pour troisième, *Bernard Martin* pour quatrième, *Léon Martin* pour cinquième, *Jean Martin* (des Trouillès) pour sixième, *Etienne Martin* (de Layrisse) pour septième, *François Labatut* pour huitième, *François Villemur* pour neufvième, *Simon Ducos* pour dixième, *Simon Cassaigne* pour onzième et *Jean Pierre Cassaigne* pour douzième; et attendu l'heure tarde et que plusieurs des elus qui se trouvent dans les extrémités du lieu ont été forcés de se retirer de suitte pour veiller à la sureté de leurs maisons familles et bestiaux, et sur leur requisition et celle des officiers municipaux, la prestation du serement a eté renvoyée à dimanche prochain; les sachans signés avec nous président et secretaire.

Labatut.   Bernard Martin.   Ducos.
Sarraute, *président.*   Amiel, *secretaire.*

Le nouveau maire et son conseil prêtent serment.

Du quatorze février courant au lieu d'Aulon pays de Nebouzan diocèse de Comminges, senechaussée de Toulouse, à l'issue de vepres, ou les assemblées à deliberer ont coutume de se tenir, le conseil general convoqué aux formes ordinaires, feurent presents MM. le Maire et tous les autres membres du Corps municipal de meme que le procureur de la commune nommés dimanche dernier, qui en présence de la Commune ont preté le serement de maintenir de tout leur pouvoir la constitution du Royaume, d'etre fidelles à la nation à la loy et au Roy, et de bien remplir leurs fonctions et l'assemblée a été dissoutte; lesd. maire et autres membres du Corps municipal, de meme que le procureur de la Commune, requis de signer, les sachants ont signé avec nous président et secretaire.

Labatut. Sarraute. Pradère. Sentsebe. Ducos.
Bernard Martin. Capdeville. Sarraute, *présidant.*
Amiel, *secretaire.*

Le document suivant va nous montrer à quelles vicissitudes donna lieu le changement de régime administratif. Les Aulonais, n'ayant pu obtenir un titre cantonal, n'acceptaient pas facilement qu'on eût donné la préférence à Cassagnabère pour en faire un centre de réunion des électeurs. A leur instigation, les dépositaires de l'autorité municipale vont mettre tout en œuvre pour faire rapporter cette décision. Nous avons vu dans les chapitres précédents avec quelle facilité ils recouraient autrefois, et pour le moindre prétexte, jusqu'au gouverneur de la province. Les voici maintenant devant les administrateurs du nouveau département de la Haute-Garonne pour leur faire des remontrances.

L'an mil sept cent quatre vingt dix et le quatorzième jour du mois de juillet, après midi, au lieu d'Aulon, ou les assemblées à déliberer ont coutume de se tenir, le Conseil municipal convoqué aux formes ordinaires par devant le secretaire de la Municipalité sous signé, ont comparu *M. Jean Baptiste Sarraulte maire,* les s^rs *Antoine Alexandre Cazac de Pradère, Vincent Castel, Bernard St Sèbe, André Labatut et Martin Capdeville officiers municipaux,* les s^rs *Jean Pierre Amiel, Jeammes Lozes, Laurens Martin, Simon Ducos, Bernard Martin, Jean Martin, Simon Cassaigne, François Villemur, François Labatut, Léon Martin* et *Jean Pierre Cassaigne notables* du présent lieu et jurisdiction, auxquels a eté dit par M. le Maire : Messieurs, l'Assemblée primaire doit se tenir le 25 courant, et quoique nos esperances conformes aux decrets de l'Assemblée nationale fussent de nous transporter en la ville d'*Aurignac,* chef lieu du canton, pour remplir cet objet, Messieurs les Commissaires du département de la Haute-Garonne ont formé une assemblée au lieu de *Cassaignabère* dans laquelle nous sommes compris, ignorant et meconnaissant les inconvéniens et malheurs qui pourraint en resulter; mais pénétrés de leur justice et sagesse, il est essentiel et pressant de leur en faire un détail circonstentiel, et encore de certains faits particuliers et rescents qui arriverent avant hier à deux de nos principaux notables du present lieu aud. lieu de *Cassaignabère.*

Vous savés, Messieurs, que cette assemblée doit se tenir dans l'église paroissiale de *Cassaignabère* et personne n'ignore que la moitié du toit de cette Eglise est tombée et que le reste menace une ruine prochaine. Ah! Messieurs quel serait le malheur, non seulement pour nous, mais encore pour nos femmes et enfants d'être engloutis sous les décombres de cette eglise.

Vous savés encore, Messieurs, que ce travail ne finit pas dans le moment, et ce lieu se trouve sans aucune espèce de provision de bouche; il faut y coucher et il n'est aucun lit; vous savés encore qu'il est une rivière à traverser, que les ponts ont été emportés et que s'il arrive le moindre débordement le passage nous est interdit.

Je ne doutte pas Messieurs qu'un fait des plus atroces arrivé lundi dernier à *Cassaignabère* ne soit parvenu chez vous ; oui, Messieurs, *Me Sarraute* av^t en parlement, colonel de notre légion, juge de Cassaignabère, habitant d'Aulon, s'étant transporté led. jour lundi dernier aud. lieu de *Cassaignabère*, fut sur le moment qu'il allait monter le degré de l'auditoire si cruellement provoqué par *Me Riviere* avᵗ habitant de *Cassaignabère*, qu'il le prit à la boutonière en présence du Maire, du Curé et du vicaire, du commandant de la légion et tant d'autres principaux habitans et etrangers, qu'il le provoqua encore a mettre l'épée à la main, le menaça meme de lui enlever ses epauletes s'il eut été en uniforme, sans que le maire, officiers municipaux, commandant de la légion daignassent arreter, pas meme interposer silence aud. *Rivière*, meme au prejudice des requisitions que leur en fit plusieurs fois led. *Me Sarraulte* sans meme qu'ils daignassent y repondre, accedant au contraire aux incursions faittes à cette victime innocente.

Vous savés encore Messieurs, que *Me Amiel* avᵗ en parlement, notre compatriote et lieutenant colonel de notre legion, feut le même jour à *Cassaignabère* pour deffendre les causes de ses cliens, qu'il feut provoqué par un habitant de *Cassaignabère* et suivi jusques dans les rues avec une bouteille à la main, voulant à toute force lui casser la figure sans cause, paroles, ni raison.

Vous saves Messieurs, la conduite admirable de ces deux personnes de n'avoir respiré que pour demander justice qui leur a été refusée, soit de la part de la Municipalité soit de la legion. Ah! Messieurs, quand il ne serait d'inconvénient de tout ce que nous avons dit pour la localité, que n'aurions nous pas à craindre de ces habitans qui ont pour nous une haine cruelle et mortelle; nous irions là sans armes, et ils seraint armés. Il est ihutille d'en dire d'avantage, nos commissaires sont trop justes et sages pour immoler une communauté entière, il ne faut que réclamer et nos vœux seront exaucés; sur quoi requiert deliberer.

Oui Monsieur le procureur de la commune.

Les voix courues et colligées par M. le Maire, il a été unanimement delibéré que l'assemblée a nommé, comis et deputé Me *Bertrand Amiel*, avᵗ en parlement, lieutenant colonel de notre legion, à l'effet de se transporter incessament dans la ville de *Toulouse*, pour presenter à Messieurs les Commissaires du département expédié de la presente; et l'assemblée assurée et convaincue de tous les faits de localités cy énoncés, et des atrocités comises lundi dernier au lieu de *Cassaignabère* contre les personnes de Mᵉˢ *Sarraulte et Amiel*, et pour prevenir tous les malheurs qui pourraint arriver dans cette assemblée, se flatte et attend que Messieurs les Commissaires donneront et expedieront un mandat ou des ordres à la communauté d'*Aulon* et Mengué, une de ses dependances, pour se rendre en la ville d'*Aurignac* led. jour vingt cinq courant, tenir leur assemblée primaire conjointement avec lad. ville; ou comme ils aviseront, en retractant leur mandement pour la tenir à *Cassaignabére*; charge l'assemblée led. Me *Amiel* de faire à ces fins auprès de Messieurs les Commissaires, toutes représentations et mémoires; et dans le cas, ce qu'on ne peut presumer, ils ne voudraint retracter leurs ordres, les supplier de permettre que les électeurs *d'Aulon* aient pour leur sureté et marchent pour cette assemblée, avec drapeau et armes, et leur protester le plus respectueusement qu'ils seront responsables de tous les evenements. Ainsi a été delibéré; les sachants signés à l'original avec nous secretaire.

> SARRAUTE, *maire*. PRADÈRE, St SEBE, LABATUT, CAP-
> DEVILLE, *officiers municipaux.* CASSAIGNE, *procureur sindic.* Bernard MARTIN, VILLEMUR, CASSAIGNE,
> MARTIN, *notables signés.*

*Expédié à la requisition de M. le Maire par nous secretaire susd.
soussigné.*

> BONNET, *secretaire greffier.*

Le Directoire du département donna gain de cause aux électeurs d'Aulon et à ceux de Latoue, et annula les élections incomplètes de Cassagnabère. Mais l'acte suivant va nous dire quel accueil la municipalité voisine fit à cette décision venue de Toulouse.

L'an mil sept cents quatre vingts dis et le vingt neuvieme jour du mois de juillet, par moy *Jean François Loubens*, bayle reçu au siege d'Aulon, residant audit Aulon, à la requette de messieurs les maires, officiers municipaux et procureurs des communes *d'Aulon* et *Latour*, ay signifié l'ordonnance de MM. les Commissaires du departement de Hante Garonne du vingt huit courant, cy attaché et suivant sa forme et teneur, à MM. le maire, officiers municipaux et procureurs de la commune de *Cassagnabère*, pour qu'ils ne pretendent cause d'ignorance, et en conséquence ay sommé monsieur le maire de *Cassagnabère* davoir à declarer sur l'heure et au bas de la présente s'ils ont continué ou achevé l'election le cas etant pressant; et dans le cas ils n'auroient continue à achever ou qu'ils ne le declareraient au bas de la présente, leur ai déclaré que les communautés *d'Aulon* et *Latour* se rendront samedi prochain, trente un du courant, en l'hotel de ville *d'Aurignac* pour y proceder à la nomination de cinq electeurs conformément à la dite ordonnance, les sommant à cet effet de procès, leur déclarant et protestant en deffaut qu'il y sera de nouveau procédé et qu'on procedera encore à toutes les autres elections. Dont copie a MM. les maire, officiers municipaux et procureur de la commune de *Cassagnabère*, tant de la dite ordonnance que presant en parlant à Monsieur Ducos fils, maire du dit *Cassagnabère*, trouvé en sa demeure au dit lieu, approuvant le mot d'*Aulon* par entreligne cinquième et sixième ligne et *Latour* à la marge.

LOUBENS *bayle*.

Le dit sieur maire a repondu que toutes les opérations dont sagit sont finies et cloturées depuis le vingt sept du courant au soir, conformément à la proclamation de Messieurs les commissaires du Roi, du premier de ce mois, qu'il ne reste rien plus à faire à ce sujet, et a signé sa réponse.

DUCOS *maire*.
LOUBENS *bayle*.

Cette affaire traîna en longueur. Un an après, nous trouvons encore les municipalités d'Aulon et de Latoue en instances auprès du pouvoir constitué, pour se faire dispenser d'aller voter à Cassagnabère.

*A Messieurs les administrateurs du Directoire du district
de St Gaudens.*

Les municipalités d'*Aulon* et *Mengué*, *Latour* et *Gariscan* ont l'honneur de vous observer et de vous rappeller les desordres, difficultés, dangers et grands inconvéniens quelles éprouvaient à l'assemblée primaire au lieu de *Cassaignabère*, que les memes subsistent encore.

Que les commissaires du Roy instruits de tout rendirent ordonnance pour que l'entière assemblée se rendit en la ville d'Aurignac, chef lieu du canton et en l'hotel de ville, toutes fois qu'elles n'aurait pas parachevé.

Que lesd. municipalités d'*Aulon* et *Mengué*, *Latour* et *Gariscan* si rendirent et nomerent leurs electeurs; la communauté de *Cassaignabère* si étant refusée aurait fait sa nomination chez elle.

Que la discussion aurait été portée en assemblée electorale, et que par arrangement de dix electeurs nommés aux deux assemblées, il en aurait été gardé et conservé deux de la jurisdiction d'*Aulon*, un de *Latour* et deux de *Cassaignabère*, que les autres auraient été renvoyés ; c'est l'état des choses qui dans d'autres circonstances aurait été mis sous vos yeux.

L'Assemblée nationale vous a donné tout pouvoir et les moyens pour prévenir tous les malheurs les desordres et pourvoir autant qu'il serait en vous aux dangers et inconveniens ; le departement par ses proclamations, vous en donne toute liberté et le laisse à vottre prudence, aussi vous qui etes plenement instruits, soit des desordres survenus, soit de l'impossibilité de communiquer à *Cassaignabère* à raison des rivières sans ponts qui nous divisent, soit encore de l'etat de l'église dont la moitié a dejà croulé et l'autre menaçant ruine prochaine, soit encore à raison des accidens, que nous essuyâmes par les debris qui croulent à chaque instant, nous attendons de vottre justice, que penetrés de nos justes raisons, vous ordonnerés que l'entière assemblée indiquée à *Cassaignabere* sera tenue de se rendre a *Aurignac*, en l'hotel de ville, conformément à l'ordonnance de MM. les Commissaires; ou si mieux aimés, que les municipalités suppliantes si rendront seules et nomeront les electeurs les composant, et par un de ces deux moyens, vous previendrés tous les malheurs qui nous menacent.

(Signés) Boué mayre. Sarraute maire.

Le Directoire du district de Saint Gaudens fit droit à cette double requête, comme le prouve le document suivant, daté du 9 juin 1791.

Vu la présente pétition et pour les causes y contenues,

Oui M. le procureur sindic,

Ordonnons que les municipalités composant la section de *Cassagnabere* pour les assemblées primaires, s'assembleront le 17 du courant à l'hotel de ville d'*Aurignac*, aux fins de nommer de nouveaux electeurs relativement à l'arreté du departement du 4 du courant, auxquelles fins le present arreté sera notifié de suite à la diligence des municipalités petitionnaires, aux autres municipalités composant lad. section.

Collationné. (Signé) Cazes sub.

L'an mil sept cens quatre vingt onze et le dixième jour du mois de juin par moy *Jean Francois Loubens*, huissier provisoirement reçu par le tribunal judiciaire du district de St Gaudens, sous le bon plaisir de l'Assemblée nationale, résident à Aulon, à la requette des municipalités d'*Aulon* et *Mengué*, *Latour* et *Gariscan*, ai notifié la presente petition, ordonnance ou arreté de MM. les administrateurs du directoire du district de *St Gaudens*, dont cy dessus et en l'autre part, à MM. les maires et officiers municipaux des municipalités de *Cassaignabere*, *Ramefort* et *Tournas*, pour qu'ils n'en prétendent cause d'ignorance, dont copie de tout à chacune desd. municipalités et séparément, en parlant à M^{rs} les Maires de *Cassaignabère* et *Tournas* et au s^r *Pierre Bonet*, officier municipal de *Ramefort*, trouvés en leurs demures.

(Signé) Loubens, huissier,

La lutte fratricide entre ces diverses communes devait durer encore quelque temps. La municipalité d'Aulon, sans se laisser décourager par la résistance opiniâtre de celle de Cassagnabère, recourut de nouveau à la première autorité du département, et finit par remporter la victoire. Après le rapport qu'on va lire, on ne trouve plus de traces de cette malheureuse dissension.

*A Messieurs les administrateurs du département
de la Haute-Garonne,*

La municipalité d'*Aulon* a l'honneur de vous exposer, que lors des premières assemblées primaires, elle feut jointe à la section de *Cassaignabere*, que des citoyens actifs eprouverent de la part des habitans de *Cassaignabere* les excés et mauvais traittemens possibles, qu'ils se retirerent vers Messieurs les Commissaires qui rendirent ordonnance par laquelle ils transportaient l'assemblée en l'hotel de ville d'*Aurignac*, qu'*Aulon*, *Latour* et *Gariscan* y tinrent leur assemblée et ils nommerent cinq electeurs; que *Cassaignabere*, toujours refractaire à la loi, la tint dans son eglise et y nomma aussi cinq electeurs, que cette affaire feut portée à l'assemblée electorale et finie par la médiation des Commissaires nommés par icelle, que deux electeurs d'*Aulon*, deux de *Cassaignabère* et un de *Latour* feurent recus et les autres renvoyés.

L'adresse présentée à Messieurs les electeurs en assemblée electorale par la municipalité d'*Aulon* vous expliquera, Messieurs, tout ce qui s'est passé, tout ce que les citoyens actifs d'*Aulon* ont souffert et essuyé de la part des habitans de *Cassaignabère*; on remet cy joint tous les deliberés, pièces, memoires, signification, adresses énoncées et numérotées en lad. adresse à l'assemblée electorale.

Les municipalités d'*Aulon* et *Mengué*, *Latour* et *Gariscan*, instruites de cette dernière assemblée primaire, et pour prevenir tous les malheurs qui les menaçaint, présenterent une petition au district de *St Gaudens* qui, pleinement instruit des désordres survenus et de tous les défauts de localité énoncés, rendirent un arreté qui fixe l'assemblée ditte de *Cassaignabère*, en l'hotel de ville d'*Aurignac*, chef lieu du canton; cet arreté feut signifié de la part des municipalités petitionnaires aux autres muuicipalités composant lad. section, lad. suplique arreté du 9 juin courant et signification du dix; cy jointe lettre B.

Les municipalités de *Cassaignabere* s'adresserent sur cette signification au directoire du district pour reclamer l'assemblée au lieu de *Cassaignabère*, qui, par arreté du 12 du meme mois, confirma celui du neuf, neamoins pria et chargea M. *Dardignac*, administrateur du département, de distraire la municipalité d'*Aulon* de cette section et la placer dans un autre, et de demembrer de cette autre des municipalités formant à peu près le même nombre des cytoyens actifs pour les placer au lieu et place d'*Aulon*.

Les habitans de *Cassaignabère* voulant à toutes forces l'assemblée à *Cassaignabere*, vous presenterrent une petition; et par arreté du quinze vous confirmates les arretés du district du neuf et du 12.

M. *Dardignac* au veu de vottre arreté et de celui du district du 12, celui du neuf luy ayant été caché, non obstant sa reclamation, rendit son ordonnance le seize qui transporte les citoyens actifs de la municipalité d'*Aulon* en la première section de la grande Eglise de la ville d'*Aurignac*, en distrait *Peyrouzet* et *Esparron* pour se joindre à *Cassaignabère*; cette ordonnance de même que vottre arreté, feut signifié le 17, jour de l'assemblée, aux municipalités d'*Aulon*, *Latour* et *Peyrouzet*, les citoyens actifs de ces municipalités alors en marche pour se rendre à Aurignac.

La municipalité d'*Aulon* ou ses citoyens actifs, en exécution de vottre arreté, de ceux du district et de l'ordonnance du s^r Dardignac, se rendirent en lad. grande eglise d'*Aurignac* et y voterent.

Les municipalités de *Latour*, *Gariscan* et *Peyrouzet* se rendirent aussi à Aurignac pour y voter et tenir leur assemblée en l'hôtel de ville, conformement auxd. arretés et ordonnance sous des protestations ou reservations.

M. Dardignac, vu l'exposé de ces dernières municipalités et combien il avait été surpris par la municipalité de Cassaignabère, en lui cachant l'arreté du neuf, rendit de suite une seconde ordonnance en explication de la première, pour que tous les citoyens actifs qui devaint former la troizième section, conformément à sa premiere ordonnance, feussent tenus de se rendre en l'hôtel de ville d'*Aurignac* pour y tenir leur assemblée primaire, conformement à vostre arreté et ceux du district, le tout cy joint.

Les municipalités de *Latour*, *Gariscan* et *Peyrouzet*, sur le tard, n'ayant vu comparaitre les autres municipalités, se constituerent en assemblée primaire en l'hotel de ville d'*Aurignac*, et renvoyèrent au dimanche suivant, et led. jour, ils nommèrent cinq electeurs, les autres municipalités ne s'étant non plus rendues.

Les habitans de *Cassaignabère* au mepris de vottre arreté, de ceux du district et des ordonnances de M. *Dardignac* comm^{re} en cette partie, tinrent leur assemblée au lieu de *Cassaignabcre* et nommerent cinq autres electeurs; et comme ils ont vu clairement que leur assemblée et nominations devaint être cassées, ils se sont retirés auprès de vous avec une pétition au moyen de laquelle ils ont surpris vottre religion.

La petition presentée par la municipalité de *Cassaignabère*, signifiée à celle d'*Aulon* avec vottre arreté, interesse essentiellement cette dernière, y etant désignée comme remplie des prétentions, comme jalouse, et comme divisée, et en grande division avec les citoyens actifs du hameau de *Mengué*, et conclud en outre à ce que les citoyens actifs de ce hameau dependant de la municipalité d'*Aulon*, soint distraits d'*Aulon* et joints à leur section.

La municipalité d'*Aulon* s'embarrasse peu qu'il y ait une section à *Cassaignabère*, pourveu qu'elle en soit distraitte; elle y a reussi, elle n'a rien plus à désirer, et de là dependait son fort et sa vie; comment peut on lui attribuer et lui imputer cette pretendue pretention et jalousie.

La pretendue division de la municipalité d'Aulon, d'avec certains citoyens actifs du hameau de *Mengué*, n'est plus qu'une fumée; vous avés Messieurs, terminé la querelle par votre arreté du 26 février 1791 cy joint; nous ne connaissons aujourdhuy que des personnes de *Cassaignabere* et Me *Arné* vicaire de ce hameau qui ont fait toutes les menées pour soulever ce hameau contre la mère patrie; la preuve de ces faits est consignée dans le déliberé de la municipalité d'Aulon du 24 courant, de la lettre de Me Arné, le tout cy joint, et encore plus amplement dans la lettre de Me *Bieaugué*, vicaire de Cassaignabère, aussi cy jointe.

Pouvès-vous, Messieurs, laisser des menées, cabales et complots aussi pernicieux impunis? ces personnes ne sont elles pas tombées dans le cas de la loy? pouvès vous vous empecher de punir la municipalité de *Cassaignabère* comme complice, et d'avoir ozé demander le demembrement de quelques citoyens actifs de la municipalité d'*Aulon*? d'avoir reçu Me *Arné* et quatre de ses vocaux qu'il avait pu séduire et suborner pour voter dans leur section? feut-il jamais de licence pareille, ni de delit aussi constaté? aussi Messieurs, la municipalité d'*Aulon* attend de vottre justice que vous defendrés à la municipalité de *Cassaignabère* de plus calomnier à l'avenir la municipalité d'*Aulon*, de plus à l'avenir y porter la discorde, de plus à l'avenir recevoir dans leur section, s'il en existe, aucun citoyen actif de la municipalité d'*Aulon*, que vous déclarerés Me *Arné* et *Bieaugue* vicaires déchus de la qualité de citoyens actifs et les condamnerés aux autres peines portées par la loy; et les suppliants ne cesseront leurs vœux pour vottre conservation

Sarraute, maire. — Labatut. — Cassaigne, procureur.

Non content d'avoir complètement modifié le régime administratif des communes, le gouvernement révolutionnaire, poursuivant son travail de *réformes*, voulut que dans chacune il y eût comme une milice ou garde nationale composée des citoyens, sinon les plus marquants, du moins les plus audacieux. L'élection qui va suivre ne semble pas avoir été la première de ce genre faite à Aulon. Mais c'est la seule qui nous soit connue.

L'an mil sept cents quatre vingts douze et le huitième jour du mois de juillet, après vêpres jusques au soleil couché, au lieu d'Aulon et en l'Eglise paroissiale, les citoyens inscrits assemblés formant la compagnie d'Aulon, la municipalité présente, et en conformité de la loy et de l'arreté de messieurs les administrateurs du directoire du district de St Gaudens du jour d'hier, ont procédé à la nomination des *capitaines, officiers bas officiers, sergents et caporaux de la compagnie d'Aulon*, et pour se conformer encore à la loy, ont élu et choisi pour présidant d'age le sieur *Gaudens Layrisse* comme plus agé, et pour scrutateur d'age les sieurs *Simon Bonnet, Michel Féraud* et *Bernard Semsébé,* aussi comme plus anciens d'age.

Ensuitte il a été procedé au scrutin individuel et à la pluralité absolue des suffrages, à la nomination du présidant; Me *Antoine Sarraute* à reuni la pluralité absolue, le scrutin dépouillé par lesdits scrutateurs d'age.

Il a été ensuite procédé en la même forme à la nomination du secretaire, le scrutin depouillé par lesd. scrutateurs, le s^r *Simon Bonnet* a réuni la pluralité absolue.

Il a été de suitte, en un seul scrutin de liste simple, procédé à la nomination de trois scrutateurs; les sieurs *Simon Philipe Sarraute, Bernard Semsebe* et *Michel Feraud* ont recuilli la pluralité relative tous les quels ci dessus ont accepté et preté le serment en présence de l'assemblée, decreté par l'Assamblée nationale, et l'assamblée l'a preté de même entre les mains du présidant.

Il a été ensuitte par scrutin individuel et à la pluralité absolue des suffrages procédé à l'election du capitaine; le scrutin depouillé par lesd. sieurs Sarraute Semsebe et Feraud, il s'est trouvé que le sieur *Simon Philipe Sarraute* a recuilli la pluralité absolue et a été proclamé *capitaine* par le présidant.

Il a eté ensuite procedé au même scrutin individuel et à la pluralité absolue des suffrages, à l'election du lieutenant; le scrutin depouillé par lesd. scrutateures le s^r *Bernard Semsebe* a recuilli la pluralité absolue des suffrages et a été proclamé *lieutenant* par le présidant.

Il a été encore et dans la même forme procédé à la election du *pre-*

mier sous lieutenant; le scrutin depouillé par lesd. scrutateurs, le sieur *Jean Caddau* a recuilli la pluralité absolue des souffrages et a été proclamé par le président premier sous lieutenant; et de suite et en la même forme, à l'élection du second sous lieutenant, le scrutin depouillé par les dits scrutateurs, le s*r* *Jean Gabriel Labatut* à recuilli la pluralité absolue des suffrages et à été proclamé par le présidant second *sous lieutenant.*

Ensuite il a été procédé par scrutin individuel, mais à la pluralité relative à l'élection des sergents; les scrutins depouillés par lesd. scrutateurs, il s'est trouvé que dans le premier scrutin, le s*r* *Jacques Martin,* serrurier, a recueilli la pluralité relative et a été proclamé *premier sergent;* et dans le second scrutin, le s*r* *François Durieu* a aussi recueilli la pluralité relative et a été de même proclamé *second sergent.*

Et finalement et de suite, il a été procédé en quatre scrutins individuels à la pluralité relative à l'élection des caporaux; les scrutins dépouillés par lesd. scrutateurs, il s'est trouvé que le s*r* *Jean Casaneuve* a recuilli dans le premier la pluralité relative et a été proclamé *premier caporal,* et dans le second scrutin, le s*r* *Bertrand Bonnet* a aussi recuilli la pluralité relative et a été proclamé *second caporal;* dans le troisième scrutin, le s*r* *Simon Ducos* a aussi recuilli la pluralité relative et a été proclamé *troisième caporal;* et dans le quatrieme scrutin, le s*r* *Vincent Castet* neveu, a aussi recuilli la pluralité relative et a été proclamé *quatrième caporal.*

Et après lesdittes nominations, l'assemblée s'est dissoute; les sachants signés avec nous présidant et secrétaire.

> Labatut, *of. m.* — Martin, *of. m.* — Casaigne, *procu,
> reur.* — Durrieu. — Sarraute, *maire.* — Martin-
> *of. m.* — Sarraute. — Cassaneuve. — Sarraute, *pré-
> sidant.* — Bonnet, *secrétaire.*

Les changements et les modifications de toutes sortes, dont la période révolutionnaire vit tant d'exemples, furent loin d'apporter l'aisance et la prospérité au sein des communes. Celle d'Aulon, au lieu de s'améliorer avec cette nouvelle organisation, n'y trouva, au contraire, qu'un surcroît de charges et d'ennuis. Le document suivant va nous dire en quel pénible état se trouvaient nos ancêtres, lorsque d'un bout de France à l'autre l'on ne cessait de clamer contre l'ancien régime.

DÉLIBÉRATION DE LA MUNICIPALITÉ D'AULON, CANTON D'AURIGNAC,
DISTRICT DE SAINT-GAUDENS.

L'an mil sept cens quatre vingt douze, et le vingt deuzième jour du
mois de juillet, l'an quatre de la Liberté, aprés midi, à l'issue de vepres,
au lieu d'Aulon, canton d'Aurignac, ou les assemblées à déliberer ont
coutume de se tenir, le Conseil général de la commune convoqué et
assemblé aux formes ordinaires, feurent presents : *MM. Jean-Baptiste
Sarraute, maire; Bernard Martin, Léon Martin, François Labatut,
officiers municipaux; Jean Cazeneuve, Bertrand Martin, Michel
Feraud, Pierre Aries, Simon Cassaigne, François-Gilles Amiel, Louis
Martin, notables... etc...* habitans du présent lieu auxquels a été dit et
représenté par MM. les Maire et officiers municipaux, M. le Maire
portant la parole :

« Messieurs, vous savés que je reçus vendredi dernier une lettre de
MM. les Administrateurs du Directoire du district de Saint-Gaudens, de
laquelle je vous ai fait lecture ce matin pour, par délibération, nommer
un commissaire, distingué par ses lumières et sa probité, pris dans la
classe des citoyens actifs indistinctement. à l'effet par le commissaire
de se rendre sans faute le vingt sept courant, à huit heures du matin,
auprès du Directoire, pour assister à une assemblée generale des com
missaires de notre canton, a laquelle il ne doit être admis qu'en repre-
sentant l'extrait en forme de la délibération portant sa nomination, les
originaux des etats indicatifs des sections formées en exécution de la
loy du 1er décembre 1790, l'extrait de la fixation et évaluation des
degrés arretés par les commissaires abonateurs; vous savés encore
combien la municipalité d'Aulon a été surchargée, tant par les impositions foncière que nobiliaire, que nous payons le tiers de nos revenus
et au delà, sans avoir même distrait le fourrage necessaire pour l'entretien des bestiaux, de notre culture, ayant à livré génèralement tous les
preds et tout sans aucune diminution des cas fortuits, dans le temps
que par la loy on ne devait être cotisés qu'au siziéme du revenu et en
suivant les mandements qui nous ont été envoyés et les rolles qui en
ont été dressés. En conséquence, nous payons pour l'imposition de
l'année dernière plus de la moitié de nos revenns; il n'est pas douteux
que si MM. nos Administrateurs eussent connu notre position, ils
n'eussent supprimé le fardeau qui nous accable. Je vous suis garant de
leur neteté et de leur bonne justice, mais il faut les eclairer, surtout ce
qui peut etre reputé comme des faits à eux étrangers.

« Vous savés enfin que le territoire de la jurisdiction d'Aulon, et je ne
crains pas de le dire, est en majeure partie inculte et aride, en frondriè-

res, ne donnant aucune espèce de production ; vous savés que l'autre
moitié est dans la plus grande et plus grande partie du plus mauvais
fonds du pais ; et enfin, il n'est qu'une langue le long de la rivière qui
serait assés passable, mais que les inondations devastent et ruinent
tous les ans.

« Vous savés encore, Messieurs, que notre matrice de contribution
mobiliaire, en la fixant au plus haut, n'a pu être portée qu'à une somme
de cinq cens quarante neuf livres douze sols diz deniers, que le rolle
qui nous a été adressé porte celle de douze cens quarante neuf livres,
six sols, et par conséquent un excédent de six cens quatre vingts dix
neuf livres treize sols deux deniers.

« Vous savés encore, Messieurs, que grande partie des biens situés en
la jurisdiction d'Aulon appartiennent à des etrangers, que grande partie
du reste est en métairies, que la majeure partie des habitans n'ont pour
tout bien qu'une chambre et un morceau de jardin, que les uns pour
vivre sont forcés de mandier, et les autres courir le monde, que tous les
habitans pour leur part, jadis, de capitation, n'étaient imposés qu'à un,
deux, trois, quatre ou cinq sols, et à la fin de l'année vous étiés forcés de
mettre plusieurs de ces articles, comme non valeur, à la charge de la
communauté, tous ces habitans dans l'impuissance d'acquiter même
cette modique somme qui aujourdhuy, en suivant la loy, sont cotisés
plus de quarante fois en sus. Ils sont, s'il est possible, plus pauvres ;
comment acquitteront ils cette quotte ? sur quoi requiert de déliberer. »

Oui le procureur de la commune.

Les voix courues et colligées par led. sr maire, il a été unanimement delibéré que l'assemblée nomme pour commissaire Me *Antoine
Sarrautte*, homme de loy, pour faire et agir ainsi qu'il est porté par
lad. lettre et comme il avisera, lui donnant tout pouvoir ; et attendu la
vérité exacte de l'exposé dud. sr maire sur la situation et tableau du
territoire et de l'etat de misere des habitans ; et attendu encore les impositions distribuées à la municipalité d'Aulon sont plus que du double
excedantes, et tant pour le foncier que mobilier, puisquelles comprennent plus de la moitié du revenu et qu'il est impossible à la majeure
partie des contribuables d'acquitter, charge l'assemblée led. Me Sarraute
de présenter à MM. les Administrateurs du Directoire du district de
Saint-Gaudens deux pétitions, dont une pour le foncier et l'autre pour
le mobilier en décharge joint à chacune un expedié de la presente deliberation, lui donnant à ces fins tout pouvoir, ainsi a eté deliberé les
sachans signés à la minutte avec nous secretaire. Expedié par nous
secretaire susdit soussigné.

Signé : BONNET, *secretaire.*

MUNICIPALITÉ D'AULON, CANTON D'AURIGNAC, DISTRICT DE SAINT-GAUDENS, DÉPARTEMENT DE LA HAUTE-GARONNE.

A Messieurs les Administrateurs du Directoire du district de Saint-Gaudens.

Me Sarraute, homme de loy, habitant d'Aulon, deputé ad hoc par déliberation generale de la municipalité d'Aulon du 22 juillet dernier, dont expédié cy-joint, a l'honneur de vous observer que vû par vous le tableau, dont en la déliberation, des fonds qui composent le territoire de la municipalité d'Aulon et le plus exact dans toutes ses parties, vous serés, Messieurs, penés d'avoir distribué à cette municipalité une somme qui excede plus de la moitié de ses revenus.

Tout concourt à vous demontrer combien l'exposé qu'on vous a fait est veritable; on vous la dit, Messieurs, j'ai l'honneur de vous le repeter, plus de la moitié des fonds de cette municipalité ne produisent et ne peuvent produire rien, c'est un fait incontestable et que vous pourrés verifier, ou commetre quelqu'un pour cela. L'autre moitié, à tirer une petite langue le long de la rivière qui est chaque année submergée, est de mauvaise nature; les baux à ferme trés recens qui vous ont eté remis et que des fermiers qui cherchaient fortune sans s'embarrasser du payement, ont fait monter à un taux bien plus fort que le revenu, vous convaincront encore, Messieurs, de la vérité de l'exposé.

C'est pourquoi plaise de vos graces et justice, Messieurs, moderer et reduire la quotte de l'imposition territoriale de la municipalité d'Aulon et tant pour l'année mil sept cens quatre vingts onze que pour l'avenir à la somme dont elle peut etre tenue en conformité de la loy. Et ferés ustice.

Signé : SARRAUTE, *suppléant*

Vu la presente petition, ensemble la deliberation de la commune d'Aulon;

Oui le procureur general sindic, Nous, administrateurs composant le Directoire du département de la Haute-Garonne, avons arreté que la commune d'Aulon joindra au dossier un duplicata des quittances du receveur, conformement a l'art. 23 de la loi du 28e août, pour le tout à nous rapporté être statué ce qu'il appartiendra.

Fait à Toulouse, le 26 décembre 1792, l'an Ier de la République française.

Signé : DISPAN, LEYGUE, COURTIN.

CHAPITRE NEUVIÈME.

AULON PENDANT LA RÉVOLUTION.

(DEUXIÈME PARTIE.)

Nouveau calendrier. — Exécution de Louis XVI. — Pétition des agriculteurs d'Aulon adressée au Ministre de l'Intérieur. — L'administration municipale est de nouveau modifiée. — Troubles à Aulon. — Le prêtre Barraute et la sonnerie des cloches. — Arrêt porté par l'administration centrale de la Haute-Garonne. — Désapprobation presque générale. — Les protecteurs des prêtres à Aulon. — Magistrats suspendus de leurs fonctions. — Nouvelles élections. — Les révolutionnaires cherchent à les faire annuler. — Les amis de l'ordre se défendent. — Jugement porté sur le capitaine Lavigne. — L'administration municipale modifiée une dernière fois. — Complète disparition de la chapelle Saint-Michel. — Fin de la Révolution.

Par haine de tout ce qui se rattachait au passé, le gouvernement révolutionnaire inaugura, le 24 novembre 1792, une ère nouvelle commençant au 22 septembre précédent, et substitua aux divisions antiques des mois et des semaines un calendrier bizarre dans ses dénominations et dans sa méthode. Dans la pensée de ces fougueux démagogues, l'ère nouvelle devait correspondre au triomphe des vraies lumières. Ainsi, le nouveau monde républicain data du 22 septembre 1792, tout en inaugurant l'an Ier de la liberté! Les mois reçurent leurs dénominations de la température et des travaux de la campagne. Ils furent divisés en trois décades de dix jours chacune, et les actes publics devaient être datés désormais suivant cette nouvelle organisation de l'année.

Le lecteur ne devra donc pas s'étonner de voir les agents

municipaux d'Aulon donner à leurs actes officiels la date de l'ère nouvelle. La première année de la république allant du 22 septembre 1792 au 22 septembre 1793, il aura vite compris à quelle année et même à quel mois de l'ère chrétienne correspondent les documents et les actes que nous allons transcrire ou mentionner dans ce chapitre.

La fin de l'année 1792 fut signalée à Aulon par de nouvelles élections municipales. Le 9 novembre, Bernard Martin était nommé maire, et Matthieu Duffort, officier municipal ou adjoint. Nous ne connaissons pas les noms des autres membres du Conseil; mais la charge des uns et des autres devait être de courte durée, parce que la mort de Louis XVI sur l'échafaud (21 janvier 1793) fut, pour notre infortunée nation, comme le signal d'une longue série de changements et de hontes, sur tout et à propos de tout.

Le 10 février 1793, il fallut procéder à de nouvelles élections municipales, dans lesquelles furent nommés : *Maire*, Bernard Sensébé; *officier municipal ou adjoint*, Bernard Martin; *procureur de la commune*, Simon Bonnet; *secrétaire*, Pradère.

Presque chaque jour la municipalité recevait, du Directoire du département ou du district de Saint-Gaudens, les ordres les plus tyranniques. Nous en avons rappelé quelques-uns en racontant la fin de la seigneurie et de l'ancienne paroisse d'Aulon. Mais ni la vente des biens nobles, ni celle des biens ecclésiastiques n'augmentèrent la prospérité de la commune. C'est à peine si quelques particuliers pouvaient payer ces nouvelles acquisitions, cédées au plus bas prix. La grande majorité des Aulonais ne retirèrent aucun avantage de cette spoliation.

C'est peut-être l'empêchement ou l'impossibilité pour le grand nombre de faire des achats de ce genre qui suggéra l'idée de partager les biens communaux entre tous. Elle se traduisit dans une démarche collective auprès du gouvernement révolutionnaire et en des termes qu'il est bon de rapporter ici. Cette requête, comparée à celles que nos ancêtres adressaient

quelques années auparavant au gouverneur ou intendant général de la province, va nous montrer le travail qui s'était fait
dans les esprits depuis le changement de régime.

Aulon, 10 juin 1793.

Au citoyen ministre de l'Intérieur, à Paris.

Citoyen ministre,

Les soussignés, propriétaires cultivateurs, domiciliés à Aulon, canton
d'Aurignac, arrondissement de Saint-Gaudens, département de la Haute-
Garonne, ont l'honneur de vous exposer respectueusement ce qui suit :

La commune d'Aulon possède au quartier des Enganadures, du Mont
et autres, des terrains communaux indépendants du régime forestier,
incultes et sans utilité aucune. Ils sont livrés seulement à la dépais-
sance des bestiaux de sept à huit maisons voisines de ces quartiers.

Les soussignés, guidés, non par des idées perturbatrices de l'ordre, de
la tranquillité et de la paix, mais par des sentiments d'amour pour le
travail, ont conçu le projet de vous demander, comme à un véritable
frère, l'autorisation de procéder à un partage de ces terrains. Ce partage consisterait en l'assignation faite amiablement, par les soins de l'autorité municipale et par la voie du sort, d'une parcelle de terrain à chaque chef de maison, qui serait tenu de la cultiver et de payer les impositions. Ainsi serait dégrevée la commune d'Aulon d'une contribution
onéreuse pour elle; ainsi se répandrait une petite aisance parmi les
habitants, à l'aide du travail; ainsi surtout la souffrance du pauvre
agriculteur, qui excite aujourd'hui à si juste titre les vives sympathies
du gouvernement, se trouverait soulagée.

Les pétitionnaires, citoyen Ministre, font un appel aux sentiments
d'humanité et de fraternité qui vous distinguent si éminemment. Ils
savent que vous n'avez accepté le pouvoir que pour faire le bien. C'est
pour cela qu'ils placent en vous la douce confiance que vous voudrez
bien apprécier les grands avantages attachés au partage dont il s'agit et
accueillir favorablement leur supplique. Vous offrant d'avance le témoignage de la plus vive reconnaissance pour le bienfait signalé que vous
leur aurez rendu et un dévouement sans bornes au gouvernement de la
République,

Ils ont l'honneur d'être, avec le plus profond respect, citoyen Ministre, vos humbles et très obéissants serviteurs et frères.

(*Suivent les signatures.*)

Nous ne connaissons pas la réponse du ministre, salué comme un frère! par les agriculteurs d'Aulon; mais elle ne dut pas être favorable, puisque le partage des biens communaux, demandé en 1793, n'a été effectué qu'un siècle plus tard.

Le document officiel qui fait suite au précédent nous montre les Aulonais se constituant en société spéciale pour discuter les idées nouvelles et préparer leurs revendications populaires. Elle avait pris pour titre : *La Société montagnarde d'Aulon,* et s'était définitivement organisée dans la troisième décade de brumaire, l'an 2me de la république *une et indivisible!* Les quatre-vingt-trois membres qui la composaient ne représentaient pas la totalité des électeurs ou citoyens actifs, puisque un an auparavant, ceux-ci figurent dans une liste officielle au nombre de cent quarante-huit chefs de maison, plus soixante-dix jeunes hommes ou jeunes gens ayant plus de dix-huit ans.

Le peuple des campagnes n'était que trop poussé dans cette voie de trouble par l'exemple du gouvernement. La période révolutionnaire, avons-nous dit, fut signalée entre toutes par l'excès des changements. Ainsi, les administrations municipales, reconstituées dès le début de la Révolution, furent modifiées une seconde fois. Les maires prirent le nom d'*agents municipaux*, et les officiers municipaux celui *d'adjoints*. Les agents et adjoints municipaux de chaque commune formèrent le *conseil cantonal*, que devait présider un citoyen élu par *l'assemblée primaire* du canton. Et c'étaient les délégués des citoyens actifs de chaque commune qui constituaient l'assemblée primaire.

Le registre des délibérations du conseil cantonal d'Aurignac renferme de précieux renseignements sur notre histoire locale pendant la Révolution. Nous les rapportons ici, et sans commentaires, car leur exposé montre très clairement dans quel état d'âme le gouvernement de la Terreur avait jeté nos ancêtres. Nous allons pouvoir suivre les diverses péripéties de cette lutte pour et contre le maintien des saines traditions. Si quelques esprits égarés trouvèrent quelque satisfaction dans le

renversement et l'abolition de tout ce qui rappelait le culte
catholique, on verra que telle n'était pas la manière de voir
de la plupart des Aulonais.

INSTALLATION DE L'ADMINISTRATION MUNICIPALE DU CANTON D'AURIGNAC.

L'an 4me de la République française et le 5me jour du mois de frimaire, dans le lieu provisoire des séances municipales du canton
d'Aurignac, l'Administration municipale étant installée et organisée
conformément à la loi du 19 vendémiaire, le citoyen *Amiel, son président,* a déclaré la séance ouverte, et le citoyen *Goutelongue,* commis
par le département pour exercer les fonctions de *Commissaire du Directoire exécutif,* a remis sa commission, ainsi qu'une lettre du Département, dont il a été fait lecture.

Après les discours applaudis du Président et du Commissaire, invitation est faite aux Agents des communes d'assister
avec assiduité aux séances; puis, on procède, par la voix du
scrutin, aux nominations suivantes :

Secrétaire en chef.	Luc DABEAUX.
Deux chefs de bureaux	Jean-Louis DESENTIS.
et	Jean-Raymond DARDIGNAC.
	François DÉCAMPS.
deux commis expéditionnaires.	Alexis MARTIN, d'Aulon.

Avant de lever la séance, Jean-Baptiste Sarraute, agent
d'Aulon, parent du Président au degré prohibé, fut remplacé
par Simon-Philippe Sarraute; et Fasuilhe père, agent de Peyrouset, par Bernard-Exupère Fasuilhe fils.

Trois mois après, les cloches d'Aulon vinrent mettre toutes
les autorités du pays en émoi. Qu'on en juge.

An IV, 8 germinal.

L'Administration municipale du canton d'Aurignac,
Vu le procès-verbal dressé par l'agent municipal de la commune
d'Aulon, le 7 germinal de l'an IV de la République, duquel il résulte
que la loi du 3 ventôse, relative à l'exercice du culte, a été enfreinte...

que des citoyens, désignés dans le procès-verbal, ont osé sonner les cloches, malgré les dispositions de l'arrêté de l'Adm^{on} centrale du Département, qui en interdit la sonnerie, malgré les défenses expresses du magistrat de cette commune qui l'a rappelé à ces citoyens, égarés par quelque individu qui sait se cacher derrière la toile, tandis qu'ils se meuvent pour enfreindre les lois;

Considérant qu'il est du devoir impérieux des magistrats chargés de veiller à l'exécution des lois, à la tranquillité publique, au maintien de l'ordre, sans lequel il n'y a ni sûreté ni bonheur pour le peuple, de réprimer de pareils attentats;

Considérant que les coupables sont des téméraires qui, ne connaissant pas les représentations de l'Agent municipal, ont méconnu et avili en sa personne le caractère des autorités constituées, ce qui est bien là la marche des fanatiques, toujours ennemis jurés de l'ordre constitutionnel;

Considérant que ce ferment de révolte pourrait avoir des suites plus fâcheuses encore, si l'on ne se hâtait de désigner au glaive de la loi les coupables, puisque parmi eux se trouve le capitaine de la Garde nationale, et que précédemment il avait comploté de rétablir le ministre du culte dans le ci-devant presbytère, que la loi a réservé pour le logement de l'instituteur;

Ouï le Com^{re} du Directoire exécutif;

Délibère que le procès-verbal, remis à la séance extraordinaire de ce jourd'hui par l'Agent municipal de la commune d'Aulon, constatant que les lois du 3 ventôse et du 7 vendémiaire, ainsi que l'arrêté du Département du 26 pluviôse, ont été violés par les citoyens Pascal Loubens, Simon Ducos, Jean-Pierre Layrisse et autres, sera remis par extrait au Com^{re} du Directoire exécutif, pour en poursuivre les auteurs et en découvrir les moteurs qui, presque toujours, sont les ministres du culte, qui, bien loin d'éclairer le peuple sur l'inutilité de la sonnerie des cloches, s'efforcent de l'y entretenir.

Extrait du présent sera joint au procès-verbal de l'Agent municipal d'Aulon, pour être adressé à l'Adm^{on} centrale du Département de la Haute-Garonne.

AMIEL, président. — DABEAUX, agent.

An IV, 15 germinal.

Vu le compte rendu par l'Agent municipal de la commune d'Aulon;

Considérant que la révolte va toujours croissant, que le fanatisme des fauteurs qui, au mépris de la loi du 3 ventôse, portant qu'aucune proclamation ni convocation publique ne peut être faite pour inviter les citoyens au culte;

Considérant que le ministre du culte catholique établi dans cette commune, au lieu d'éclairer le peuple sur l'inutilité de la sonnerie des cloches, s'attache à l'y entretenir;

Vu que, par sa désobéissance, la commune d'Aulon nécessite le transport de la force armée dans son sein;

Ouï le Com^{re} du Directoire exécutif;

Délibère : 1º Que l'Adm^{on} centrale du Département sera informée que le moyen de rendre la tranquillité à la commune d'Aulon c'est d'en éloigner le citoyen Barraute, ministre du culte; 2º que 20 hommes de la Garde nationale d'Aurignac se rendent sur-le-champ à Aulon, pour être logés, conformément aux lois militaires, chez les auteurs et les fauteurs de la sonnerie des cloches, sous la surveillance de l'Agent municipal.

AMIEL.   DABEAUX.

An IV, 17 germinal.

ARRÊTÉ DE L'ADMINISTRATION CENTRALE DU DÉPARTEMENT
DE LA HAUTE-GARONNE.

Vu le procès-verbal dressé par l'Agent municipal d'Aulon, duquel il résulte notamment : 1º que le dit agent ayant voulu faire exécuter la loi du 3 ventôse et 7 vendémiaire an III, et l'arrêté du Département du 26 pluviôse, pris en conséquence et relatif à la sonnerie des cloches, le nommé Pascal Loubens aurait répondu à l'agent, qui ordonnait au baïle mandataire d'enlever les battants des cloches, qu'il lui défendait d'aller les enlever, et que les cloches sonneraient, résistance qui a été appuyée par Simon Ducos et Jean-Pierre Layrisse, capitaine de la garde nationale; 2º qu'il y a eu un rassemblement, à la tête duquel étaient les mêmes Loubens, Ducos, Layrisse; 3º que l'Agent étant entré dans une des salles du presbytère, les attroupés l'y suivirent, et qu'il remarqua, parmi cet attroupement, le nommé Barraute, prêtre, ministre du culte catholique, que les attroupés voulaient mettre en possession du presbytère [1];

Considérant qu'il a été fait résistance à la loi dans la commune d'Aulon, que les actes de l'autorité légitime y ont été méconnus, ainsi que les ordres donnés par l'Agent;

Considérant qu'il importe de faire réprimer des actes aussi contraires

---

1. Le prêtre Barraute dont il est ici question n'était autre que l'ancien curé de Cazeneuve. Nous ignorons de quelle manière et à quel titre il avait pu se substituer au vénérable M. Bon, quand celui-ci fut proscrit.

au bon ordre et au respect dû aux autorités constituées, que cette obligation est prescrite par l'art. 83 du Code des délits et des peines. . . .

Considérant que les nommés Pascal Loubens, Simon Ducos et Jean-Pierre Layrisse paraissent être les principaux moteurs du trouble, ainsi que Barraute, ministre du culte catholique;

Ouï le Com^re du Directoire exécutif; .

L'Adm^on centrale arrête :

1o La conduite de l'Agent et les mesures prises par l'Adm^on municipale demeurent approuvées;

2o Conformément au susdit arrêté, les nommés Loubens, Ducos, Layrisse et Barraute seront dénoncés à l'officier de police de l'arrondissement;

3o L'Adm^on municipale demeure chargée de surveiller spécialement la conduite du nommé Barraute, et d'instruire l'Adm^on s'il est en possession du presbytère;

4o Extrait du présent sera envoyé à l'accusateur public, avec invitation de donner ses ordres les plus précis pour l'instruire de sa procédure;

5o L'Adm^on municipale rendra compte de l'exécution du présent.

CAISSEL. — LEYGUE. — BARRAU. — CAMPARAN.

Grâce au zèle inconsidéré du gouvernement révolutionnaire, les cloches d'Aulon devinrent célèbres dans tout le pays.

An IV, 23 germinal.

Délibéré portant : 1o que, sous le bon plaisir du Département, l'arrêté du 17 germinal, relatif à la résistance à la loi qui a eu lieu dans la commune d'Aulon, le 7 et le 8 courant, sera publié et affiché dans toutes les communes du canton, où il produira le meilleur effet, en empêchant de pareils attentats à l'avenir; 2o charge le Com^re du Directoire exécutif de son exécution, en ce qui concerne Barraute, ministre du culte.

An IV, 15 prairial.

Délibéré déclarant que certaines inculpations dirigées contre l'Agent municipal d'Aulon. étant accumulées par la malveillance et la récrimination, sont controuvées et emportent avec elles l'empreinte de leurs auteurs.

An IV, 5 messidor.

ARRÊTÉ DE L'ADMINISTRATION CENTRALE DU DÉPARTEMENT DE LA HAUTE-GARONNE.

Vu la pétition des citoyens Layrisse, Ducos et Loubens, d'Aulon, le procès-verbal dressé par l'Agent municipal, la lettre de ce dernier contenant l'ordre d'assembler un piquet de la garde nationale, l'arrêté de l'Adm^{on} municipale, le mandat d'amener de l'officier de police, l'interrogatoire subi par Layrisse, l'ordonnance du directeur du jury de l'arrondissement de Saint-Gaudens, qui met en liberté le dit Layrisse, notre arrêté de renvoi à l'Adm^{on} municipale pour communiquer à l'agent municipal, Simon Philippe Sarraute, la dénonciation faite contre lui, sa réponse écrite, l'avis de de l'Adm^{on} municipale;

Considérant qu'il résulte des réponses fournies par l'Agent municipal que la dénonciation faite contre lui est fausse, calomnieuse, dictée par la haine et le désir de nuire;

Considérant qu'il importe de bien convaincre les esprits brouillons, perturbateurs et désorganisateurs que leur règne est passé, et qu'ils doivent prendre pour règle de leur conduite la loi et rien que la loi;

Ouï le Com^{re} du Directoire exécutif;

L'Adm^{on} centrale du Dép. de la H^{te}-G^{ne} arrête :

1. Elle improuve la dénonciation susdite et enjoint à Layrisse d'être plus circonspect, à l'avenir, à l'égard des dépositaires de l'autorité publique;

2. Le dit Agent, ainsi que les autres, sont chargés de surveiller, dans leur arrondissement, ces esprits inquiets, turbulents et factieux, qui veulent substituer leur volonté à celle de la loi, et de les poursuivre sans ménagement.

CAISSEL, DART, BARRAU.

An IV, 15 messidor.

Délibéré portant : 1º que le dossier des citoyens Layrisse, Loubens et Ducos sera renvoyé aux parties, qui le réclament; 2º que l'arrêté de l'Administration centrale sera transcrit sur les registres, expédié aux vingt-quatre communes de l'arrondissement pour y être publié et affiché.

Malgré le zèle fervent de l'Administration municipale et départementale à poursuivre et stigmatiser les trois insurgés d'Aulon, un grand nombre d'agents du canton gardaient un silence significatif qui témoignait moins de leur indifférence que de leur désapprobation de pareilles mesures. Dans cette même séance du 15 messidor, il fut reconnu et inséré au registre : « 1° que les Agents manquaient de courage pour dénoncer les délits, ce qui semble autoriser l'insubordination et la résistance aux lois; 2° qu'ils avaient tort de ne pas assister aux séances ».

Mais rien de plus élogieux pour les premiers magistrats du canton d'Aurignac comme le document suivant que nous extrayons des registres officiels de l'Administration centrale du département de la Haute-Garonne, en date du 29 nivôse an VI.

Vu les dénonces contre plusieurs membres de l'Adm^{on} municipale du canton d'Aurignac, le rapport du Commissaire nommé à ces fins, et les mémoires justificatifs présentés postérieurement par les membres inculpés;

Considérant qu'il résulte de toutes ces pièces que les séances des 3, 5 et 7 fructidor an V ont présenté le scandale d'une arène de gladiateurs, que les outrages réciproques dont se sont gratifiés plusieurs de ces administrateurs démontrent que la République n'est rien là où les passions de l'envie et de la vengeance prédominent sur tous les autres sentiments, que du moment où des organes de la loi cessent de se respecter eux-mêmes ils succombent bientôt sous le poids du mépris public, seul effet que peut produire leur conduite;

Considérant que le citoyen Amiel, président de ladite Administration, a prouvé, avant le 18 fructidor an V, par la protection qu'il a donnée aux prêtres réfractaires qu'il voyait journellement, leur permettant même d'exercer leur ministère dans une de ses métairies, au mépris des lois, combien peu il chérissait la République, puisqu'il caressait ses plus cruels ennemis; qu'il aurait dû user de l'influence qu'il avait dans la dite administration pour réparer les fautes de ses collègues, s'il en existait; rétablir l'ordre troublé dans la commune du chef-lieu où il réside, sous prétexte d'un charivari, par des mesures efficaces, au lieu de se borner à improuver l'agent municipal d'Aurignac par des cris dont la prolixité insignifiante et ridicule caractérise un homme passionné, inapte aux fonctions honorables dont il est revêtu;

Que le citoyen Sarraute, agent municipal de la commune d'Aulon, est généralement reconnu pour un homme violent, emporté, ennemi du nouvel ordre de choses; que sa commune et sa maison ont été, pendant plus de dix-huit mois, l'asile des prêtres émigrés ou déportés, et qu'il a activement figuré dans les scènes scandaleuses de l'Adm^on ;

Que le citoyen Dabeaux, agent de la commune d'Aurignac, a, sous les apparences d'un faux patriote, et au mépris de la disposition formelle de l'art. 9, titre 2, section 3me, de la loi du 19 juillet 1791, toléré le désordre dans sa commune, sous le spécieux prétexte de charivari prohibé par la loi, négligé les objets importants de la tranquillité et de la sobriété; qu'il ne conste d'aucune démarche de sa part pour opérer la dissolution des rassemblements illégaux relatifs au dit chavari, ni pour empêcher que l'exposition des charrognes que l'on a plusieurs fois répétée, devant la maison des nouveaux époux, qui étaient l'objet du dit charivari, dont il a résulté des exhalaisons nécessairement méphitiques et l'impunité des auteurs de ces coupables excès; qu'enfin la responsabilité du dit Dabeaux ne saurait être couverte par l'adresse et la remise à l'officier de police de deux procès-verbaux insignifiants ;

Que le citoyen Montoussé, agent municipal de la commune d'Alan, partage les principes politiques du président Amiel, et de Sarraute, agent d'Aulon, ce qui le fait signaler comme un fonctionnaire peu attaché à la prospérité de la République;

. . . .

Ouï le Commissaire du Directoire exécutif,

L'Administration centrale arrête :

Les citoyens AMIEL, président de l'Administration municipale du canton d'Aurignac; SARRAUTE, agent municipal de la commune d'Aulon; DABEAUX, agent municipal de la commune d'Aurignac; MONTOUSSÉ, agent municipal de la commune d'Alan, sont et demeurent suspendus de leurs fonctions qu'ils sont tenus de cesser à l'instant.

Délibéré à Toulouse, les jour, mois et an susdit.

CAISSEL, président; BARRAU, LEYGUE, DART,
CATON, administrateurs.

Quelques jours après, l'administration municipale du canton d'Aurignac procéda au remplacement des agents suspendus de la manière et dans les termes suivants :

Le citoyen Jean-Paul-François Ducos, homme de loi, habitant d'Aurignac, remplira les fonctions de président temporaire de l'Adm^on cantonale, en remplacement du citoyen Amiel.

Jérôme SAINT-MARTIN, agent temporaire d'Aurignac.

Bertrand AMIEL, ancien officier municipal, agent temporaire d'Aulon.

Jean-Baptiste CASSAIGNE, adjoint actuel, agent temporaire d'Alan.

Le nouvel agent d'Aulon ne tarda pas à recevoir, comme son prédécesseur, le plus élogieux des certificats que pouvait décerner le gouvernement révolutionnaire.

An VI, 17 pluviôse.

ARRÊTÉ DU DÉPARTEMENT.

Considérant que le citoyen Bertrand Amiel, agent municipal temporaire de la commune d'Aulon, en remplacement de Sarraute, suspendu, partage les opinions et les principes de son prédécesseur, et que sa maison a été très souvent l'asile des prêtres insoumis ou réfractaires ;

Considérant que la commune d'Aulon, bien loin de se ressentir des heureux effets de la célèbre journée du 18 fructidor, serait en proie au royalisme et au fanatisme, si les choses restaient dans l'état, d'après les motifs ;

Ouï le Commissaire du Directoire exécutif,

Arrête :

Le citoyen Bertrand Amiel, agent temporaire de la commune d'Aulon, est et demeure suspendu de ses fonctions.

Les membres de l'Adm<on> s'adjoindront temporairement, en remplacement de ce dernier, un citoyen dont la moralité garantisse son attachement à la République

Bertrand Amiel fut bientôt remplacé. Matthieu Duffort, qui avait été nommé immédiatement après, agent provisoire d'Aulon, se vit confirmé dans cette charge par une nouvelle élection des membres de l'administration municipale (1er floréal, an VI).

Ce que fut cette élection et à quels démêlés elle donna lieu, le document suivant va nous le dire. Quelques républicains des plus avancés trouvaient que le nouvel élu ne répondait pas à leur idéal. En conséquence, ils résolurent de faire casser son élection dans l'espoir de lui substituer un de leurs chefs. La pétition qu'ils adressèrent à l'administration centrale du département va nous éclairer sur l'état religieux et moral de la commune tout en rendant hommage au vaillant pasteur M. Bon et aux Aulonais qui protégeaient son ministère.

Si l'élection de l'agent municipal de la commune d'Aulon n'avoit d'autre inconvénient que d'avoir été irrégulièrement faite, nous ne viendrions pas avec autant d'empressement vous proposer de l'annuller; mais outre que les formes ont été violées dans l'assemblée communalle, ou le président étoit oncle de deux émigrés et très fanatique, ou des requisitionnaires ont voté avec le beaufrère de deux émigrés ainsi que plusieurs autres citoyens qui ne payent point de contribution, c'est que le citoyen Duffort a opposé une coupable résistance à l'arreté de l'admon centralle, qui réduit au nombre de Trois les assemblées primaires du canton d'Aurignac, soit en empechant les citoyens de la commune d'Aulon d'aler se réunir en assemblée primaire à Cassagnabère, en leur disant que votre arreté étoit illegal, inconstitutionnel, et qu'il alloit s'adresser au Corps Législatif pour le faire refformer, soit en convoquant illégalement par trois différentes foix une assemblée primaire dans la commune d'Aulon, attirant ainsi témerairement sur sa responsabilité les suites d'un rassemblement nombreux, ce qui suppose bien peu d'amour pour l'ordre et la paix.

Il est donc évident que le citoyen Duffort, quand il n'étoit qu'agent temporaire, a agi violament contre le bon ordre et contre les autorités constituées, qu'il n'a pas tenu à lui qu'il n'y ait eu à Aulon un rassemblement contrerevolutionaire, puisque réellement par son instigation, il a existé une émeute localle, qu'il a été assés téméraire pour substituer sa volonté à celle de la Loi, qui avoit prononcé par l'intermédiaire de l'admon centralle; mais vous n'en serés pas surpris, Citoyens administrateurs, quand vous saurés que le citoyen Duffort est l'instrument actif des agents de Blakembourg, quand vous saurés que depuis près de deux ans le fanatisme et la superstition agite et soulève cette commune; les élements de ce fléau terrible fomentent au milieu de nous, et certes, cet homme se gardera bien de les dissiper, puisque depuis qu'il est en place en qualité d'agent, il est au contraire de toute vérité, que le prêtre Bon, émigré, se rend plus fréquemment dans cette commune.

Le citoyen Duffort est donc bien peu propre à remplir les fonctions municipalles dont il s'est rendu indigne : 1o en convoquant de sa propre autorité une assemblée primaire à Aulon où il fut même élu scrutateur après s'être rendu à l'assemblée primaire de Cassagnabère où il vota; 2o pour avoir empeché une partie des citoyens d'Aulon de revenir à Cassagnabère où ils devoient se réunir en assemblée primaire; 3o pour avoir dit qu'il laisserait plutot égorger un patriote que de prendre son

parti et qu'il se mettroit toujours du parti du plus fort ; 4º pour être le
percepteur des contributions de lad. commune, ce qui est incompatible,
attendu qu'il ne peut pas être surveillant et surveillé. C'est homme,
nous vous le répétons, citoyens administrateurs, ne peut que fomenter
et entretenir parmi nous le trouble et la discorde, que les agents du
Royalisme que vous avés frapés ont sçu y faire naître. La sureté des
personnes est menacée, et ceux qui ausames nous déclarer les ennemis
du prêtre Bon, qui désole ces contrées, avons été publiquement menacés
de nous en repentir un jour ; déjà dans les environs il s'est commis un
meurtre sur la domestique d'un prêtre constitutionnel ; si vous n'arretés
ce torrent en nous donnant des magistrats républicains, amis de l'ordre
et de la paix, s'en est fait de notre sureté et de nos propriétés, elles
seront à la merci de la bande des fanatiques qui grossit tous les jours.
Ces avertissements exciteront, nous osons l'espérer, votre surveillance
et vous aurés bien mérité de la patrie.

Par des patriotes d'Aulon, ce vingt quatre floréal, l'an sixième de la
République française : Layrisse, capitaine ; Lavigne, capitaine d'artil-
lerie de la garde n^{le} ; Sensebe, Lupiac, Martin, Loubens, Noguès. Floux,
Martin, etc. [1].

Pour copie conforme : Caissel, président. Pour les administrateurs :
Lanes, secrétaire adjoint. — Vu la présente adresse, elle sera commu-
niquée au citoyen Duffort y désigné, pour fournir ses moyens de def-
fense. En adm^{on} m^{le} à Aurignac, le 5 prairial an six de la République.
Dardignac, président ; Dabeaux, agent ; Delhom, agent, *signés*.

Matthieu Duffort, mis au courant de cette accusation portée
contre lui, trouva bien vite des défenseurs dans la partie la
plus saine de la population. Ses amis adressèrent à leur tour
une contre-accusation aux administrateurs du département.
Les signataires de la pétition sont pris à partie et fort malmenés. Dans les extraits de ce document que nous allons
reproduire ici, on comprendra qu'il soit fait abstraction de certaines personnalités, à cause du doute qui existe sur leur descendance. Mais nous ne garderons pas cette réserve vis-à-vis

1. Pour sauvegarder l'honorabilité des familles qui portent encore les
noms des signataires, nous faisons observer qu'il est impossible d'état
blir aujourd'hui leur vraie descendance, parce que ces noms étaient
portés par d'autres familles complètement disparues depuis la Révolution.

du capitaine Lavigne, qui fut comme le porte-étendard de la révolution dans notre commune, et se signala entre tous par ses excès de vandalisme contre les choses saintes et les objets du culte catholique.

Aux membres de l'Administration centralle du département
de la Haute-Garonne.

Nous avons appris avec douleur, mais sans en être surpris, que le citoyen Dufort, agent de la commune, vous auroit été dépeint comme un instrument actif du roi de Blakembourg et que l'on s'étoit attaché à vous le crayonner sous les traits d'un fanatique. Si les signataires d'une dénonce aussi calomnieuse ne nous étoit parfaitlement conus, sans doutte le tissu de tant de faussetés et de mensonges nous eut gettés dans le plus grand étonnement ; notre républicanisme, la tranquilité, la justification de la commune, nous prescrivent le devoir de rendre au citoyen Duffort le témoignage eclatant que merite son attachement à la chose publique et à vous signaler ses accusateurs sous le véritable point de vue que tout patriote doit lenvisager.

Le citoyen Duffort est un homme probe qui, dès laurore de la révolution, s'en est démontré un des plus chauds partisans, qui pendant tout son cours n'a jamais vaxillé dans ses principes, qui constament s'est déclaré l'enemi du fanatisme et n'a jamais terni ses sentiments républicains. En demontrant une âme feroce, recherchant linsubordination et lanarchie, voila l'homme qu'on vous a depeint comme fanatique royaliste ; voicy quels sont ses détracteurs :

Les principaux signataires de la pétition sont les premiers servis. Puis vient le tour du fameux Lavigne.

Le citoyen Jean-Bertrand Avezac, qui au mépris de la loi change son nom en celui de Lavigne, voullant sans doutte senger les grands du régime feodal, est un militaire dont tous les exploits consistent à avoir vaillamment fui devant les Espagnols ; luy, qui à la veille des grandes batailles est regulierement venu prendre courage chez lui, en vertu de ces exploits et pour avoir trouvé de moyen de s'enrrichir à larmée et d'acheter des fonds de terre considerables, on lui paye une pension de douze cents francs en qualité d'officier surnumeraire. Le ministre a beau de le rappeller, sourd à sa voix et à celle de lhonneur, il est sur ses foyers depuis environ deux ans, commerçant sur les tabacs, soiries et autres objets (sans patente).

. . . .

Tels sont, citoyens administrateurs, les hommes qui ont osé vous dénoncer un magistrat probe et republicain, qui vous ont dépeint des hommes probes parents d'émigrés, et une commune entière comme superstitieuse et fanatique, qui furieux de voir cette commune tranquille ne se conduisant que daprés les lois et les actes des autorités constitués, veullent y semer encore les dissentions, le trouble et le desordre, qui predicateurs dun patriotisme furibond cherchent à exasperer nos artisans et tranquilles laboureurs dans le criminel dessein de les getter dans un parti contraire; le reigne de tels individus doit finir et faire place a l'exécution des lois.

Veuillés, citoyens administrateurs, ne plus écouter de tels individus et arreter le cours de leurs desordres. Raffermissés dans ses fonctions un magistrat patriote qui, par son énergie, saura inspirer lamour de la patrie, maintenir la tranquilité dans la commune et faire exécuter les lois.

DUPUY, ad*, — BONNET fils, — LABATUT, — MARTIN, — CASSAIGNE, — LABATUT, — LUPIAC, — VILLA, — CAZENEUVE, — MAINVILLE, — LABATUT.

Matthieu Duffort n'attendit pas que l'Administration centrale portât une décision sur son compte. De lui-même, il donna sa démission pour les motifs suivants insérés au registre officiel :

An VI, 12 fructidor.

Le citoyen Mathieu Duffort, agent d'Aulon, déclare à l'Adm^{on} municipale que, malgré sa bonne volonté de servir sa patrie, en continuant l'exercice de ses fonctions municipales, il se trouvait malheureusement placé dans la nécessité de faire sa démission, pour se tenir constamment auprès d'un père et d'une mère infirmes, presqu'octogénaires, étant d'ailleurs lui-même boulanger et aubergiste. C'est pourquoi il demande que le présent acte de démission soit transcrit sur le présent registre, et signé.

Bernard Sentsébé fut nommé aussitôt agent temporaire ou provisoire et prêta serment le 15 vendémiaire an VII. Laurent Dupuy, précédemment adjoint, se vit maintenu dans cette charge. Néanmoins l'administration de ces deux magistrats municipaux allait être de courte durée, et Bernard Sentsébé fut le dernier à porter le titre d'*agent*. Celui de *maire*, abrogé pendant quelque temps, venait d'être rétabli et attribué tout d'abord à M. Philippe Sarraute. Mais ce magistrat ayant démissionné peu de temps après, Bernard Sensébé fut nommé maire provisoire.

Un des actes administratifs du maire Sensébé se rapporte à l'ancienne chapelle de Saint-Michel dont il a été fait plusieurs fois mention dans cette histoire locale. Un arrêté du 14 vendémiaire, an III, en avait ordonné la démolition[1]. Le document suivant, daté de l'an VIII, va nous apprendre ce que devint l'emplacement de cette chapelle et combien peu la commune s'était enrichie avec sa disparition.

Au citoyen sous préfet du cinquième arrondissemant
du départemant de la Haulte et à tous ceux qu'il appartiendra.

Le maire de la commune d'Aulon, canton d'Aurignac, 5e arrondissement de Hautte-Garonne, a l'honneur de vous observer, que le conseil de cette commune feut assamblé le 15 pluviose dernier, et par son délibéré dud. jour nous exposa qu'il est des ponts dans la commune qui menacent une ruine prochaine, et que s'ils venaint a crouller, la commune, sans aucun spèce de revenu, se trouverait dans l'impossible de les rétablir, et qua le dit effet on pourroit vendre un local ou estoit batie une ancienne chapelle ditte St Michel, cartier de la place, pour y batir et servir d'embelissemant, et dont la vente pourroit produire une somme danviron 150 livres, et chargea le pétitionnaire d'en poursuivre la vente partout ou il appartiendra ; et comme tous les faits, dont aud. délibéré cy joint contiennent vérité et que les ponts dont est question dépérissent de plus en plus, et que la commune ne sera jamais en moyen de les rétablir s'ils viennent a crouller ; et attandu ancore la plus grande importance soit pour le comerce, soit pour la culture, le pétitionaire attand de vostre justice que vous permetrés et autoriscrés la vente de ce local pour servir aux réparations de ces ponts et ce seroit justice .

1. Sept autres chapelles avaient été démolies en même temps dans le seul canton d'Aurignac : Saint-Joseph et Saint-Roch, à Aurignac ; Notre-Dame de Péra, à Boussan ; Notre-Dame d'Artiguente, à Cassagnabère ; Notre-Dame, à Benque ; Saint-Roch, à Esparron ; chapelle Montjoie, à Terrebasse.

Cet acte est le dernier qui nous soit resté de la période révolutionnaire à Aulon.

Voici, d'après un document officiel, comment fut de nouveau inauguré le régime administratif des *maires* qui a été maintenu jusqu'à nos jours :

L'an VIII de la République française et le dix du mois de fructidor, à sept heures du matin, je, Bernard Sentsébé, maire provisoire de la commune d'Aulon, arrond^t de St Gaudens, vu l'arrêté du préfet de la *Haute*, en *date* du vingt-un fructidor an VIII, qui nomme le citoyen Antoine Sarraute, maire de la commune d'Aulon, en remplacement de Philippe Sarraute, maire démissionnaire, et le citoyen Alexis Martin, adjoint de la dite commune, en remplacement de J^n François Martin, aussi adjoint démissionnaire, n'ayant ni l'un ni l'autre fait leur promesse de fidélité ; ay dans le lieu servant de maison commune reçu la promesse de fidélité à la Constitution du dit citoyen Antoine Sarraute et l'ay installé Maire de la commune d'Aulon.

De tout quoi a été dressé le présent procès-verbal qui a été signé, tant par Sentsébé, maire provisoire, que par les citoyens Sarraute, maire, et Alexis Martin, adjoint.

SENTSÉBÉ.   SARRAUTE.   MARTIN.

Le nouveau maire, Antoine Sarraute, que nous avions déjà vu à l'assemblée de Muret, au début de la Révolution, devait être maintenu en charge jusqu'à sa mort, survenue en 1804. C'est par conséquent sous son administration que prirent fin les grandes vicissitudes de notre commune, et qu'on allait inaugurer une ère nouvelle de rétablissement moral et de prospérité matérielle.

Le moment est donc venu de tirer un voile épais sur la période révolutionnaire ; car après dix ans de troubles et de hontes sans précédent dans l'histoire, la France, lasse de l'anarchie, aspirait enfin à une autorité quelconque ; et la liberté, qui jusqu'alors avait été un fantôme, tendait à s'imposer même aux membres du gouvernement de la première République. Le général Bonaparte, avec son coup d'œil de génie, comprit tout le parti qu'il pouvait tirer de cette situation. Le coup d'État du 18 brumaire an VIII (9 nov. 1799)

8

fut le signal d'une politique toute nouvelle à l'intérieur. Elle
acheva d'inspirer la confiance aux cœurs les plus défiants. Les
émigrés de toute catégorie franchirent en foule la frontière, et
les prêtres ne craignirent plus de paraître au grand jour.
Toutes les lois de proscription répugnaient désormais à la
conscience publique. Le rétablissement légal du culte catholique pouvait seul satisfaire l'âme française. Nous allons voir
le grand bien qu'il opéra à Aulon.

CHAPITRE DIXIÈME.

LA PAROISSE D'AULON, DE 1803 A 1860.

Le Concordat. — L'archevêque de Toulouse maintient l'abbé Bon à la
tête de notre paroisse. — Lettre du maire d'Aurignac à ce sujet. —
Lettre du préfet de la Haute-Garonne au maire d'Aulon. — Restitution du presbytère. — Ministère de l'abbé Bon. — Sa charité pour les
pauvres. — Sa mort. — Reconnaissance de la paroisse. — M. Soubiran est nommé curé d'Aulon. — Un procès donne lieu à la restauration de l'église. — Démarches du conseil de fabrique à ce point de
vue. — Refus du gouvernement. — L'Etat accorde enfin un secours. —
Le prolongement de l'église fait découvrir un riche trésor. — Ministère de M. Soubiran. — Missions prêchées à Aulon en 1840 et en 1857.
— Mort de l'abbé Soubiran. — Le souvenir qu'il a laissé à Aulon.

A la fin du dix-huitième siècle, la France, inondée de sang
et couverte de ruines, ne demandait qu'à se relever. Elle n'y
fût jamais parvenue si l'Eglise, qu'elle venait de persécuter et
de dépouiller, ne lui avait tendu sa main compatissante et
maternelle. Aussi, l'acte capital qui marque l'ouverture du
dix-neuvième siècle, ce fut le Concordat. Ce pacte, conclu entre
l'Eglise et la France, le 15 juillet 1801, mit fin à la doulou-
reuse situation créée par la Révolution.

Toutefois, ce n'est pas subitement que notre pays se releva de
ses ruines. Il fallut plusieurs années avant la complète résur-
rection du culte catholique et la réorganisation des paroisses.
Les premiers actes officiels qui concernent celle d'Aulon datent
de l'an XI de la République française (1803). C'est d'abord une
lettre du maire d'Aurignac adressée à M. Bon, pour lui annoncer officiellement que le nouvel archevêque de Toulouse le

maintenait dans le poste qui lui avait été confié, treize ans
auparavant, par le dernier évêque de Comminges.

Aurignac, 26 pluviose, an XI.

Monsieur,

Je suis indirectement chargé par Monsieur Primat, archeveque de
Toulouse, de vous faire parvenir le titre de vostre nomination a la cure
d'Aulon, pour vous éviter la peine d'aller a Toulouse; il exige néanmoins que vous vous y rendiés dans les six mois qui suivront votre installation et de porter avec vous le verbal de la prise de possession,
avec la datte, et le nom des témoins, ou de le luy envoyer pour quil
puisse le faire enregistrer; je pense d'après la letre de Mr Prépau, secrétaire, que vous pourriés choisir M^r le maire de vostre commune pour procéder a vostre installation et me renvoyer le verbal; vous voudrés bien
aussi me faire passer neuf francs que réclame Monsieur Prépau, secretaire, afin que je puisse luy faire parvenir. Vous etes invités d'aller, le
premier dimanche qui suivra la reception, preter le serment devant
Monsieur le sous-préfet.

J'ay l'honneur de vous saluer.

Decamps, maire.

Quelques jours après, le préfet de la Haute-Garonne adres-
sait au maire d'Aulon la circulaire suivante :

Toulouse, le 10 ventose, an XI de la République.

Je vous préviens, citoyen, que le Gouvernement a accordé une succur-
sale à la commune que vous administrez. L'église d'Aulon a été désignée
à cet effet; elle fait partie de la paroisse d'*Aurignac*, commune d'*Aulon*.
Le sieur *Jean Bon* a été nommé desservant de cette église par M. l'Archevêque de Toulouse. Sa nomination a été approuvée le ..... par le premier Consul, et il a prêté entre mes mains le serment de fidélité et
d'obéissance prescrit par la loi du 18 germinal, an 10.

Vous voudrez bien l'installer dans son église et veiller à l'exécution
de la loi du 18 germinal, an 10. Vous ne devez pas souffrir que, sous
quelque prétexte que ce soit (à moins d'une autorisation expresse de ma
part, donnée d'après les ordres du Gouvernement), le culte catholique
soit exercé dans d'autres endroits que dans l'église d'*Aulon*.

Vous lèverez le séquestre mis sur les effets et ornemens servant au
culte, en exécution de mon arrêté du 17 messidor dernier, et vous remet-

trez ces effets, sur inventaire, à la disposition de *la fabrique* de votre église.

Si quelques effets avaient été soustraits lors ou avant l'apposition des scellés, vous prendrez toutes les mesures nécessaires pour les faire réintégrer entre les mains de *la fabrique*.

Dans le cas où il s'élevât quelques réclamations sur la propriété de ces effets, sous le prétexte qu'on les avait prêtés et non donnés, ou sous tout autre, vous ne les ferez pas moins remettre à *la fabrique*, mais vous me transmettrez ces réclamations avec votre avis, et après avoir pris tous les renseignements nécessaires.

Si la maison presbytérale de votre commune n'est pas vendue ou affectée à un service public, vous la ferez remettre à la disposition de *la fabrique*.

Après l'organisation définitive du clergé dans votre commune, toutes les discussions et les dissentions doivent cesser, et vous ne devez intervenir dans les affaires du culte que pour le maintien de la tranquilité publique et l'exercice de la police.

Le sieur Jean Bon est avoué par le Gouvernement comme le chef des prêtres catholiques dans votre commune; vous ne devez reconnaître que lui jusqu'à ce qu'il soit remplacé par ses supérieurs, et que ce remplacement vous ait été notifié par moi : vous lui devez protection et secours.

Vous devez veiller à l'exécution de la loi du 7 vendémiaire, an 4, sur le respect dû aux cultes et aux obligations imposées à ses ministres, en tout ce qui n'est pas rapporté par la loi du 18 germinal, an 10.

Je vous préviens que vous ne devez souffrir l'affiche ni la publication d'aucun écrit émané de qui que ce soit qu'il n'ait été revêtu de mon approbation.

Vous veillerez à ce que l'on chante régulièrement le

Domine, salvam fac Rempublicam,
Domine, salvos fac Consules,

à ce que les publications de mariage ne soient faites que pour ce qui est relatif aux cultes, c'est-à-dire que le prêtre annonce que « si quelqu'un connaît des empêchemens canoniques, il est invité, etc. »; vous veillerez également à ce que la publication soit terminée par un avertissement exprès, portant que cette cérémonie n'est que spirituelle, ne dispense pas de celles qui, aux termes de la loi, doivent se faire à la mairie, et que la bénédiction nuptiale ne peut être départie qu'après que le maire aura prononcé le mariage. Vous vous assurerez que cette bénédiction n'est effectivement donnée qu'après que vous aurez célébré le mariage, et sur la représentation d'un certificat en bonne et due forme, délivré par vous.

Enfin, citoyen maire, vous veillerez strictement à l'exécution de la
loi du 18 germinal, an 10 (bulletin 172, n° 1144). Vous m'instruirez de
toutes les infractions qu'on pourrait commettre et des mesures que vous
aurez prises pour les réprimer. Je me ferai rendre un compte exact de
tout ce qui est relatif à l'exercice des cultes.

Autant j'aurai de plaisir à rendre justice aux fonctionnaires qui auront
exécuté la loi, autant je montrerai de sévérité pour ceux qui l'auraient
violée ou qui l'auraient laissée sans exécution, par faiblesse ou par
quelques considérations personnelles.

Je vous salue.

J.-E. Richard.

La fin de cette circulaire préfectorale laisse voir combien le
pouvoir civil restait jaloux vis-à-vis de l'Eglise, et avait été
parcimonieux dans ses concessions. En échange de la protection et des honneurs qu'il accordait à la religion, il lui imposa
des conditions plutôt onéreuses, mais dont, faute de mieux, il
fallut se contenter. L'abbé Bon en prit son parti, et se mit à
l'œuvre avec un zèle persévérant.

Depuis plusieurs années, avons-nous dit, ce vénéré pasteur
était déjà à la tête de son troupeau. Rien n'avait pu l'en séparer. Et ce dut être une bien grande consolation pour lui, de s'y
voir maintenu officiellement par une administration toute nouvelle. Pendant près de trente ans, il devait rester à Aulon
comme un fidèle témoin du passé, et surtout comme le grand
réparateur des ruines morales accumulées par la Révolution.

La famille Amiel, qui avait protégé ce prêtre durant les
mauvais jours, le garda quelque temps encore dans sa maison. Des documents déjà rapportés nous ont fait connaître
l'usage que la Révolution avait fait du presbytère. La lettre
suivante, du receveur de l'Enregistrement au maire d'Aulon,
va nous dire ce qu'était encore cette maison presbytérale en
1803.

Aurignac, 9 fructidor, an XI.

D'après l'article 72 de la loi organique des Cultes, citoyen maire, les
presbytères et jardins en dépendant doivent être rendus aux communes
où les églises ont été conservées pour la nouvelle circonscription. Si vous

voulez jouir du bienfait de cette loi, vous devez vous pourvoir de suite, par pétition, devant le Préfet, pour réclamer votre presbytère; il rendra un arrêté qui le mettra à la disposition de votre Conseil municipal. Mais je vous préviens que jusqu'à l'obtention de cet arrêté, la Nation a droit aux loyers échus. Je vous serai bien obligé de prévenir Dominique Danos, locataire, de venir payer 6 fr. 50 c. pour le loyer échu le 1er messidor dernier, sans quoi il aura la contrainte. Et la commune devra le loyer depuis ledit jour 1er messidor jusqu'au jour de l'entrée en possession.

Le Receveur de l'Enreg et du Domaine,*

DESENTIS.

Il est assez vraisemblable qu'après cet acte M. Bon ne dut pas tarder à réintégrer son ancien domicile; et le presbytère d'Aulon fut définitivement rendu à sa première destination. Néanmoins, le vénérable prêtre ne voulut pas se séparer complètement de ses bienfaiteurs insignes. Il continua donc jusqu'à sa mort d'être leur convive attitré.

Dans un acte daté de 1834, Jean-Gabriel et Simon-Marie Amiel déclarent que l'abbé Bon, qui prenait sa pension chez eux, tomba gravement malade au commencement du mois d'août 1830. Il pria Simon Amiel de retirer du presbytère des papiers et un portefeuille contenant des titres qu'il destinait aux pauvres de la paroisse.

Quelle fin plus touchante! Ce vieil athlète de la foi, qui avait tant fait pour le bien spirituel de ses paroissiens, eut, avant de mourir, une dernière pensée pour les plus nécessiteux. Et lorsqu'il rendit son âme à Dieu, le 24 août 1830, il avait déjà disposé que ses modestes économies de curé de campagne fussent distribuées aux pauvres d'Aulon.

Sept ans après, pour inaugurer le nouveau cimetière, la paroisse reconnaissante ne crut pas mieux faire que d'y transporter les restes de son inoubliable apôtre, et d'élever à sa mémoire un beau monument qui devait servir aussi à perpétuer le souvenir de son premier successeur.

Celui-ci, né dans notre voisinage, le 22 septembre 1799, fut

nommé curé d'Aulon le 10 novembre 1830. Issu d'une famille
de Saint-Elix justement recommandable par sa position, plus
encore par ses vertus chrétiennes, l'abbé Dominique Soubiran
allait continuer, pendant trente ans, l'œuvre régénératrice si
bien commencée par M. Bon.

D'abord vicaire de Luchon pendant quatre ans, il occupait
depuis deux ans à peine le poste de Marignac, lorsque la Providence plaça dans ses mains le gouvernement de notre paroisse. Dès les premiers jours, il se vit entouré de l'estime et
de l'affection des Aulonais : ce qui lui permit d'entreprendre
de grandes et saintes œuvres pour l'honneur de l'Eglise et le
bien des âmes.

M. Bon avait dû surtout relever des ruines morales, tristes
souvenirs de la fin du dix-huitième siècle. M. Soubiran eut
pour mission spéciale, de créer une paroisse nouvelle et de former la génération qui a précédé la nôtre. Tous ceux qui ont
connu Aulon, il y a trente ou quarante ans, peuvent affirmer
que le zélé pasteur avait pleinement réussi dans cette entreprise.

C'est aussi par l'initiative de M. Soubiran que commencèrent
ces longs travaux de restauration ou d'amélioration de l'église
paroissiale qui ne devaient se terminer que de nos jours. Et,
chose étrange, ce fut un procès, même assez retentissant, qui
donna lieu à cette entreprise.

Lorsque les biens du prieuré d'Aulon furent vendus, en
1791, il n'avait été fait aucune mention de l'antique habitation
des moines, laquelle d'ailleurs n'était qu'une ruine, servant tout
au plus de passage pour monter au clocher. La propriété de cet
immeuble restait donc indécise.

En 1830, M. François d'Arcizas, maire d'Aulon, voulut uti-
liser ce reste de l'ancien prieuré au profit de la commune. Le
21 avril, il dépêcha des ouvriers pour y placer une porte qui en
facilitât l'accès par la basse-cour.

Les acquéreurs, qui s'étaient partagé les dépendances du
prieuré, s'en émurent et intentèrent un procès contre le maire.

Cette affaire traîna en longueur ; si bien qu'elle ne fut terminée qu'en 1840. Un jugement rendu à Toulouse, le 24 août, donna gain de cause à la commune.

Dès lors, celle-ci se trouva complètement libre de disposer de cet immeuble. Le désir unanime des habitants était que ce bâtiment, qui avait fait partie de l'église avant l'établissement du prieuré, y fut de nouveau réuni, afin de la rendre plus régulière et assez vaste. Le 3 avril 1842, le Conseil de fabrique prit une délibération dans ce sens, et demanda un secours à la commune pour effectuer le projet. Le 14 avril 1844, elle réitéra sa demande avec d'autant plus d'urgence, que certaines réparations s'imposaient pour empêcher l'infiltration des eaux pluviales dans l'intérieur de l'église.

Le Conseil municipal, qui manquait de fonds à cet effet, se fit autoriser à vendre un terrain communal et promit 1,100 francs de cette vente. La fabrique n'en pouvait fournir que 600. C'était trop peu pour couvrir les frais de cette entreprise ; et personne ne se doutait alors que l'exécution des travaux projetés devait faire découvrir plus de *quatorze mille francs* cachés dans cette ruine depuis près d'un siècle.

On recourut au gouvernement dans l'espoir d'en obtenir un bon secours. Les autorités locales allèrent même jusqu'à solliciter auprès de l'Etat, que l'église d'Aulon fût classée comme monument national, afin de mieux assurer sa restauration. Mais le passage suivant, que nous extrayons d'un document officiel, va nous dire ce qu'il advint de cette demande. Le 21 juillet 1845, M. Pierre Le Roy sous-préfet de Saint-Gaudens, s'exprimait ainsi en plein conseil d'arrondissement :

« Aulon avait été appuyé l'an passé par le Conseil général avec vous, pour avoir son église classée comme *monument historique*. Le 16 janvier dernier, je me suis empressé de transmettre par suite, à la commune, les instructions préfectorales du 7, dont il ne m'est encore rien revenu. C'est qu'avant de remplir l'assez coûteux et problématique objet de ces instructions l'autorité locale a préféré courir les chances d'une demande ordinaire de secours, dont j'ai le regret de vous annoncer l'insuccès. »

La fabrique, sans se laisser décourager, renouvela ses instances auprès du gouvernement. Enfin, le 7 juillet 1850, le ministre des cultes accorda 600 francs pour aider à la restauration projetée. Et l'année suivante on put mettre la main à l'œuvre.

La description de l'église, que nous avons donnée au chapitre du *Prieuré bénédictin*, a déjà fait comprendre au lecteur ce qu'il y avait à accomplir pour lui rendre son aspect primitif. Le mur qui la séparait de l'ancienne maison priorale une fois enlevé, on continua la voûte sur cette nouvelle travée. Restait à faire le plancher; et c'est là ce qui donna lieu à la découverte d'un trésor.

Le 3 mars 1852, dans l'après-midi, Jean-Pierre Layrisse, jeune ouvrier d'Aulon, travaillait au défoncement du terrain situé sous l'arcade du nord, et où l'entrepreneur, Matthieu Castex, devait établir une des assises du nouveau plancher. Il eut vite mis à découvert une sorte de dalle. Au premier coup de pioche porté en dessous de cette pierre pour la soulever, Layrisse vit jaillir autour de lui plusieurs pièces en or. Tout ahuri de cette découverte, il appelle les autres ouvriers occupés à ce moment dans l'église. La dalle fut vite enlevée; et les témoins de cette scène virent un trésor renfermé dans deux pots de grès. Les ouvriers se précipitèrent sur cet argent, et sans le moindre scrupule en remplirent leurs poches.

Le trésor eut probablement disparu de cette façon, si l'abbé Soubiran ne fût arrivé immédiatement et, avec une grande autorité, n'eût obligé les détenteurs, séance tenante, de restituer ce qu'ils avaient pris, comme étant un bien appartenant à l'église.

Les autorités locales furent prévenues aussitôt, et, en leur présence, on compta les pièces. Elles étaient toutes en or, marquées à l'effigie de Louis XV (à lunettes) et formaient une valeur nominale de 14,496 francs.

Il semble qu'aux termes de l'article 716 du Code civil, la moitié de la somme devait appartenir à la fabrique. Il n'en fut rien. Un procès fut engagé à cet égard, et, cette fois encore, c'est la commune qui obtint gain de cause. On lui adjugea la moitié du trésor, et l'autre moitié fut attribuée à Jean-Pierre Layrisse. Celui-ci, mû par un sentiment de reconnaissance qui lui fait le plus grand honneur, dota l'église d'Aulon des tableaux du chemin de croix qui ornent les deux nefs latérales. Le conseil municipal employa la part qui lui revenait à faire construire la maison commune.

Nous avons rapporté, à la page 59, d'où provenait ce trésor. Quelles que fussent les intentions du prêtre Labatut en cachant cet argent, on ne peut assez regretter que l'église d'Aulon ait été complètement frustrée dans la répartition qui en fut faite par une sentence judiciaire. M. l'abbé Soubiran en éprouva un chagrin mortel, lui qui avait été l'âme de cette restauration et qui eût voulu perfectionner son œuvre au moyen de cette somme.

Il avait projeté également d'établir la principale porte d'entrée de l'église, au couchant, sous la tribune actuelle. En 1852, la fabrique fit l'acquisition d'un immeuble appartenant à Mme Lacombe, dans le but de l'échanger ensuite contre celui de Jeanne Duffort, veuve Ritouret, et qui était précisément situé au fond de l'église. Ces projets, d'une utilité incontestable, occasionnèrent de nouveaux dissentiments entre la fabrique et le conseil municipal.

Un arrêté du Conseil de préfecture, du 3 mars 1853, refusa à la fabrique l'autorisation de plaider contre la commune. Cette affaire fut portée au Conseil d'Etat, mais n'eut pas d'autre suite.

M. Soubiran comprit que son œuvre était achevée au point de vue matériel. Il s'appliqua plus que jamais à procurer les intérêts spirituels de ses paroissiens. Déjà, en 1840, une importante mission prêchée par les Pères Barthier et Bernady, du Calvaire de Toulouse, avait produit les meilleurs résultats dans les âmes. Une belle croix érigée sur l'emplacement de l'ancien cimetière, en face du sanctuaire, perpétua jusqu'en 1888 le souvenir de cette mission.

En 1857, deux ans avant sa mort, l'abbé Soubiran eut la consolation de voir sa paroisse de nouveau évangélisée par les Pères du Calvaire. Une grande croix, due à la générosité de Simon Labatut, et conservée de nos jours sur la principale place d'Aulon, rappelle encore le passage des Pères Saint-Paul, Pradère et Bezombes.

Vers le milieu de décembre 1859, l'abbé Soubiran se rendit à Polignan, afin d'entretenir Mgr l'archevêque de Toulouse, qui s'y trouvait de passage. C'est là, sous le regard de la Vierge qu'il avait tant vénérée depuis son enfance, que la mort vint le frapper (16 décembre).

Cette fin imprévue fut un deuil pour toute la contrée, car le curé d'Aulon jouissait de la plus grande estime, même en dehors de sa paroisse. Celle-ci devait à son pasteur un juste tribut de regrets et de reconnaissance. Les témoins de ces obsèques nous ont redit souvent combien elle s'y était montrée fidèle.

Les restes de M. Soubiran furent déposés au milieu de la grande allée du nouveau cimetière, à côté de ceux de son héroïque prédécesseur. Un même monument raconte, à la génération qui ne les a pas connus, ce que furent les deux premiers curés d'Aulon au dix-neuvième siècle. Et viendrait-il à disparaître, ces pages perpétueront le souvenir de ces deux figures sacerdotales, qui ont mérité l'une et l'autre de ne jamais s'effacer de l'esprit et du cœur des Aulonais.

CHAPITRE ONZIÈME

LA PAROISSE D'AULON, DE 1860 A 1902.

L'abbé Puges est nommé curé d'Aulon. — Etablissement des Sœurs de Saint-Joseph dans la paroisse. — Les fêtes de canonisation de sainte Germaine sont célébrées pendant une mission mémorable (1868). — M. Amiel dote l'église d'une chaire monumentale, et M. Taurignan, d'une statue et d'un nouvel autel de la Vierge. — Mission prêchée par le P. Marie-Antoine en 1877. — Construction d'une nouvelle flèche au-dessus du clocher. — L'abbé Puges, malade, cesse le ministère paroissial. — L'abbé Ader est nommé pro-curé d'Aulon (1878). — Les deux anciennes cloches sont refondues, et la commune en procure une troisième. — Mission de 1888. — Les murs latéraux de l'église sont ornés de nouvelles fenêtres et de vitraux. — Les principaux bienfaiteurs de l'église d'Aulon. — Mission de 1896, et restauration du culte de Notre-Dame. — Agrandissement du sanctuaire. — Construction d'une nouvelle sacristie. — Laïcisation de l'école communale des filles. — Etablissement d'une école libre. — Mort de l'abbé Ader. — M. Bazerque est nommé curé d'Aulon.

Trois semaines après le décès de l'abbé Soubiran, l'administration diocésaine lui avait trouvé un successeur digne de lui dans la personne de l'abbé Prosper Puges, précédemment vicaire à Montréjeau. Le nouveau curé d'Aulon était natif de Saint-Gaudens et neveu de deux vénérables prêtres de cette ville, M. Puges, curé-doyen d'Aurignac, et M. Bize, chanoine titulaire de la Métropole.

En rappelant que l'abbé Puges avait vu le jour dans une famille qui avait donné plusieurs prêtres à l'Eglise, nous indiquons déjà ce qu'il devait être dans notre paroisse. Dès son enfance il s'était distingué par une douce et tendre piété. On la vit grandir avec lui; et le souvenir qui nous reste de son passage à Aulon, est celui d'un prêtre dont l'action, à la fois forte et douce, produisit des fruits abondants de salut, et dont le ministère fut des plus féconds en œuvres de toutes sortes.

La première par ordre de date, et assurément l'une des plus importantes, fut l'établissement des Sœurs de Saint-Joseph de Tarbes, vulgairement appelées de Cantaous. A l'instigation de l'abbé Puges, le conseil municipal d'Aulon résolut, le 20 mai 1865, de faire appel à ces religieuses pour leur confier l'éducation des jeunes filles et la visite des malades.

Quelques mois après, les bonnes Sœurs arrivaient au milieu de nous. Une foule considérable s'était portée à leur rencontre, bien avant l'entrée du village. La Supérieure générale de la Congrégation avait voulu accompagner elle-même les trois religieuses qui nous étaient destinées. De l'église paroissiale, qui avait eu leur première visite, les bonnes Sœurs furent conduites, en procession, jusqu'à leur nouveau couvent situé au quartier du Peyrenc. Toute la population était accourue pour faire escorte aux envoyées du Seigneur.

Un arc de triomphe avait été dressé devant la porte d'entrée. C'est là que M. Amiel, maire d'Aulon, et M. Bertrand Lamourelle, propriétaire de l'immeuble, firent les honneurs à la Mère générale. M. Puges procéda aussitôt à la bénédiction liturgique du nouveau couvent, et l'installation officielle des Sœurs à Aulon fut désormais un fait accompli.

Nous ne pouvons entrer dans le détail de tout le bien qui en résulta pour la paroisse pendant près de quarante ans. Mais la reconnaissance nous fait un devoir de rappeler ici le souvenir de la première supérieure qui fut envoyée à Aulon. L'esprit religieux de la bonne sœur Mechtilde et son zèle admirable valurent, dès le premier jour, à la petite communauté, une considération qui s'est maintenue jusqu'à l'heure actuelle.

La générosité des Aulonais à l'égard des bonnes Sœurs se fit jour de toute manière. Et nous ne connaissons rien de plus charitablement ingénieux que la façon dont certains parents, même parmi les moins aisés, savaient venir en aide aux éducatrices de leurs enfants.

La sœur Mechtilde, en sa qualité de supérieure, s'était réservée de préférence les visites aux malades. Et l'on se souvient encore à Aulon de la vive impression que produisait sur les infirmes l'apparition de cette jeune religieuse à la figure angélique, si bonne et si douce. Nous nous souvenons notamment d'un poitrinaire peu accessible au ministère du prêtre et qui fut amené par la bonne Sœur à faire une fin des plus chrétiennes.

Un autre conséquence de l'apostolat des religieuses de Saint-Joseph à Aulon, et peut-être la plus honorable pour elles, fut cette floraison de vocations religieuses qui signalèrent les premiers temps de leur établissement parmi nous. Plusieurs jeunes filles, distinguées par leur intelligence et leur excellente conduite, prirent leur essor vers le cloître, pour se prodiguer au service de l'éducation des enfants ou au soulagement de la souffrance. Quelques-unes servent encore l'Eglise et les âmes et honorent singulièrement le pays qui les vit naître.

La glorification d'une fille des champs devait constituer pour la paroisse d'Aulon une date à jamais mémorable. On sait à quelles fêtes extraordinaires donna lieu, dans tout le diocèse de Toulouse, la canonisation de sainte Germaine de Pibrac, par le pape Pie IX, en 1867.

A Aulon, ces fêtes coïncidèrent avec les exercices d'une importante mission qu'elles devaient clôturer, et donnèrent à toute cette époque un caractère exceptionnel de grandeur et de véritable réjouissance.

M. Puges avait fait appel à deux religieux Franciscains du couvent de Limoges, les PP. Hilarion et Léonard, qui venaient d'évangéliser la paroisse d'Aurignac. C'était la première fois depuis la Révolution que des religieux de Saint-François, si populaires autrefois dans nos contrées, apparaissaient aux regards des Aulonais[1].

1. C'est pendant cette mission que le Tiers-Ordre de Saint-François fut établi à Aulon. Il fut reconstitué en 1883 sur de nouvelles bases par le

Dès le premier jour, les deux missionnaires eurent conquis
la confiance et l'estime de leurs auditeurs; car le peuple, laissé
à ses bons instincts, ne se trompe pas d'ordinaire sur ses véritables amis. L'affluence était considérable à l'église, non seulement pendant les offices, les sermons, mais dans le cours de
la journée. On stationnait devant les confessionaux, car la
mission avait pris une telle importance, qu'elle attirait beaucoup de monde des paroisses environnantes.

Le jour de la clôture, notre modeste village offrit un specta-
cle que les personnes les plus âgées voyaient pour la première
fois. L'antique église priorale avait été parée, au dedans et au
dehors, d'une façon tout à fait exceptionnelle. Les maisons,
même les plus modestes, étaient pavoisées; des guirlandes
reliaient entre elles toutes celles qui sont situées des deux
côtés de la grand'rue. On avait élevé, de distance en distance,
des arcs de triomphe sur le parcours que devait suivre la procession du soir. La statue de sainte Germaine fut portée par
les plus jeunes hommes qui, se relevant tour à tour, se dispu-
taient l'honneur de la soutenir sur leurs épaules. L'affluence
des étrangers était extraordinaire et l'enthousiasme indescrip-
tible. En rappelant ces choses, trente-cinq ans après, et en
considérant ce qu'est devenu Aulon, au point de vue religieux,
on pourrait se demander s'il s'agit d'un rêve?

La statue de la sainte Bergère de Pibrac ne fut pas le seul
monument qui devait perpétuer le souvenir de la mission de
1868. M. Simon Amiel, maire d'Aulon et président du tribunal de Saint-Gaudens, avait doté notre église d'une magnifique
chaire en pierre de Séglan. Elle fut solennellement inaugurée
dans cette même mission, comme le rappellent les inscriptions

P. Damase, capucin du couvent de Toulouse; et, en 1895, par le P. Irénée. A cette dernière époque, la fraternité comprenait quarante-six ter-
tiaires, le plus grand nombre d'Aulon, et les autres, de Mengué et de
Saint-Elix-Séglan. Les statues de saint François et de sainte Elisabeth,
qui ornent la chapelle de saint Joseph, ont été procurées par leurs soins
et leurs propres cotisations.

et les bas-reliefs sculptés, où figurent les saints qu'il convenait d'invoquer dans cette mémorable circonstance.

Ajoutons que l'initiative personnelle de M. Amiel allait avoir successivement des imitateurs. L'année suivante, la famille Martin-Taurignan embellissait notre église d'un autel de la Vierge, en pierre sculptée, et d'une statue de même matière rappelant le type de Notre-Dame-des-Victoires. Celle-ci allait remplacer sur l'autel, jusqu'en 1896, la statue en bois de la Vierge Mère, procurée après la Révolution.

Les désastres de la guerre de 1870-71 mirent un point d'arrêt dans l'embellissement de l'église d'Aulon. Les améliorations furent reprises vers 1875. Une statue de saint Joseph, achetée par la fabrique, fit attribuer au nouveau patron de la sainte Eglise un des deux autels latéraux, celui du nord, précédemment dédié à saint Blaise.

Deux ans après (septembre 1877), la paroisse d'Aulon fut évangélisée par l'incomparable missionnaire du Midi, le T. R. P. Marie-Antoine, capucin du couvent de Toulouse. L'ancien vicaire de Saint-Gaudens, si justement célèbre dans nos contrées, obtint à Aulon les résultats les plus consolants. Il nous les rappelait lui-même, il y a à peine quelques jours (septembre 1903), dans ce couvent de Toulouse dont il fut un des principaux fondateurs, il y a près de cinquante ans, et où la persécution actuelle l'a réduit à vivre presque seul, bien qu'il soit octogénaire.

L'infatigable missionnaire avait trouvé le curé d'Aulon dans un état de santé si précaire, qu'il inspirait de sérieuses inquiétudes pour la bonne direction de la paroisse. Cet état de délabrement alla s'aggravant, et l'autorité ecclésiastique dut alors songer sérieusement à lui donner un coadjuteur. Le choix de l'archevêché tomba sur l'abbé Michel Ader, natif d'Aurignac, et précédemment curé de Larcan.

Le nouveau pasteur arriva à Aulon dans le courant du mois d'octobre 1878. Les débuts de son ministère furent signalés par d'importantes modifications et restaurations qu'on fit subir à notre antique église. Nous pouvons même dire qu'à son insu l'abbé Ader était entré dans une voie toute marquée à ce point de vue, et qui devait signaler son passage à Aulon, entre tous ses prédécesseurs.

Sous le titre de pro-curé, qu'il devait garder pendant un an, c'est-à-dire jusqu'à la mort de M. Puges[1], l'abbé Ader assista d'abord à l'inauguration de la flèche, et procéda à la bénédiction des nouvelles cloches; car c'est dans cette même année 1878 que, par les soins de la commune et avec le concours de l'Etat, le clocher de l'église fut surmonté de la belle flèche en pierre de taille qu'on remarque de nos jours. Le plan en avait été dressé par M. Antoine Castex, de Mengué, et exécuté par Jean-Marie Samouilhan, ouvrier d'Aulon[2].

A peine cette importante restauration était-elle achevée, que trois nouvelles cloches venaient remplacer les deux anciennes qui dataient d'avant la Révolution. La plus forte, du poids de quatorze quintaux, était due à l'initiative du Conseil municipal et fut fondue à Toulouse aux frais de la commune (3,000 fr.). L'abbé Ader eut la satisfaction de la bénir un dimanche du mois de décembre, en présence de toute la population venue à l'église à cet effet. M. Louis Sarraute, maire d'Aulon, fut le parrain, et Mme Joséphine Lamourelle, née Bourdages, la marraine.

La nouvelle cloche alla prendre la place d'une autre, dont l'inscription en caractères gothiques accusait la plus haute antiquité. Celle-ci fut refondue l'année suivante, à Toulouse, et augmentée dans son poids, grâce à la générosité du parrain et de la marraine dont elle porte les noms, et surtout de Mme Bathilde Sarraute, née Bourdages, qui en est restée la principale bienfaitrice.

L'année 1880 n'était pas achevée, qu'une troisième cloche

---

1. M. Prosper Puges rendit son âme à Dieu le 9 décembre 1879.

2. Un an auparavant, et par les soins de la fabrique, on avait érigé dans l'intérieur de l'église une belle tribune pour y installer le chœur des chantres.

venait compléter le petit carillon aulonais. Celle-ci également provenait de la refonte d'une des deux qu'avait respectées la grande Révolution.

Jusqu'à l'année 1888, aucun événement bien notable ne vient enrichir les annales de la paroisse d'Aulon. Mais à cette époque une importante mission, due à la générosité de M. Jean-Baptiste Amiel, ancien maire de la commune, fut, même aux yeux des plus indifférents, un des faits qui méritent de figurer dans une histoire locale. Du 8 au 29 avril, trois religieux capucins du couvent de Toulouse, les PP. Exupère, Hilaire et Moyse, se dévouèrent et se dépensèrent sans compter pour le bien des âmes. L'impitoyable logique du P. Exupère fit pénétrer la conviction jusque dans les esprits qui semblaient devoir être les plus revêches à la parole de Dieu. L'église paroissiale, quoique assez vaste et plus que suffisante pour la population, pouvait à peine contenir chaque soir la nombreuse assistance accourue de toutes parts.

L'inauguration d'une grande Croix vint terminer cette pieuse et féconde mission, et donna lieu à une affluence d'étrangers tellement considérable que, de mémoire d'homme, on n'en avait jamais tant vu à Aulon. Ce qui permit surtout de constater ce concours extraordinaire, c'est la procession générale de clôture, que pour la première fois peut-être, il fut facile de réaliser au delà de la rivière, grâce à la récente construction d'un second pont sur la Noue.

Les restes de l'ancien manoir, encore debout après dix siècles, durent tressaillir lorsqu'au passage de la procession le chant des cantiques vint frapper les vieux murs. Ces témoins muets de trente générations disparues, célébraient à leur façon le triomphe permanent du Christ, le triomphe de la même Croix que nos ancêtres avaient adorée.

Au retour, la foule vint se réunir sur la place de l'église pour entendre le dernier discours prononcé par le P. Exupère, au pied de la croix de la mission. C'était la même que M. Soubiran avait fait ériger, en 1840, au chevet de l'église,

sur la place qui précède le sanctuaire. Elle venait d'être restaurée pour la circonstance et établie sur un nouveau piédestal
en pierre de Séglan. Mais on avait jugé à propos de la rap-
procher de la maison presbytérale; et cette disposition devait
faciliter, dix ans plus tard, l'établissement d'une sacristie au
chevet de l'église.

Le coup d'œil d'ensemble de cette cérémonie de clôture
était vraiment féerique, et le zélé missionnaire fut à la hauteur
de la circonstance. Les acclamations les plus enthousiastes
firent monter jusqu'au ciel le triomphe de la sainte Croix.

La mission de 1888 fut le point de départ d'une nouvelle entreprise de restauration, ou d'amélioration de l'église
paroissiale. D'ailleurs, on a pu remarquer qu'il en avait toujours été ainsi pour les précédentes missions. Et il convient
de relever cette coïncidence puisque nous relatons, en même
temps que les bienfaits spirituels accordés aux chrétiens
d'Aulon, les actes de vénération et de culte extérieur rendus au
monument le plus mémorable de la localité.

C'est donc à cette époque qu'on commença de faire subir aux
murs latéraux de l'église une modification des plus importantes et qui a changé considérablement son aspect extérieur.
Nous voulons parler des nouvelles fenêtres avec leurs vitraux,
lesquelles ont finalement remplacé, après plusieurs modifications successives, les premières ouvertures très étroites qui
caractérisent le roman le plus primitif.

Maintenant que l'entreprise est à peu près terminée, nous
signalons, sous une même rubrique, les bienfaiteurs de cette
œuvre, sans tenir compte de la date, mais en suivant l'ordre
établi dans l'église elle-même.

Ces nouvelles ouvertures, dues presque toutes au ciseau
d'un habile ouvrier d'Aulon, M. Ferran, reproduisent fidèlement le style et les dimensions des fenêtres géminées du chevet
de l'église, lesquelles sont du onzième siècle. Chaque vitrail
porte le nom de son donateur. Ceux du sanctuaire n'en ont
pas, parce qu'ils sont antérieurs à l'époque qui nous occupe.

Mais l'on sait qu'ils y furent placés du temps de M. Soubiran et par son initiative. Les deux principaux représentent l'Annonciation, bien que l'église soit officiellement placée, depuis sa fondation, sous le vocable de la Nativité de Notre-Dame.

Les deux vitraux de la chapelle de la Vierge, du côté du midi, rappellent le souvenir des deux principaux apôtres de la contrée, saint Saturnin et saint Bertrand. Les noms de deux époux chrétiens, Bertrand Lamourelle et Joséphine Bourdages, sont inscrits au bas de ces verrières. Car, c'est pour honorer leur mémoire, qu'un de leur fils en dota l'église d'Aulon.

Le vitrail de Notre-Dame de Lourdes, qui fait suite aux précédents, fut donné par M. Jean-Baptiste Amiel, ancien maire d'Aulon, décédé presque centenaire, en 1897. Celui de sainte Elisabeth, par M. Dispan de Floran, à cette époque conseiller général de la Haute-Garonne. Et enfin le vitrail de la dernière travée du midi, celui de saint Pierre, eut pour donateur M. Pierre Taurignan (de Vidalle), trésorier de la fabrique.

Les deux vitraux qui vont être placés prochainement à la chapelle de saint Joseph, du côté nord de l'église, rappelleront un double souvenir : celui de saint Benoît et de saint François d'Assise, comme fondateurs des deux ordres religieux les plus connus à Aulon ; et celui du ministère ou de l'action bienfaisante que leurs disciples, dans la suite des siècles, ont exercée dans notre paroisse.

Le vitrail de saint Benoît a été donné par M. le baron d'Arcizas. Celui de saint Joseph, fut procuré par Alexandrine Labatut, veuve Ritouret. Un des fils Lamourelle, établi à Carcassonne, donna le suivant dédié à son patron, saint Alphonse de Liguori. L'abbé Martin, ancien curé de Boussan et d'Esparron, procura le cinquième, dédié au saint évêque de Tours. Et le dernier, rappelant saint Antoine, ermite, eut pour donatrice Mme Saunés.

A cette liste, déjà longue, des bienfaiteurs de l'église d'Aulon, vers la fin du dix-neuvième siècle, il conviendrait d'ajouter d'autres noms. Des statues et d'autres objets religieux qui ornent l'antique priorale, n'y sont pas venus d'eux-mêmes. Si quelques donateurs ont eu leurs motifs pour ne pas se faire connaître, nous avons aussi les nôtres pour léguer à la postérité la conduite généreuse et édifiante des Aulonais qui ont aimé leur vieille église, et contribué à son embellissement, sachant d'ailleurs que, par ce moyen, ils contribuaient puissamment à leur propre salut éternel.

Les uns, tels que M. Sarraute, ancien avocat, Damien Taurignan, propriétaire, firent des legs à la fabrique. D'autres contribuèrent à l'entretien ou au développement du culte catholique, par des donations de leur choix. Entre tous nous aimons à signaler M. Jean-Baptiste Amiel, déjà bienfaiteur de la mission de 1888; Bertrand Lamourelle, à qui l'église d'Aulon est redevable de la statue de sainte Anne et de plusieurs autres objets religieux; quelques reliques insignes proviennent de la succession de l'abbé Barus, prêtre libre, natif d'Aulon, et qui y mourut peu de temps après l'abbé Puges. Enfin, pour clore cette liste, nous rappelons en passant le souvenir de Jean-Gabriel Martin, le légendaire Touton, qui fut toute sa vie un homme d'église et le modèle des sacristains.

L'ordre chronologique des événements qui intéressent la paroisse nous amène à relater, en dernier lieu, la complète transformation du sanctuaire, et la mort de l'abbé Ader.

Les importantes modifications apportées au chevet de l'église eurent, comme point de départ, une mission prêchée en avril 1896; et celle-ci avait été motivée par la célébration d'un centenaire religieux et par un acte solennel de réparation.

Le lecteur se souvient de quelle manière le culte catholique avait été interrompu dans notre paroisse, au commencement de 1793, et les profanations qu'on avait fait subir aux objets du culte. Trois ans après, le vénérable M. Bon put reprendre ostensiblement le service paroissial, grâce à la bienveillance des autorités locales. Or, l'année 1896, en ramenant pour nous le centenaire de cet heureux événement, demandait à être signalée d'une manière toute spéciale. Elle devait avoir sa consécration et comme son mémorial pour les générations à venir.

Un prêtre originaire d'Aulon prit l'initiative de cette démarche et trouva dans le curé Ader le plus ferme appui et les meilleurs encouragements. Une belle statue de Notre-Dame provenant des ateliers de M. Monna, de Toulouse, et donnée par la famille Lamourelle, fut l'objectif qui permit à notre paroisse de se ressaisir pendant la première partie du mois d'avril.

Les exercices préparatoires à l'inauguration de cette statue furent suivis avec autant d'empressement que d'édification. Un poète poitevin, M. le chanoine Chauvin, curé de Persac, avait composé pour cette circonstance un cantique en l'honneur de Notre-Dame d'Aulon. Tous ceux qui prirent part aux exercices de cette mission se souviennent avec quel entrain, et surtout avec quel talent musical, chantres et chanteuses exécutaient un air emprunté à l'une des plus belles compositions de l'abbé Moreau [1].

Le dimanche 19 avril, jour fixé pour la clôture, devait avoir lieu une triple cérémonie. Après le discours qui suivit le chant des vêpres, une procession solennelle, composée non seulement des habitants d'Aulon, mais aussi d'un nombre considérable d'étrangers accourus des paroisses voisines à la voix de leurs pasteurs, se dirigea vers la Bouzigue.

Pourquoi une procession dans cette place publique qui sert d'ordinaire à tous les amusements profanes de la fête locale? C'est qu'en ce même lieu avaient été brûlées, sous le gouvernement de la Terreur, les antiques statues et les saintes images qui embellissaient notre église priorale avant la Révolution.

Notre-Dame d'Aulon fut dont acclamée et chantée, là, où quelques révolutionnaires avaient brûlé son image miracu-

1. Nous reproduisons les paroles de ce cantique aux *Pièces justificatives*. La quatrième et la cinquième strophes furent ajoutées par l'abbé Alexandre Samouilhan, d'Aulon, à cette époque professeur au Petit Séminaire de Toulouse.

leuse. Si le crime avait été grand, la réparation fut plus grande encore.

Au retour, la foule vint se réunir sur la place de l'église pour prendre part à une seconde cérémonie, mais celle-ci toute de glorification. La statue de Notre-Dame, qui depuis 1869 était vénérée sur son autel, à l'intérieur de l'église, venait d'être placée sur le frontispice de ce monument, au-dessus de la toiture, pour dominer toute la vallée. La cinquième strophe du cantique avait été composée pour la circonstance et afin de rappeler cette innovation.

Après la bénédiction liturgique de ce nouveau monument érigé en l'honneur de la Mère de Dieu, il restait à faire une troisième cérémonie à l'intérieur de l'église. L'antique priorale, quoique assez vaste, se trouva insuffisante, tant était considérable l'affluence des personnes avides d'entendre les adieux du missionnaire et d'assister au couronnement et à l'inauguration officielle de Notre-Dame d'Aulon.

Un autel improvisé avait été dressé dans le sanctuaire et servait de trône à la nouvelle statue. Ni les fleurs ni les lumières ne faisaient défaut, grâce à la générosité de quelques bonnes âmes. Et c'est au milieu d'une brillante illumination, et au chant du refrain exécuté avec plus d'entrain que jamais, qu'une couronne offerte par la paroisse fut posée sur le front de la Vierge par l'initiateur de ces fêtes. L'enthousiasme des assistants était en son comble. Rarement notre église avait vu monter vers son auguste patronne autant d'acclamations et un amour plus véhément.

S'il est des jours qui multiplient la vie d'une paroisse, nous pouvons avancer que, quelques heures du 19 avril 1896, multiplièrent la vie de celle d'Aulon. Et quels que soient les triomphes ou les vicissitudes de l'avenir, cette date fera toujours époque dans son histoire.

Le soir même de ce jour mémorable, la nouvelle statue de Notre-Dame fut placée sur l'autel qui lui était destiné. Et le lendemain, le missionnaire partait pour Jérusalem. Mais durant son pèlerinage il n'oublia pas l'église de son baptême. Encouragé au souvenir des fêtes dont il venait d'être témoin, il se demanda ce qu'il y avait à faire encore et ce qu'il pourrait faire lui-même. Les événements ont répondu depuis à cette double question.

Malgré les épreuves qui accompagnent les œuvres de Dieu, ou entreprises pour sa gloire et l'honneur de sa Mère, le chevet de l'église d'Aulon a été complètement modifié et rendu tel que le souhaitait, il y plus de trois siècles, un de nos plus vénérables évêques de Comminges, Mgr Donadieu de Griet. Cette initiative, aujourd'hui couronnée de succès, fait honneur à tous ceux qui, de près ou de loin, l'ont encouragée, soutenue et développée. Mais l'abbé Ader et le Conseil de fabrique méritent une mention toute spéciale dans ce tribut de louanges et de reconnaissance.

C'est le 8 août 1898 que l'entrepreneur (M. Samaran, de Blajan) et ses ouvriers mirent la main à l'œuvre, sous la direction de M. Antoine Castex, à qui tant d'églises de nos contrées doivent leur plan de construction ou de restauration. Les épaisses murailles qui séparaient le sanctuaire des anciennes sacristies et des deux chapelles latérales, furent démolies, pour faire place à deux grands arceaux de style roman.

La construction d'une nouvelle sacristie, au chevet de l'église, suivit de près l'agrandissement du sanctuaire. La municipalité de l'époque, sur la proposition de M. Louis Sarraute, maire d'Aulon, avait bien voulu concéder tout le terrain communal nécessaire pour y bâtir ce complément de l'église.

Au commencement de 1902, la municipalité qui avait remplacé la précédente, facilita la construction des corniches en pierre de taille, au-dessous de la toiture, et l'établissement d'un nouveau plancher à l'intérieur de l'église.

Les longs travaux de restauration touchaient à leur fin, et aussi..... l'existence de M. l'abbé Ader.

En relatant l'arrivée de ce prêtre à Aulon, nous avons fait ressortir quel devait être le caractère spécial de son passage dans notre paroisse. Outre la restauration et l'embellissement de l'église, auxquels il prit une si large part, l'abbé Ader avait caressé d'autres projets, notamment celui d'assurer le main-tien des Sœurs de Saint-Joseph à Aulon. Il prévoyait que, tôt ou tard, l'école communale des filles serait laïcisée ; et, pour répondre au vœu de la plus saine partie de la population, il importait souverainement de trouver un domicile convenable où les bonnes Sœurs pussent continuer leur œuvre d'enseigne-ment chrétien.

C'est principalement dans ce but que l'abbé Ader fit l'acqui-sition d'une bonne partie de l'ancienne maison basse du prieuré, adossée au mur de l'église, côté du couchant. Et presque en face, il avait fait construire une belle maison qui devait servir à cette même école libre.

Nous passons sous silence les difficultés de toutes sortes, occasionnées par cette pieuse entreprise. Mais l'abbé Ader sa-vait faire le bien, même à ses propres frais, et à ses risques et périls. D'ailleurs, il se voyait soutenu et encouragé dans cette voie par un grand nombre de ses paroissiens, notamment par l'abbé Martin, ancien curé de Boussan, décédé à Aulon en 1899, presque nonagénaire.

Dans les premiers mois de 1901, la nouvelle municipalité d'Aulon demanda et obtint la laïcisation de l'école communale des filles, tenue jusque-là, par les Sœurs de Saint-Joseph. Cette mesure affecta vivement l'abbé Ader, bien qu'il eût déjà pris toutes les précautions pour garder les Sœurs dans la paroisse.

Celles-ci, forcées d'abandonner le local qu'elles occupaient depuis trente-six ans, s'empressèrent d'ouvrir une école libre dans la maison qui leur avait été préparée d'avance. Les nombreux enfants qu'on leur confia, dès les premiers jours, furent un sujet d'encouragement pour elles, et constituaient, en même temps, la meilleure réponse à tous les sophismes répan-dus dans la commune contre le prétendu insuccès de leur mode d'enseignement.

L'abbé Ader soutint l'école libre comme il s'était proposé de soutenir l'hospice, c'est-à-dire avec un zèle et une charité qui honoreront toujours sa mémoire. Il se voyait encouragé dans cette voie par les nombreux témoignages d'affection que la plupart des familles de la paroisse ne cessaient de rendre aux bonnes Sœurs. Néanmoins l'orage continuait de gronder sur leur tête, et une suprême épreuve était réservée à leur établissement d'Aulon.

Après la promulgation de la loi contre les congrégations, toutes les municipalités furent invitées, par le gouvernement, à donner leur avis sur les communautés religieuses établies dans leurs communes respectives. Le plus grand nombre firent preuve d'indépendance et donnèrent un avis favorable.

On était en droit d'attendre que la municipalité d'Aulon ferait de même. Les membres qui la composent n'avaient qu'à se souvenir des services rendus, depuis près de quarante ans, et du grand bien que la commune pouvait retirer encore de la présence des bonnes Sœurs. Malheureusement, il n'en fut rien. Tous les membres du conseil municipal donnèrent un avis plus que défavorable, sans se douter peut-être que, par cet acte injuste, ils infligeaient à leurs familles un de ces affronts qui déshonorent pour la vie, et à leur propre nom une de ces taches qu'on n'efface plus[1].

Ce fait, et quelques autres qu'il vaut mieux passer sous

---

1. La vérité historique et l'honneur de la religion nous ont fait un devoir de relater ces choses pénibles. La justice et la reconnaissance nous portent à dire également, que les Sœurs de Saint-Joseph ont eu l'occasion de répondre d'une manière éclatante, et tout à fait héroïque, aux fausses accusations portées contre elles. Pendant de longs mois, une cruelle épidémie de fièvre typhoïde a plongé dans l'affliction un grand nombre de familles de la paroisse. La Sœur Albert, oubliant toutes les injures, s'est prodiguée nuit et jour pour soigner et veiller les malades, notamment les plus nécessiteux.

Après de tels exemples de charité et d'abnégation, il n'est pas étonnant que beaucoup d'Aulonais aient conjuré la bonne sœur de se séculariser plutôt que d'abandonner la paroisse. Puisse-t-elle y continuer longtemps encore son œuvre admirable!

silence, affligèrent profondément l'abbé Ader. Il en éprouva un
chagrin d'autant plus vif, que lui-même, paraît-il, avait secrè-
tement favorisé la nomination de cette municipalité, dans l'espoir d'en obtenir plus d'appui et de protection pour ses œuvres
paroissiales.

D'autres souffrances lui étaient encore réservées, mais Dieu
vint y mettre un terme. La maladie, qui depuis longtemps mi-
nait ce pauvre prêtre, allait avoir raison d'une constitution peu
ordinaire. Il succomba dans la nuit du 24 au 25 juillet 1902.

Ses confrères et toute la paroisse d'Aulon témoignèrent, à
ses funérailles, combien leur était cher le prêtre que Dieu avait
rappelé dans son éternité.

La Semaine catholique de Toulouse l'apprenait à tout le
diocèse quelques jours après.

Contrairement à ses prédécesseurs, l'abbé Ader ne fut pas
inhumé dans notre cimetière. Sa famille avait tenu à déposer
ses restes dans celui d'Aurignac, sa paroisse natale.

Trois mois après, l'administration diocésaine nommait à
la cure d'Aulon M. l'abbé Bazerque, précédemment directeur
spirituel au Petit Séminaire de Polignan. Puisse son ministère
faire refleurir parmi nos compatriotes la foi des anciens jours,
et les œuvres saintes qui avaient fait d'Aulon une des meil-
leures paroisses de la contrée !

CHAPITRE DOUZIÈME.

MENGUÉ.

Etymologie. — Souvenir du paganisme. — Antiquité du pèlerinage en l'honneur de saint Antoine ermite. — L'église de Mengué, annexe de Saint-Marie de Cazeneuve. — Mengué au Moyen-âge. — Culte de saint Lizier et les Bénédictins d'Aulon. — Église de Lucet. — Sa disparition. — Mengué au dix-huitième siècle. — Délibérations des consuls d'Aulon concernant l'église et le presbytère de Mengué. — L'abbé Arné et la période révolutionnaire. — Mengué après le Concordat. — Protection de saint Antoine pendant le choléra de 1855. — Projet de construction d'une nouvelle église à Mengué. — Les difficultés de cette entreprise sont vaincues par la générosité et le dévouement de la population. — Principaux bienfaiteurs de l'église de Mengué. — Mission de 1895. — Deux opuscules sur Mengué et la dévotion à saint Antoine.

La monographie d'Aulon eût été incomplète si nous ne l'avions fait suivre d'un chapitre spécialement consacré à sa section la plus importante, celle de Mengué.

Nous avons déjà fait observer que, au point de vue civil, Aulon et Mengué furent de tout temps placés sous une même administration communale. Dans la statistique des anciens consuls, on en voit toujours figurer, au moins un, de Mengué ou de Lucet, et leurs délibérations avaient souvent pour objet l'une ou l'autre de ces sections.

Sous le régime féodal, quelques biens nobles de la seigneurie d'Aulon étaient situés sur le territoire de Mengué, notamment le grand bois appelé *la Bourdasse* et deux moulins sur la Louge. Si dans le dénombrement présenté au roi, en 1540, il est fait mention de la seigneurie et du terroir de Lucet, comme formant une des limites de la seigneurie d'Aulon, il ne peut s'agir que d'un domaine très restreint, probablement celui qui appartenait aux moines bénédictins en tant que coseigneurs d'Aulon.

Les autres actes de même nature signalent tous Cassagnabère (au delà de Mengué) comme formant une des limites de cette seigneurie.

Mais, au point de vue religieux ou ecclésiastique, l'administration ne fut pas la même, du moins pour Mengué; car nous verrons plus loin que le quartier de Lucet eut aussi son église dépendante de la priorale d'Aulon. Occupons-nous d'abord de la première.

Les vieux registres conservés aux Archives vaticanes mentionnent l'église de Mengué par ces seuls mots : « *Ecclesia de Menhato* ». Aujourd'hui, on écrirait *de Mengato*. La différence est peu sensible; elle prouve qu'au Moyen-âge on devait prononcer *Menhè* au lieu de *Menguè*.

L'étymologie doit être prise dans le premier nom. Mais pas plus que pour celui d'*Aulon*, nous ne croyons devoir l'emprunter au dialecte patois, tel qu'on le parle aujourd'hui, et encore moins à la langue française. Ce mot ne saurait être décomposé. Inutile d'y chercher l'article *mon* ou le pronom *le mien*. *Menhè* n'est pas non plus un nom de lieu descriptif, comme *Aulon*, mais un nom religieux qui nous vient du paganisme. Et voici comment nous l'expliquons.

L'église de Mengué fut bâtie tout à côté d'une fontaine, et, de temps immémorial, elle a été un lieu de culte et de pèlerinage en l'honneur de saint Antoine, ermite. Ces deux faits nous mettent en présence d'un de ces lieux consacrés jadis par les rites du paganisme, et que la religion chrétienne a sanctifiés depuis en en transformant le culte, et sans qu'il fût besoin de faire disparaître ce but de pèlerinage pour les premiers chrétiens.

Or, la divinité païenne qui paraît avoir été honorée à Mengué, c'est la déesse *Mena,* dont saint Augustin s'est occupé dans son immortel ouvrage sur *la Cité mystique de Dieu* (liv. IV).

Et ce n'est pas seulement la similitude des deux mots, *Mena* et *Menhè*, qui donne de la vraisemblance à cette opinion, mais aussi le culte très ancien de saint Antoine ermite, et certains attributs de cette dévotion. Il est inutile de les rapporter ici. D'ailleurs les modestes proportions de ce livre ne nous permettent pas de nous étendre sur cette transformation des cultes. Mais les données historiques que nous possédons sur celui dont Mengué est l'objet, encore de nos jours, nous font considérer son église comme l'une des plus anciennes et des plus vénérables du pays commingeois.

Bien entendu nous faisons abstraction de l'église matérielle reconstruite il y a une vingtaine d'années. Les pèlerins isolés qui viennent là, de 20 et 25 lieues à la ronde, font de même. Ils suivent un courant religieux établi depuis bien des siècles, tout comme les pèlerins qui se rendent aux églises champêtres dédiées à saint Jean-Baptiste.

De tout temps, avons-nous dit, l'église de Mengué, bien qu'elle fût érigée sur le territoire de la commune d'Aulon, se trouva dans des conditions spéciales d'indépendance vis-à-vis de notre église priorale. Nous croyons voir dans ce fait une nouvelle preuve de sa très haute antiquité. Lorsque l'église d'Aulon relevait directement de la collégiale de Saint-Gaudens, avant d'avoir été cédée aux Bénédictins, celle de Mengué formait déjà comme une annexe de l'église de Cazeneuve. Et c'est à cause de cette dépendance, qu'au moment de la division administrative du diocèse de Comminges en archiprêtrés, l'église de Mengué fut comprise dans celui de Salies, contrairement aux autres églises qui l'entouraient à cette époque, lesquelles furent attribuées à l'archiprêtré de Bourjac [1].

1. Le lieu de Bourjac, qu'on trouve si souvent mentionné dans les vieux documents, occupait dans le pays de Comminges une position qui n'a pas encore été bien déterminée. D'après certains auteurs, l'emplacement de cette ancienne localité se trouverait dans la commune de Car-

Ce curieux enchevêtrement de l'église de Mengué n'avait pas d'autre raison d'être que cette dépendance vis-à-vis de l'église de Cazeneuve. Celle-ci entraîna ses annexes dans la circonscription ecclésiastique qui lui avait été assignée[1].

Quand et comment l'église de Mengué devint-elle dépendante de celle de Cazeneuve? C'est ce que nous n'avons pu découvrir.

Malgré la célébrité de son culte, Mengué ne paraît pas avoir été jamais un centre tant soit peu populeux. Presque toutes les maisons anciennes sont plutôt situées sur les hauteurs, des deux côtés de la Louge, mais surtout dans les quartiers de Lucet et Layrisse. Il est assez probable qu'à l'origine, l'église

deilhac (canton de Boulogne). Nous croyons devoir appeler l'attention des chercheurs commingeois sur la commune de Saint-Marcet. Il y a là, sur les confins de Mengué, un quartier encore très vaste et assez peuplé qui domine tout le pays. Le nom de Bourgajet qu'il porte ne nos jours, le site qu'il occupe, le voisinage de Cardeilhac, etc., donnent une grande vraisemblance à l'opinion qui voudrait faire de ce quatier le lieu précis de l'antique Bourjac.

1. L'église de Sainte-Marie de Cazeneuve, qui compta jusqu'à quatre annexes (*Bouzin, Montaul, Saint-Elix* et *Mengué*), paraît avoir eu une certaine importance dans les temps passés. Au début du onzième siècle, un établissement de chanoines fut fondé tout à côté pour la desservir. Il est vrai que cette collégiale ne se maintint pas plus d'un siècle, puisqu'en 1120, sous l'épiscopat de saint Bertrand, ses biens furent donnés à l'Ordre des Hospitaliers de Saint-Jean-de-Jérusalem (V. *le Cartulaire de cet ordre*).

Avant la grande Révolution, l'église de Cazeneuve était une vicairerie perpétuelle dépendante du prieuré de Galan (alors du diocèse d'Auch). Or, ce prieuré, avant d'être uni au célèbre collège de Foix, établi à Toulouse en 1454, appartenait à l'abbaye de Saint-Thibéry, du diocèse d'Agde.

D'après Mabillon, vers le milieu du neuvième siècle, Charles le Chauve avait donné à ce monastère plusieurs églises de nos contrées. Cette donation se trouve confirmée dans une bulle du pape Pascal II, datée de 1116, La bulle mentionne le prieuré de Galan et toutes les églises qui en dépendaient, et aussi, l'église de Sainte-Marie d'Aurignac. Ne s'agirait-il pas de celle de Cazeneuve? car l'église priorale d'Aurignac avait saint Pierre pour patron et, de plus, le mot latin *casa nova* employé dans les vieux documents n'a pu servir à désigner *une localité* qu'après la formation progressive de celle-ci, dont le territoire devait appartenir primitivement à Aurignac qui se trouve tout à côté.

fut et resta longtemps presque la seule habitation de l'endroit. Cette solitude, d'ailleurs, convenait admirablement au culte de saint Antoine et favorisait la dévotion des pèlerins.

Mengué n'eut donc jamais d'autre importance que celle de son église. C'est si vrai, qu'en 1534, un document du Pape Paul III, concernant la cure de Cazeneuve, mentionne Lucet au lieu de Mengué comme formant une des quatre annexes de cette paroisse. L'église de Mengué existait alors comme aujourd'hui, mais la population comprise dans cette annexe était plus connue sous la dénomination de Lucet.

Dans un autre titre de collation émané du pape Paul III, en 1534, et par lequel ce pontife accorde la cure d'Aulon au jeune clerc Bertrand d'Espagne, l'église de Lucet est mentionnée comme étant une annexe d'Aulon. Nous ne croyons pas à une confusion de mots, bien que Lucet soit également mentionné dans le titre de collation de Cazeneuve. La raison que nous venons d'en donner nous paraît la plus plausible ; d'autant que le service religieux des deux églises de Mengué et de Lucet était fait par le même prêtre. Les deux curés se contentaient de percevoir un revenu annuel et laissaient l'administration de ces églises au prêtre chargé de les desservir.

Celle de Lucet était placée sous le patronage et le vocable de saint Lizier, évêque du Couserans, et l'une des plus grandes gloires de nos contrées au sixième siècle. Nous croyons que le nom de *Lucet* vient du patron de son église ; mais il paraît assez difficile de préciser la date de fondation de ce monument.

La dépendance de l'église de Lucet de celle d'Aulon porterait à croire que les Bénédictins ne furent pas étrangers à cette fondation. Le vocable de saint Lizier, comme celui de saint Michel donné à une autre chapelle dont nous avons rapporté l'origine et la destruction, rend cette opinion assez vraisemblable. Car l'église abbatiale de Pessan avait pour principaux patrons saint Michel et saint Lizier. Les religieux de ce monastère, établis à Aulon, auraient fait revivre ce double souvenir dans deux chapelles élevées par leurs soins, et comme un témoignage de respect et de vénération à l'égard de l'abbaye mère.

Aujourd'hui il ne reste plus de traces de cette église de Lucet. Mais la tradition a conservé le souvenir de l'endroit précis où elle était située, sur le bord du chemin qui conduit de Vidale, ou d'Aulon, au quartier de Layrisse. Quelques champs voisins portent un nom qui confirme la tradition.

Pourquoi et comment cette église de Saint-Lizier a-t-elle disparu? Nous l'ignorons. Elle existait encore en 1674; car les registres de l'ancien notariat d'Aulon mentionnent, à cette date, que Bernard Cazac de Pradère, devant procurer à son fils Jean un titre patrimonial de cléricature, lui avait obtenu l'église de Lucet. Quatre ans plus tard, en effet, Jean de Pradère figure dans les actes officiels, comme vicaire de Lucet et de Mengué, poste qu'il occupa jusqu'en 1704.

On conserve encore au musée d'Agen une matrice du sceau de l'église de Lucet. Il est de forme ovale et mesure 4 centimètres de hauteur sur 2 1/2 de largeur. A l'intérieur, saint Lizier est représenté portant dans ses mains une chapelle; et tout autour, on lit cette inscription : « *Sig. Eccl. Sti Licerii de Mengué*. Sceau de l'église de Saint-Lizier, de Mengué ».

Il n'est guère probable que cette empreinte remonte au delà du quinzième siècle ; au Moyen-âge on n'aurait pas écrit *Mengué* de cette manière dans une inscription latine.

Le siècle qui précéda la grande Révolution semble avoir été un temps d'épreuves pour la section de Mengué. Quelques délibérations des consuls d'Aulon laissent entrevoir du tiraillement avec le curé de Cazeneuve, au sujet du logement du prêtre chargé de desservir l'église de Saint-Antoine.

En 1744, nous voyons Jean Artigue, consul, et Jérôme-Victor Cazac de Pradère, syndic, plaider au Conseil la cause de Mengué. L'église de cette annexe était privée du service religieux parce qu'il n'existait pas de maison presbytérale. On décida, séance tenante, d'en construire une ; mais ensuite on trouva plus commode, et surtout plus économique, de louer un logement pour le vicaire dans une maison voisine de l'église. Quelques mois après, Jean Artigue et François Gazave, consuls, reviennent à la charge. Ils exposent à l'assemblée que depuis longtemps il était d'usage d'avoir un vicaire résidant à Mengué ; et bien que le prêtre déjà proposé pour cette église se soit accommodé du logement mis à sa disposition par la commune, le curé de Cazeneuve y met opposition parce qu'il exige la construction d'un presbytère. Il menace même les habitants de les priver de la messe.

Les consuls prirent de belles résolutions, notamment celle d'envoyer un syndic spécial vers le curé de Cazeneuve, avec promesse de la part des habitants de construire au plus tôt une maison vicariale. Mais le presbytère de Mengué devait être encore longtemps l'objet des promesses des uns et de l'attente des autres.

Enfin, le 27 décembre 1754, les consuls sollicitèrent l'autorisation de vendre quelques parcelles des biens communaux, pour que le produit de cette vente pût être affecté à la construction du presbytère.

Lorsque éclata la grande Révolution, l'abbé Pierre Arné était vicaire de Mengué. Le document rapporté à la page 90 semble indiquer que ce prêtre essaya, lui aussi, de tenir tête à l'orage et de sauvegarder les intérêts de ses paroissiens. Mais finalement il dut opérer sa retraite et se dirigea vers Bordeaux. Après avoir passé quelques années à Lussac (Gironde), l'abbé Arné exerça longtemps le ministère paroissial dans la ville même de Bordeaux. Puis il se retira chez un de ses neveux, à Saint-Privat (Dordogne). C'est là qu'il s'éteignit, vers 1852, âgé de quatre-vingt-quatorze ans.

Un de ses frères, né à Cadéac comme lui, s'était établi à Mengué en 1797. Il eut une nombreuse famille, dont quelques membres ont laissé parmi nous un impérissable souvenir, à cause de leur attachement à la religion. On n'oubliera pas de longtemps combien les demoiselles Arné furent, toute leur vie, admirables de dévouement et de générosité pour l'église de Mengué et le culte de saint Antoine.

Nous avons rapporté dans un autre chapitre, qu'après le départ de l'abbé Arné, le titre de vicaire de Mengué était passé, nous ne savons comment, à un prêtre obituaire d'Aulon, l'abbé Capdeville. Celui-ci mourut en 1794 ; et jusqu'en 1801, il fut remplacé par Joseph Douradou, prêtre sur lequel nous ne possédons aucun renseignement. Mais il semble, par là, que l'église de Mengué ne fut pas totalement abandonnée pendant les mauvais jours, ou du moins que les fidèles furent assistés comme ils l'étaient à Aulon, peut-être d'une façon moins clandestine.

A partir du Concordat et jusqu'en 1813, les actes officiels font mention de M. Dufour, comme exerçant le ministère paroissial à Mengué. C'est donc avec ce prêtre qu'aurait pris fin la juridiction des curés de Cazeneuve sur l'église de Saint-Antoine. Cette dépendance durait peut-être depuis plus de mille ans, pour les raisons que nous avons déjà fait connaître. Aussi semblait-il utile à l'histoire d'en signaler la disparition[1].

Dans le cours du dix-neuvième siècle, l'église de Mengué, devenue officiellement chapelle vicariale, a été desservie par une vingtaine de prêtres. On comprendra que nous ne puissions pas rappeler le souvenir de tous. Quelques-uns n'ont pour ainsi dire pas laissé de traces. Mais il en est certains autres dont l'action bienfaisante mérite d'être sauvée de l'oubli : notamment ceux qui ont le plus contribué à la construction de la nouvelle église ou au développement religieux de cette section de la commune d'Aulon[2].

---

1. Les biens immeubles que possédait l'église de Mengué furent vendus en même temps que ceux de l'église d'Aulon. Voir l'acte de vente aux *Pièces justificatives* (1791).

2 L'abbé Pierre Anel, qui fut vicaire de Mengué, en 1853, laissa par testament (1857) une somme d'argent et tout son linge d'église à la chapelle de saint Antoine.

C'est en 1855 que, pour la première fois, il fut sérieusement question de reconstruire l'église. Le choléra décimait la paroisse. Plus de vingt victimes avaient déjà succombé coup sur coup. Les habitants épouvantés se souvinrent de leur puissant protecteur et de la grande confiance que les étrangers avaient eu de tout temps dans son patronage. Une procession solennelle fut aussitôt organisée en l'honneur de saint Antoine, et l'on porta sa statue et ses reliques jusque dans les quartiers les plus éloignés de l'église.

A partir de ce moment le redoutable fléau disparut. La paroisse reconnaissante résolut de construire une nouvelle chapelle digne de son glorieux protecteur. Toutefois, cette entreprise ne laissait pas d'offrir de très grandes difficultés ; et la principale, était certainement le défaut de ressources suffisantes pour une telle œuvre. Les années s'écoulaient, les prêtres se succédaient à Mengué, la population persévérait toujours dans ses bons désirs, mais l'église projetée ne se construisait pas.

Vers 1877, quand on eut recueilli assez de souscriptions pour mettre la main à l'œuvre, un malheureux dissentiment vint en retarder l'exécution. Il s'agissait du choix de l'emplacement. Chaque famille ne regardant que son intérêt privé, il devenait difficile de s'entendre. Et cependant on se trouvait en présence d'un lieu consacré par les siècles, et surtout par une dévotion antique qui avait fait de l'ancienne église de Mengué une des plus vénérables du pays. Vouloir délaisser l'emplacement de cette chapelle, bien que celle-ci tombât en ruines, c'était méconnaître ce qu'il y a de plus élémentaire dans les traditions chrétiennes. La Providence ne le permit pas.

Après être enfin tombé d'accord, on se mit à l'œuvre. La nouvelle église, dont M. Antoine Castex, de Mengué (l'architecte si connu dans nos contrées), avait dressé le plan, fut construite sur l'emplacement de l'ancienne, mais dans de plus vastes proportions[1]. Pour la commodité des fidèles on crut devoir changer l'orientation. Aussi l'église de Mengué est-elle une des rares aujourd'hui dans la contrée dont le sanctuaire ne soit pas tourné vers le levant.

Commencée par l'initiative de l'abbé Desprats, elle ne fut complètement terminée que sous le ministère de l'abbé Danos. En sorte, que de 1877 à 1895, ce monument a été l'objet de vives préoccupations et un grand stimulant pour les habitants de Mengué. On se souvient encore de l'empressement avec lequel la population tout entière répondit à l'appel qui fut fait à sa piété et à son amour-propre bien compris et très légitime. Les familles, même les plus pauvres, et quelles que fussent leurs occupations, se prêtèrent, avec un grand dévouement et un ensemble admirable, à des corvées ou à des prestations qui étaient toujours à recommencer.

Les noms de l'abbé Jourteau et de l'abbé Barthe, qui desservirent la paroisse de Mengué pendant la construction de l'église, doivent être mentionnés à la suite des deux autres prêtres qui ont vu le commencement ou la fin de cette entreprise. Nous pouvons même ajouter que la part la plus importante leur revient de droit.

Certains autres bienfaiteurs ont mérité également d'être mentionnés dans cette monographie, comme ils le sont au bas des vitraux de l'église, ou des principaux objets qui embellissent ce monument.

La première place revient de droit à l'architecte. Au dessous du vitrail de saint Antoine, où son nom est gravé, on voit un grand tableau qui, depuis 1860, ornait l'ancienne église, mais que l'humidité a malheureusement détérioré.

Il représente le saint ermite en prière, dans une grotte, et

1. Cette construction occasionna l'établissement d'un nouveau cimetière. Car, jusque-là, les inhumations se faisaient autour de l'église, selon l'antique usage.

rappelle en même temps, à la population de Mengué, le souvenir d'un bienfaiteur qui lui fut cher entre tous : Bertrand Lamourelle, d'Aulon.

A l'angle qui sépare la nef du sanctuaire, tout à côté de l'autel de saint Joseph, un monument, surmonté de la statue de saint Antoine ermite, rappelle également le souvenir d'une mission prêchée à Mengué en 1895, par le P. Irénée. Elle était due à l'initiative de l'abbé Guillaume Danos, à cette époque curé de Peyrouzet et chapelain de Mengué, et au concours d'une âme qui a voulu rester inconnue[1].

La statue de saint Antoine fut restaurée dans cette circonstance; mais elle est loin de répondre à la décoration générale de l'église, ainsi qu'à la dévotion des fidèles. Le principal souvenir qui se rattache à cette image, c'est d'avoir remplacé, après la Révolution, la statue qui fut profanée et brûlée en 1793, par le fameux capitaine Lavigne et son escouade. Nous savons qu'un ami de saint Antoine attend une occasion favorable pour doter l'église de Mengué d'une nouvelle statue qui soit en rapport avec l'ensemble de cet édifice, et surtout plus en harmonie avec cette exquise bonté qui caractérisait, de son vivant, le visage du saint ermite.

En terminant ce chapitre, nous croyons devoir rappeler aux lecteurs qui voudraient s'instruire et s'édifier au récit du grand patriarche de la Thébaïde et de sa protection sur les âmes, que deux opuscules ont été publiés de nos jours concernant *Mengué et la dévotion à saint Antoine ermite*. Ils ont pour auteurs : le premier, M. l'abbé Dufor, ancien missionnaire du Calvaire de Toulouse ; et le second, M. l'abbé Verdier, actuellement curé de Peyrouzet. Nous devons être particulièrement reconnaissants à ces deux prêtres de nous avoir conservé le récit des faits les plus notables qui se sont passés à Mengué

---

1. Dans le courant de janvier 1893, une autre mission avait été prêchée à Mengué, par un Père de Notre-Dame de Garaison. La famille Castex, de Lucet, qui en fut la bienfaitrice, profita de cette circonstance pour ériger dans son domaine une belle statue du Sacré-Cœur.

depuis la grande Révolution [1]. Pour ce qui regarde les temps
antérieurs, puisse ce dernier chapitre de la monographie
d'Aulon y avoir pourvu dans la mesure qui semblait nécessaire! Puisse surtout la protection de saint Antoine le Grand
faire revivre à Mengué le culte catholique et les merveilles des
siècles écoulés!

[1]. Comme complément à l'opuscule publié en 1900, par M. Verdier,
nous croyons devoir insérer ici une note que nous envoie M. Danos,
ancien chapelain de Mengué, et actuellement curé de Senarens :

« Durant les quatre années de mon apostolat à Mengué (1892-96), j'ai
calculé que les personnes qui étaient venues *isolément* pour prier saint
Antoine, ou le remercier, atteignaient le chiffre de six cent cinquante.
Le mouvement des pèlerins se dessine tout particulièrement dans les
cantons de Saint-Gaudens, Montréjeau, Boulogne et l'Isle-en-Dodon, et
aussi (chose assez notable), dans le département du Gers. »

PIÈCES JUSTIFICATIVES

Première série. — **PRIEURÉ D'AULON**.

1333. — *Le pape Jean XXII tranche un différend survenu au sujet de la possession canonique du prieuré d'Aulon.*

Joannes... etc. Dilectis filiis abbati monasterii Lezatensis, Riven. dio. et de Frontenesio ac de Burjiaco archidiaconis, in Ecclesia Convenarum, salutem... etc.

Religionis zelus vitæ, ac morum honestas et alia virtutum merita dilecti filii Raymundi de Gaus monachi professi monasterii de Clusa ordinis sancti Benedicti Taurinen. dioc., super quibus apud nos fidedignorum testimonio commendatur exposcunt ut sibi reddantur in exhibitione gratiæ liberales. Cum itaque sicut accepimus Prioratus de Aulono, monasterio de Pessano dicti ordinis, Convenarum et Auxitan. dioc. immediate subjectus, et per monachos dicti monasterii de Pessano solitus gubernari, cui prioratui cura imminet animarum, ex eo de jure vacet ad presens quod dilectus filius Bernardus de Marast monachus dicti monasterii de Pessano prioratum ipsum contra constitutionem fel. rec. Clementis papæ V. predecessoris nostri per annum et amplius detinuit in presbiterum non promotus, et adhuc de facto detinet occupatum : Nos volentes dictum Raymundum, prœmissorum meritorum suorum intuitu, prerogativa prosequi gratiæ specialis, discretioni vestræ per apostolica scripta mandamus, quatenus vos, vel duo aut unus vestrum, per vos, vel per alium seu alios, vocatis dicto Bernardo, et aliis qui fuerint evocandi, si est ita, et tempore dato prœsentium non sit in dicto prioratu alicui alii specialiter jus acquisitum, eumdem prioratum, cum omnibus juribus et pertinentiis suis, prœfato Raymundo auctoritate nostra conferre et assignare curetis : Inducentes eum vel procuratorem suum ejus nomine in corporalem possessionem dicti prioratus juriumque et pertinentiarum ipsius et defendentes inductum, amoto exinde dicto Bernardo et quolibet alio illicito detentore, ac facientes eumdem Raymundum, vel dictum procuratorem pro ipso, ac dictum prioratum prout est moris admitti, sibique de ipsius prioratus fructibus, redditibus, proventibus, juribus et obventionibus universis integre responderi : contradictores per censuram ecclesiasticam appellatione postposita compescendo non obstantibus fel. rec. Bonifacii papæ VIII. prœdecessoris nostri, et aliis quibuscunque constitutionibus apostolicis, ac quibuscunque constitutionibus apostolicis, ac quibuscumque statutis et consuetudinibus monasterii et ordinis prœdictorum contrariis, juramento confirmatione apostolica vel quacunque firmitate alia roboratis, aut si pro aliis scripta forsan apostolica sint directa, aut si aliqui super provisionibus sibi faciendis de prioratibus, dignitatibus, personatibus, vel officiis, aut alis beneficiis ecclesiasticis .in illis partibus speciales vel generales nostras vel prœdecessorum nostrorum Romanorum pontificum, aut legatorum sedis apostolicœ litteras impetrârint, etiamsi per eas ad inhibitionem, reservationem et decretum vel alias quomodolibet sit processum, quibus omnibus in assecutione dicti prioratus, si est ita ut prœmissum est, et tempore dicto dato non sit in eodem Prioratu jus alicui specialiter acquisitum, dictum Raymundum volumus anteferri, sed nullum per hoc eis quoad assecutionem prioratuum, dignitatum, personatuum et officiorum aut beneficiorum aliorum prœjudicium generari, seu si dilectis filiis... Abbati et conventui dicti monasterii de Pessano, vel quibuscunque aliis communiter vel divisim ab eadem sit sede indultum quod ad receptionem vel provisionem alicujus minime teneantur, et ad id compelli, aut quod interdici, suspendi vel excommunicari non possint, sive quod de prioratibus, dignitatibus, personatibus vel officiis aut aliis beneficiis ecclesiasticis ad eorum collationem, provisionem aut quamvis aliam dispositionem conjunctim vel separatim spectantibus nulli valeat provideri per litteras apostolicas non facientes plenam et expressam ac' de verbo ad verbum de indulto hujusmodi mentionem, et qualibet alia prœfatœ Sedis indulgentia generali vel speciali, cujuscunque tenoris existat, per quam prœsentibus non expressam vel totaliter non insertam effectus hujusmodi nostrœ gratiœ impediri valeat quomodolibet vel differri et de qua cujusque toto tenore habenda sit in nostris litteris mentio specialis. Nos enim, si est ita ut prœmittitur, et tempore dicto dato jus non sit alicui in dicto prioratu specialiter acquisitum, irritum et inane decernimus si secus super iis a quoquam quavis auctoritate scienter vel ignoranter contigerit attentari.

Datum Avinione xviii. kal. Julii, Pontificatus nostri anno decimo septimo.

(Arch. Vatic., Reg. Joannis XXII, nº 104. — Epist. DLXI.)

*1336. — Le pape Benoît XII se voit obligé de reprendre l'affaire
canonique du prieuré d'Aulon, déjà traitée par son prédécesseur. La mort prématurée du moine Raymond de Gaus,
nommé prieur par Jean XXII, suscite la nomination de
Pierre de Binos à la même charge.*

Benedictus..., etc... Dilecto filio Petro de Binosio monacho monasterii
Lesatensis, Cluniacen. Ordinis, Rivensis dioc, salutem, etc.

Religionis zelus vitæ ac morum honestas aliaque tuæ merita probita-
tis, super quibus apud nos fidedignorum testimonio commendaris, nos
inducunt et excitant, ut personam tuam favore apostolico prosequentes,
tibi reddamur ad gratiam liberales. Sane petitio pro parte tua nuper
nobis exhibita continebat, quod dudum fel. rec. Joannes papa XXII.
prœdecessor noster, intellecto quod Prioratus de Aulono, ordinis sancti
Benedicti, Convenarum dioc., curam habens animarum, monasterio de
Pessano dicti ordinis Auxitan. dioc. immediate subiectus, et per ipsius
monasterii monachos solitus gubernari, ex eo de jure vacabat, sicut
adhuc vacat, quod dilectus filius Bernardus de Marrast, monachus ejusdem monasterii, prioratum ipsum sibi collatum, contra constitutionem
fel. rec. Clementis papæ V. prœdecessoris nostri per annum et amplius
detinuit in presbiterum non promotus, et adhuc de facto detinet occupatum, certis discretis dedit per suas litteras in mandatis ut ipsi vel duo
aut unus eorum, per se vel alium seu alios, vocatis dicto Bernardo et
aliis qui forent evocandi, si esset ita, et in dicto prioratu non esset tempore dato dictarum litterarum alicui specialiter jus acquisitum, prioratum ipsum sic vacantem, cum omnibus juribus et pertinentiis suis,
quondam Raymundo de Gaus monacho monasterii de Clusa, ordinis
sancti Benedicti Taurinen. dioc. conferre et assignare curarent, ac eum
vel procuratorem suum pro eo in corporalem possessionem prioratus
jurium et pertinentiarum prœdictorum inducerent et tuerentur inductum,
amotis exinde dicto Bernardo et alio quolibet illicito detentore, quodque
deinde, cum unus de dictis Executoribus, juxta formam litterarum ipsa-
rum, vocato dicto Bernardo, in negotio provisionis hujusmodi vellet
procedere, pro parte ipsius Bernardi fuit ex certis causis ad Sedem apos-
tolicam appellatum, et quod causa appellationis hujusmodi, tam per
dictum prœdecessorem dum viveret, quam etiam, ipso sicut Domino pla-
cuit rebus humanis exempto, per nos postquam fuimus ad apicem
summi apostolatus assumpti, fuit diversis Auditoribus causarum apos-
tolici palatii primi gradus successive commissa, per eos audienda et

fine debito terminanda, coram quibus Auditoribus fuit usque ad assig-
nationem termini ad concludendum in hujusmodi causa processum,
quodque hujusmodi pendente termino prœfatus Raymundus nuper extra
Romanam curiam diem clausit extremum. Ne igitur, si non esset qui
litem seu causam prosequeretur eandem, prœfatus Bernardus dictum
prioratum de facto detineret forsitan occupatum : Nos volentes super
hoc de opportuno remedio providere, tibique prœmissorum tuorum meritorum intuitu gratiam facere specialem, te eidem Raymundo ad omne
jus et in omni jure quod ipsi Raymundo dictarum litterarum apostoli-
carum aliorumque processuum inde habitorum dum viveret in dicto
prioratu ac juribus et pertinentiis ejusdem quomodolibet competebat vel
competere poterat, auctoritate apostolica de speciali gratia subrogamus,
dictumque jus tibi auctoritate prœdicta conferimus et de illo etiam pro-
videmus, decernentes litteras et processus prœdictos illum vigorem illam-
que vim et eundem effectum per omnia in personam tuam habere et
habere posse quæ in personam ejusdem Raymundi si non esset de hac
luce subtractus sed adhuc ageret in humanis, teque ex nunc ad omne
jus necnon ad litterarum et processuum prœdictorum ac causœ et litis
hujusmodi prosecutionem et defensionem in eo statu fore auctoritate
surrogationis et provisionis hujusmodi admittendum, in quo idem Raymundus, si prœsentis vitæ superstes existeret, posset et deberet admitti,
ac nihilominus si dictum prioratum vigore prœsentium et prœdictarum
litterarum avincere te contingat, quam primum dictum Prioratum paci-
fice fueris assecutus, te fore de monasterio Lesaten. Cluniacen. ordinis
Riven. dioc., cujus existis monachus, ad prœfatum monasterium de Pessano auctoritate prœdicta transferendum et in eo recipiendum in mona-
chum et in fratrem et sincera in Domino caritate tractandum, ac irritum
et inane si secus super iis a quoquam quavis auctoritate scienter vel
ignoranter contigerit attentari. Non obstantibus fel. rec. Bonifacii
papæ VIII. prœdecessoris nostri, et aliis constitutionibus contrariis quibuscumque, necnon quibusvis statutis et consuetudinibus monasterio-
rum et Ordinum prœdictorum contrariis juramento, confirmatione apostolica vel quacunque firmitate alia roboratis; aut si pro aliis in dicto
monasterio de Pessano scripta forsan apostolica sine directa. Nulli ergo,
etc., nostræ surrogationis, collationis, provisionis, constitutionis et
translationis hujusmodi infringere, etc..... Datum Avinione x. Kal.
Martii, Pontificatus nostri anno secundo.

(Arch. Vatic. Reg. Benedicti XII, n⁰ 121. Epist. LXXXXVIII.)

1684. — *Affermage des fruits décimaux des biens du prieuré
à Aulon, Peyrozet, Séglan et Saint-Elix.*

L'an 1684 et le 18 juin, dans le Prieuré d'Aulon en Nébouzan, diocèse
de Comenge, sénéchaussée de Thle, par devant moy notaire royal soubsigné, présents les tesmoins bas-nommés, constitué personnellement
Dom Jean Demoix de Lasclotères, ouvrier et scindic du chappitre de
l'abbaye Saint-Michel de Pessan, lequel de gré et libre volonté a baillé
et baille en ferme et rantement à Mᵉ Jean Daure de Viala, prestre, bas-
chellier en théologie, Jean-Pierre Martin marchand, Jeannethe Cazeneufve, veuve de Bernard Martin, ancien notaire, d'Aulon, et à Baltha-
zar Samouilhan, de Séglan, tisseur de razes, ici présents et acceptant,
savoir : tous les fruits décimaux que les religieux de Pessan, en qualité
de Prieur d'Aulon, ont accostumé de prendre et percevoir dans les
paroisses d'Aulon, Peyrozet, Séglan et Sᵗ-Elix; ensemble : tous les carnalages qui leur appartiennent à Aulon, et ce, pour le temps de 6 années
révollues, et la somme de 740 livres par an, que les fermiers s'obligent
solidairement de payer en 3 portions esgalles..... aussy promettent les
dits fermiers de payer : 1 nappe, pendant la ferme, et 12 serviettes, chacun an, le tout estant de linet, et la nappe tirant 18 pans de long et 4 ¹/₂
de large, le tout randu à Pessan; — 2º de payer, par dessus le prix du
ferme et en descharge des religieux, 14 cestiers de bled froment, mesure
de Sᵗ-Gaudens, et à leur certain mandement, et ce, à chasque jour de
feste de la Nativité de Nostre-Dame; est aussy accordé que lorsque quelqu'un des religieux viendra à Aulon, les fermiers seront tenus de luy
fournir le foin et avoyne des chevaux, et des carnalages, suivant la saison; et, pour cette considération, le pred, quy est joignant le jardin des
religieux à Aulon, est comprins au présent ferme; promet le sieur
scindic de faire jouir du dit ferme les dits fermiers, et de leur demeurer
aux cas fortuits de grelle et main-forte..... présents : noble Pierre DE
MONPEZAT, seigneur de S. Michel, et noble Francoys DIREGNE, soubsignés, ainsi que

DEMOIX DE LASCLOTÈRES, syndic. — VIALA, prêtre. — MARTIN.
Bertrand AMYEL, not. royal.

1690. — *Affermage des mêmes fruits décimaux.*

L'an 1690 et le 27 juin, dans la ville d'Aurignac, maison du sieur
Bertrand Lafforgue, marchand... par devant moy notaire royal soubsigné, constitué personnellement Dom Pierre Despax, infirmié et sindic

du chappitre de l'Abbaye S. Michel de Pessan, lequel de gré et libre volonté a baillé en ferme et rantement à M⁰ Gabriel Labatut, prestre et curé d'Aulon, icy présent et acceptant, scavoir : tous les fruits décimaux que les religieux de Pessan ont acostumé prendre et percevoir aux paroisses d'Aulon, Peyrozet, Séglan et Saint-Elix, ensemble : tous les carnalages, quy leur appartiennent à Aulon, avec tous les fruits quy leur ont esté abandonnés par le sieur Curé d'Aulon, à l'occazion de sa congrue, et ce, pour 8 ans et 8 récoltes révolues, et pour le prix et somme de 900 livres, par an, comprins le quart des fruits et carnalages relachés par le sieur Curé, de laquelle somme de 900 livres le sieur Curé et fermier se payera annuellement par ses mains celle de 300 livres, chacun an, pour sa portion congrue, et le reste qu'est 600 liv. promet et s'oblige de les payer en 3 portions esgalles... promet aussy de payer au sieur scindic 1 nappe de 18 pans de long et de 4 ¹/₂ de large, pendant le ferme, et 12 serviettes, par an, le tout estant de lin; plus, 14 cestiers de blé froment, chasque feste de la Nativité de Nostre-Dame, et à leur certain mandement; est aussy accordé que lorsque quelqu'un des religieux ira à Aulon, le sieur Curé fournira le foin et l'avoyne des chevaux, et des carnalages, suivant la saison ; et pour cette considération, le pred quy est joignant le jardin des religieux, et les fiefs et lods et ventes des acquisitions que le sieur curé faira, par cy-après, dans leur directe, est comprins dans le présent aferme;... promet le scindic de demeurer aux cas fortuits de grelle et main-forte, à la charge de l'advertir dans la huitaine, après le dommage ou trouble, pour l'estimation en estre faite par des experts, et au cas les experts n'en pourront convenir, les religieux pourront reprendre à eux la ferme de l'année ou des années auxquelles le domage ou enlèvement seront eschus, et, au lieu et place d'icelle ou icelles années, le sieur fermier jouira un même nombre d'années consécutives, sous les susdites conditions et qualifications...

Présents : le sieur Pierre CASTET, DE PEYROZET et Bernard FONTAN, marchand, du lieu du Fourq, soubsignés.

DESPAX, sindic. — LABATUT, curé. — Bertrand AMYEL, notaire.

1704. — *Affermage des seuls fruits décimaux d'Aulon.*

L'an 1704 et le 7 juillet, au lieu d'Aulon, diocèse de Comenge... présents les tesmoins bas-nommés, ont été présents Dom Guilhaume Despax, aumosnier, et Julien Dutailhis, prêtres, religieux profès et sindics du Chappitre et Abbaye de Pessan, Prieur d'Aulon, lesquels ont baillé, en ferme et rantement, à Guilhaume et Jean Layrisse, frères, habitants d'Aulon, icy présents et acceptant, savoir : la moytié de tous les fruits décimaux que les dits religieux, en qualité de Prieur d'Aulon, ont accostumé de percepvoir dans l'estendue du dixmaire de la paroisse d'Aulon, y comprins ceux quy ont esté abandonnés par M. le Curé d'Aulon, consistant en grains de toute espèce, foins, lins, vins et carnalages, pour 6 années consécutives, et ce, moyennant la somme de 295 livres, 7 cestiers blé froment, mesure de S. Gaudens, purgé à deux cribles, 6 serviettes poil de lin par an, et 1 nappe, aussy poil de lin, de 9 pans de long, pendant les 6 années; payable la somme de 295 livres, en deux payements esgaux, chasque année, et les 7 cestiers blé à l'ordre et mandement des sieurs sindics, à chasque feste de la Nativité de Nostre-Dame, et les 6 serviettes au dit jour et feste de Nostre-Dame, an par an; convenu que les fermiers s'obligent de payer les 295 livres au sieur curé d'Aulon, en acquit et descharge des sieurs sindic et prieur, et de leur rapporter bonne et valable quittance, pac par pac; de laquelle somme les sieurs sindics font indication envers le sieur curé, en payement de la portion congrue, sans qu'ils entendent luy préjudicier à la dernière déclaration du Roy, qui règle le paiement de la portion congrue; promettent les fermiers de payer le prix de l'afferme aux pacs et termes susdits, et les sindic de les faire jouir et leur demeurer aux cas fortuits de grelle, main-forte et inondation; comme aussy que le pré et le jardin du prieuré sont comprins dans l'afferme, aussy l'uzage de la maison, pour retirer la gerbe, y tenir les grains, à la réserve de l'appartement du Prieur; moyennant quoy, les fermiers seront tenus de fournir aux religieux, lorsqu'ils viendront à Aulon, le foin et avoyne de leurs chevaux, et des carnalages, suivant la saison; et pour l'observation de ce dessus, les parties ont soumis leurs biens aux rigueurs de justice.

Présents : Mᵉ Jean CAZAC DE PRADÈRE, curé de Castilhon, et Mᵉ Jean DAURE DE VIALA, prêtre, soussignés. AMYEL, notaire.

1735. — *Autre affermage plus restreint.*

L'an 1735 et le 2 juillet, au prieuré d'Aulon, pardevant moy notaire royal soussigné, constitué personnellement Dom Hyacinthe Duilhé, prêtre, député par les religieux de Pessan, ordre de Sᵗ Benoit, a baillé, à titre d'afferme et rentement, pour 8 années révolues, au sieur Pierre Ducos, marchand, à Joseph Favaron, meunier, et à Jean Favaron, laboureur, frères, tous trois du lieu d'Aulon, présent et acceptant, savoir :

tous les fruits décimaux tant de Peyrouzet que de Séglan et St Elix
et du territoire d'iceux, en la même ferme que le sieur Dom Duilhé a
cejourd'hui reprise de Joseph Souque, boucher d'Aulon, suivant qu'il
nous a fait apparoir de l'exploit de diligence, fait par Layrisse, bayle à
Aulon, portant signification de deux contrats de ferme, retenus l'un et
l'autre par moy notaire, le tout à faute par Souque de n'avoir pas teneu
les engagements portés par clauze expresse par les dits actes.

Cette afferme est ainsi faite pour la somme de 610 livres, chaque
année ensemble : 2 douzaines de serviettes, poil linet, aussy par année,
quitte de tout ; s'obligent aussy les preneurs de payer à Messieurs du
chapitre de St Gaudens 2 cestiers blé froment, pour la pension que les
religieux leur font annuellement ; consent le scindic que les preneurs
payent, en déduction du prix d'afferme, leurs décimes au Trézorier du
diocèse de Comenge, pac par pac, à peine de dépens ;

..... Présents : noble Jeau DAURE DE VIALA, prêtre, docteur en théologie, du lieu d'Aulon, et Dominique LARTIGUE, maître-chargeur, habitant de Pessan.

Signés : DUILHÉ, sindic. — DUCOS. — VIALA, prêtre.

MARTIN, not. royal.

1735. — *Affermage de tous les fruits décimaux en général.*

L'an 1735 et le 7 septembre, au lieu d'Aulon, diocèse de Comenge,
sénéchaussée de Toulouse, régnant souverain prince Louis Quinzième,
Roy de France et de Navarre, devant moy notaire royal soubsigné et
témoins bas-nommés, fut présent en personne Dom Hyacinthe Duilhé,
prêtre, religieux du Monastère de Pessan, ordre de St Benoit, au diocèse
d'Auch, député, assisté de Dom Charles Lacroix, aussi prêtre et camé-
rier du dit monastère, lequel de son bon gré et franche volonté a baillé
et baille, à titre de ferme et rantement, pour 6 années, à noble Jean
Daure de Viala, prêtre du lieu d'Aulon, présent et acceptant, savoir :
tous les fruits décimaux que les Religieux ont accoutumé prendre et
percevoir, aux lieux d'*Aulon, Latoue, Mengué, Peyrouzet, Séglan,
St Elix et Aurignac,* et dans le territoire d'iceux ; comme aussy luy
baille, à mesme titre de ferme, *tous les droits de fiefs, lods et ventes,
jardin, pred, basse-cour, aysines* dépendantes de la maison prieuralle,
à la réserve de la maison prieuralle, comme n'ayant jamais été comprise dans aucun bail à ferme ; iceux fiefs et lods iceux religieux ont
accoutumé de percevoir comme *conseigneurs directes* du dit lieu, et
arrérages d'iceux, sans nulle réservation ; et ce, pour la somme de
1,600 livres, annuellement, avec 5 douzaines de serviettes poil de lin,

aussy annuellement ; le tout payable, en deux payements esgaux ; quitte de la pension du sieur Daure, chapelain, et du service qu'il fait en cette qualité, et de la pension que le Prieur fait au vénérable chapitre de St Gaudens ; s'oblige iceluy députe d'y demeurer au sieur Daure au cas fortuit, savoir : de grêle et main-forte, à la charge par noble Daure d'en faire la dénonce, huitaine après le cas arrivé, par acte ou autrement ; s'oblige noble Daure de payer les décimes au receveur du Pays de Nébouzan, pac par pac, en tant moins de la somme de 1,600 livres, laquelle le sieur scindic sera tenü de venir prandre au présent lieu ; témoins : Marc TRAMONT, et Jean DUCLOS, habitants d'Aulon.

> *Signés :* DAURE DE VIALA. — LACROIX, camérier. — DUILHÉ, député.
>
> MARTIN, not. royal.

1737. — *Affermage des fruits décimaux de Peyrouzet.*

L'an 1737 et le 30 juin, au lieu d'Aulon, maison prieuralle... A été présent en personne Dom Jean Ladrix, prêtre, religieux profès au chapitre St Michel de Pessan, ordre de St Benoit, scindic du chapitre, et assisté de Dom Julien Dutailhis, aussi prêtre et religieux, suivant la délibération prise en corps de communauté, duement controllée à Auch, ensemble : Jean Amilhat et Arnaud Faur, tous deux laboureurs, du lieu de Peyrouzet, sequestres établis sur les fruits décimaux que les religieux ont accoutumé prendre et percevoir au lieu de Peyrouzet, lesquels de leur gré et libre volonté ont par le présent demeuré respectueusement quittes pour raison de la dite séquestration, au moyen de la somme de 142 livres 2 sols et 6 deniers, que le dit Amilhat s'est constitué débiteur et redevable envers le scindic du chapitre, qu'il s'oblige lui payer, la moytié à Nostre-Dame de septembre, et l'autre moytié aux festes de la Noël prochaines, à peine de tous dépens, domages et intérêts, et, moyennant quoy, tant Amilhat que Faur ne seront à l'avenir recherchés pour raison de la dite séquestration, les en tenant absolument quittes, au moyen du payement des 142 liv. 2 sols 6 deniers, sans préjudice au sieur scindic de retirer des mains du dit Amilhat, quand bon luy semblera, 1 tonneau neuf et 4 barriques aussi neuves, dont Amilhat s'engage de faire la délivrance..... Présents à ce : Me Pierre LABATUT, prêtre et curé d'Aulon, et Me Paul SARRAUTE, aussi prêtre, soussignés.

> LADRIX, syndic. — DUTAILHIS, prieur de Granadette. ·
> LABATUT, curé. — SARRAUTE, prêtre.
>
> MARTIN, not. royal.

1741. — *Affermage de la maison priorale et de toutes ses dépendances.*

L'an 1741 et le 4 juin, après-midi, au lieu d'Aulon, diocèse de Comenge, sénéchaussée de Toulouse, régnant Louis, par la grâce de Dieu roi de France et de Navarre, ont été présents en leur personne Dom Samuel de Gavarret, prêtre, syndic du monastère de St Michel de Pessan, ordre de St Benoit, au diocèse d'Auch, assisté de Dom Hyacinthe Duilhé, prêtre, docteur en théologie, aumonier au dit monastère, lesquels, de leur bon gré et franche volonté, ont passé, prescrit, baillé et baillent, à titre de ferme et rentement général, aux sieurs Simon Sarraute, marchand, d'Aulon, et Bernard Fasuille, marchand, de Peyrouzet, présents et acceptant, savoir : tous les fruits décimaux et droits seigneuriaux, et arrérages d'iceux depuis 29 années, qu'ils ont accoutumé prendre et percevoir aux lieux d'Aulon, Aurignac, Mengué, Latoue, Peyrouzet, St Elix et Séglan.

Cette ferme générale est ainsi faite pour 9 années révolues, qui doivent commencer au 1er janvier 1743, moyennant le prix et somme de 1670 livres, chaque année, payable en deux paiements égaux, portable au dit monastère de St Michel de Pessan, dont le premier pac écherra le 15 janvier de chaque année, et le second le 15 juillet.

..... Convenu, en outre, qu'en défaut de paiement, année par année, et aux pacs susdits, sera loisible aux bailleurs de reprendre l'afferme général, sans aucune rigueur de justice; lesquels preneurs s'obligent de payer, en déduction du prix d'afferme : 1° les décimes au Trésorier du Pays de Nébouzan, pac par pac ; 2° l'honoraire du chapelain ou matutinaire, du lieu d'Aulon, et supplément au curé du présent lieu ; 3° l'honoraire du prédicateur d'Aurignac ; 4° rente au chapitre collégial de la ville de St Gaudens...

Il est convenu encore que les arrérages ci-dessus des droits seigneuriaux seront employés en réparations utiles et nécessaires de la maison priorale et basse-cour d'icelle.

..... Fait et lu, en présence du sieur Jérôme Victor CAZAC DE PRADÈRE, habitant de Lucet, du sieur Jean RIGOLÈNE, M^e chirurgien, du lieu d'Aulon, et Jean SENTSÈBE, aussi d'Aulon, parties signées avec les bailleurs, et moi notaire.....

MARTIN, notaire.

1769. — Le procès survenu entre les consuls d'Aulon et les fermiers de Pessan est terminé par voie d'arbitrage.

Entre nous sussignés Me François Mailhos, prêtre chanoine syndic du Chapitre de Pessan, d'une part, et Me Antoine Sarraute, syndic de la Communauté d'Aulon, d'autre, avons convenu, transigé et accordé nos différends, comme il suit, sous le bon plaisir de Mgr l'Intendant de la Généralité d'Auch, qui avait bien voulu s'y intéresser pour les terminer par la voie de la médiation.

1° Il sera permis à la communauté d'Aulon de passer par l'escalier de la maison prieurale, qui appartient au Chapitre, afin de pouvoir se rendre sur la voûte de la nef de l'Eglise et sur le toit, pour que, dans le cas de nécessité, les habitants puissent faire réparer tant la voûte que le toit.

2o Il leur sera également permis d'user et de se servir du même passage pour aller attacher les cordages des cloches, lorsque ces cordages viendront à casser, ou se déranger, ou pour réparer le clocher quand il en sera besoin, pacte convenu que les cloches seront sonnées, selon l'usage, dans l'intérieur de l'Eglise, et que les gens ne pourront pas monter au clocher pour cette sonnerie, attendu que le passage n'est accordé taxativement que pour tenir les cloches en état, ou pour avoir les moyens de réparer, avec les matériaux nécessaires, tant le clocher que la voûte et le toit.

3o Il est accordé que le chapitre de Pessan laissera dans une maison d'Aulon, le plus à portée possible, la clef du Prieuré, afin de servir aux usages et facultés sus-mentionnés, à la condition toutefois qu'elle sera rendue à la personne préposée, tous les soirs des jours où on l'utilisera.

4o Comme la communauté d'Aulon se propose d'établir une horloge à la tribune, il ne sera permis d'user du passage que pour aller poser, au clocher, le marteau seulement et le réparer au besoin, étant convenu que la caisse, les cordages et poids seront placés dans l'intérieur de la nef.

5° Il demeure respectivement accordé que la communauté ne pourra se servir du dit passage que dans les cas ci-dessus spécifiés, qu'elle sera tenue de réparer les dommages qui pourraient être causés à l'escalier du Prieuré, lors des réparations à venir, de remettre en bon état l'ouverture d'une fenêtre endommagée par les ouvriers qui travaillent à l'Eglise, tout comme de réparer les autres dommages qu'ils auraient pu occasionner, en montant les matériaux par la dite fenêtre

6° Il est convenu que l'état de choses reste tel qu'il est, sans que les parties puissent rien innover de part et d'autre sur les lieux, ni changer, ouvrir et fermer les portes et fenêtres autrement qu'elles sont, dans le dit passage.

7° Tous les dépens exposés, tant devant le sénéchal que devant la Cour des Requêtes, soit par la communauté, soit par le chapitre, qui avait pris le fait et cause des fermiers, demeurent respectivement compensés.

Finalement, M⁰ Sarraute s'est personnellement obligé de rapporter à M⁰ Mailbos une délibération générale de la communauté d'Aulon, qui approuve, ratifie et confirme le présent accord, à peine de tous dépens dommages et intérêts, laquelle délibération sera préalablement autorisée par M⁰ʳ l'Intendant, et par échange, M⁰ Mailhos s'oblige de remettre à M⁰ Sarraute, une expédition en forme de la délibération capitulaire de son chapitre, qui lui a donné le pouvoir de passer la présente transaction.

Fait double, à Toulouse, dans le cabinet de M⁰ de Joly, avocat au Parlement, le 24 mai 1769, et avons signé, après avoir évalué les dépens ci-dessus compensés à la somme de 80 livres.

MAILHOS, ch⁰ syndic. — SARRAUTE, avocat notaire, syndic.

1789. — *Dernier bail à ferme du prieuré d'Aulon.*

L'an 1789 et le 1ᵉʳ may, avant midy, dans le bourg de Pessan, au diocèse et sénéchaussée d'Auch, par devant le notaire royal de Pessan soussigné, présents les témoins bas nommés, fut présent M⁰ Dominique Dufour, prêtre, chanoine, sindic du chapitre collégial et abbatial de S. Michel de Pessan, y habitant, lequel volontairement et de son gré, après avoir fait apposer des affiches pendant 3 dimanches consécutifs, dans la forme prescrite et requise par les règlements, a baillé et baille à titre de ferme arrantement et loyer, pour le temps et espace de 6 années consécutives, au sieur Jean Miégeville, négociant, habitant de la juridiction de Pontéjac, diocèse d'Auch, ici présent, stipulant et acceptant, savoir : tous et chacun les fruits décimaux appartenant au Chapitre aux lieux d'Aulon, Mengué, Latouc, Peyrouset, Séglan, Saint-Elix et Aurignac, pour les parts et portions qui luy appartiennent dans les dits dismaires, que le preneur a dit bien savoir et connaître pour par luy exiger et percevoir les fruits, suivant l'usage accoutumé, et de la même manière que le chapitre est en droit d'exiger et percevoir, sans pouvoir entreprendre sur autrui ni souffrir qu'il soit fait aucune entreprise sur les droits du chapitre, lequel ne sera tenu d'aucun frais de perception de quelle espèce et nature qu'il puisse être.

Ce bail est fait moyennant le prix et somme de *quatre mille six cents livres* et 10 douzaines de serviettes fines, de valeur de 20 livres la douzaine, payables annuellement et pendant le bail aux fêtes de Pâques ; — plus, une charge de bled composée de 12 mesures de Saint-Gaudens, beau et marchand, payable et portable annuellement aux frais et dépens du preneur, à la fête de N. D. de septembre, au chapitre de Saint-Gaudens ; et la somme de 4,600 livres le preneur s'oblige de la payer et délivrer entre les mains du sindic de Pessan en espèces et monnaye sonnante et ayant cours, et non en billets de banque ni autres effets de pareille nature, en deux termes et payements égaux, dont le 1er écherra à la fête de Noël de cette année 1789, et le 2e aux fêtes de Pâques suivantes ; ainsi continuer année par année et de terme en terme jusqu'à fin de payement. S'il n'a achevé de payer le prix de chaque année du 1er may, d'après l'échéance des deux termes, il sera loisible et au pouvoir du sindic de reprendre la ferme, en destituer le preneur et le bailler à la folle enchère, sans que, pour raison de ce, il soit nécessaire de faire aucun acte de sommation, ni observer aucune autre formalité de justice, et sans que les clauses puissent être réputées comminatoires, attendu que, sans ycelles, la ferme n'aurait point été donnée au dit prix.

Le sindic demeure au cas de grêle, et le preneur déclare renoncer expressément à tous autres cas fortuits, quoique non exprimés en ces présentes. Le cas de grêle arrivant, il y aura lieu à une indemnité en faveur du preneur ; si les fruits qui restent sont insuffisants pour payer le prix de l'année de la présente ferme, sera tenu le preneur de dénoncer le cas de grêle au sindic, et non à autre, dans les 8 jours après qu'elle sera tombée, lequel délai passé, le preneur ne pourra et ne sera plus reçu à former aucune demande, ni le sindic tenu à aucune indemnité à raison d'ycelle, mais lorsque la demande aura été faite dans ledit délai, il sera nommé, tant de la part du preneur que de celle du sindic, des experts pour procéder conjointement ou séparément à la visite et estimation de ce qui pourra rester, et examiner si ce qui reste est suffisant pour payer le prix de l'année de la présente ferme ; au cas qu'ils soient déclarés suffisants, le sindic ne sera tenu à aucune indemnité ; si, au contraire, ils sont reconnus insuffisants, sera tenu le sindic d'indemniser le preneur. . . . .

Le présent bail comprendra, outre les fruits décimaux, les droits seigneuriaux, la maison priorale, basse-cour et jardin tout contigu, et pred, que le Chapitre possède à Aulon en Nébouzan, diocèse de Comenges, comme une dépendance du prieuré qui fait partie de la mense du chapitre, sous la réserve que le preneur ne pourra faire d'autre usage de la maison priorale que d'y enfermer ses grains et denrées, et y loger personnellement, si bon luy semble, sous la réserve expresse qu'il ne pourra dans aucun cas faire de la maison priorale ni auberge, ni cabaret, sous prétexte même d'y débiter son vin, sous la réserve encore qu'il sera tenu de payer, à la décharge du chapitre : 1o les impositions ecclésiastiques au bureau de Comenges, dans les temps préfixés, et en cas de négligence, de supporter tous et chacun les frais et dépenses qui pourraient en survenir contre le chapitre; 2o l'honoraire du prédicateur de la ville d'Aurignac; 3o le matutinier d'Aulon, en deux pacts égaux savoir : 100 livres à chaque pact; 4o les suppléments de congrue à Messieurs les curés d'Aulon et de Cassagnabère, suivant l'ancien usage, le tout cy-dessus en tant moins du bail que le sindic tiendra en compte au preneur, en rapportant les pièces justificatives des payements susdits et sous les mêmes clauses que pour le payement des décimes.

Comme aussi sera tenu le preneur d'entretenir les biens-fonds en bon père de famille, ainsi que la maison priorale, cour et jardin d'ycelle des mêmes réparations; — à l'instant est intervenu le sieur François Miègeville, marchand, de Pontéjac, lequel, après avoir entendu lecture du bail, s'est constitué caution solidaire du preneur envers le sindic, en faisant conjointement avec lui, sans division, ni discution, ni fidéijussion, à quoi ils renoncent par exprès, promettent et s'obligent de payer l'entier prix du bail et de satisfaire aux autres charges et conditions énoncées, à peine de tous dépens, dommages et intérets..... et pour ce qui regarde les livres de lièves des droits seigneuriaux dans Aulon, le sindic promet et s'oblige de les faire remettre au preneur et caution, lorsqu'ils entreront et commenceront le bail, et seront tenus de les remettre au sindic, à la fin du bail.

Fait et passé dans Pessan, les jour et an susdits, en présence de Bernard Dupuy, boulanger, et de Pierre Despax, forgeron, habitants de Pessan, signés à la minute avec les parties, et moy notaire soussigné.

Controllé à Auch, le 10 may 1789.

Casaubon, not. royal.

(Série G, 91. Archives du Gers.)

1789. — *Dérogation à une clause du bail à ferme du 1ᵉʳ mai 1789.*

Le sieur Miègeville, fermier du Prieuré, se trouvant gêné pour pouvoir consentir des sous-beaux à ferme de certaines dépendances du

Prieuré d'Aulon, dont le dismaire se trouve reprendre sur 7 diverses juridictions, par rapport à la clause de l'acte de bail portant qu'il sera libre au sindic du Chapitre de Pessan plutôt que d'accorder aucune indemnité en cas de dommage et de dénonce de grêle, de reprendre à son profit la ferme pour l'année de grêle seulement, ou pour le temps qui restera à courir du bail, ce qui sera à son choix, le sieur Dufour, sindic, dérogeant à cette clause et voulant faciliter les moyens au sieur Miègeville de pouvoir sous-fermer en détail les objets qu'il jugera à propos, a annulé par ces présentes la dite clause, en tant qu'elle porte la liberté de reprendre la totalité des fruits de toutes les dépendances du Prieuré en entier, ni d'aucuns des sus dits objets, le sindic se réservant seulement le droit de faire procéder à la vérification du dommage de la grêle qui pourrait subvenir sur ledit dismaire, pour passer au fermier le dommage, selon l'estimation qui en sera faite, le tout relativement au bail du 1er mai, et en considération de la renonciation par le sindic de la dite clause, le sieur Miègeville s'oblige de donner et payer, chacune des 6 années du bail, 10 douzaines de serviettes de la valeur de 24 livres la douzaine, au lieu de 20 livres, comme elles sont évaluées dans le bail, plus annuellement et aux mêmes époques, 5 douzaines de serviettes de la même valeur de 24 livres, ce qui est en tout la quantité de 15 douzaines de serviettes, chacune année du bail, et pour l'observation de ce dessus, chacune partie comme le concerne a soumis ses biens aux rigueurs de justice.....

Fait, passé et récité, en présence des sieurs Dominique MAILHOS, de Labartette, et Antoine BERRAGNET, de Pessan, signés à l'original avec les parties et moy notaire soussigné.

       Controllé à Auch, le 10 juin 1789.

CASAUBON, not. royal.

(Série G, 91, Archives du Gers.)

1791. — *Partage de la maison basse du Prieuré, et de ses dépendances, entre MM. Sarraute, Sentsèbe, Dufort, Bonnet et Loubens.*

L'an 1791 et le 14 mai, au lieu d'Aulon, devant nous notaire royal soussigné, furent présents Me Antoine Sarraute, homme de loi, Bernard Sentsèbe maçon, Simon Bonnet, Mathieu Dufort boulanger et Pascal Loubens marchand, tous habitants d'Aulon, qui nous ont dit être adjudicataires et avoir acquis de la Nation : 1° la maison basse ou ancien cloître du Prieuré, quartier de l'Eglise, avec patus au nord de la maison, basse-cour au midi; 2° la cour en face et le pré tout tenant jusques à la

Noue, en 1325 livres, et qu'ils en avaient fait le partage au sort, en la forme qui suit :

PREMIER LOT : MAISON ET COUR.

Est échu à Mathieu Dufort, boulanger, le tiers de la maison à prendre sur le nord.

A Bernard Sentsèbe, le tiers de la maison, au centre, à la suite de Dufort.

A Me Sarraute, le tiers de la maison sur le midi.

A Pascal Loubens, marchand, le patus situé sur le nord et en ligne de la dite maison, confrontant du levant le communal du nord et le chemin royal ; et du couchant, un chemin de service, de 20 pans, laissé entre la dite maison basse et la cour.

A Simon Bonnet, la basse-cour située au midi et en ligne de la maison, confrontant, du levant, la basse-cour commune (du Prieuré), du midi et couchant, le chemin de service.

Comme les parts échues à Loubens et Bonnet sont de moindre valeur que les trois autres, les dits Me Sarraute, Dufort et Sentsèbe ont présentement payé, en espèces de cours, la somme de 90 livres à Bonnet et celle de 80 liv. à Loubens.

DEUXIÈME LOT : COUR ET PRÉ.

1. Est échu à B. Sentsèbe la moitié de la cour, à prendre sur l'aspect du couchant, et un petit lambeau, le long de son jardin, jusques à bornes mises.

2. A S. Bonnet l'autre moitié de cour sur l'aspect du levant.

3. A Me Sarraute la partie du pré qui confronte la cour, les murs dépendants de la dite partie du pré, jusques aux bornes mises.

4. A M. Dufort, la partie de pré qui se trouve au centre et jusques aux bornes mises.

5. A P. Loubens, la partie du pré qui se trouve après, et jusques à la rivière, et encore une petite partie de terrain où est un ormeau.

..... *Suivent plusieurs conventions de détails entre les adjudicataires et finalement celle-ci :* attendu qu'il vient beaucoup d'eau par les portions de cour de Sentsèbe et Bonnet, M. Sarraute, qui se trouve après, sera tenu de la prendre. Dufort la prendra à son tour, et ensuite de ce dernier Loubens, pour la conduire à la Noue, ou au chemin comme il avisera.

Fait et lu, en présence du sieur François Gilles AMIEL, bourgeois, et Jean CAZANEUVE, ménager, habitants d'Aulon.

AMIEL.

(L'original se trouve au notariat d'Aulon.)

Deuxième série. — **PAROISSE D'AULON**.

1703. — *Résignation en cour de Rome de la cure d'Aulon.*

L'an mil sept cent trois et le 24me jour du mois de juillet, au lieu d'Aulon, maison de Monsieur le Curé, viscomté de Nébouzan, diocèse de Comenge, senéchaussée de Th^le, regnant souverain Prince Louis, par la grâce de Dieu, roy de France et de Navarre, par devant moy notaire royal, soubsigné, présénts les témoins bas-nommés, constitué en sa personne Me Gabriel Labatut, prestre et Curé de l'Eglise paroissiale de la Nativité N. D. d'Aulon, au dit Diocèse, lequel estant dans sa chambre se trouvant incommodé de sa santé, de son bon gré, pure, franche et libre volonté, tout dol et fraude cessant, sans révocation des procureurs par luy si devant faits et constitués, a de nouveau fait et constitué pour son procureur spécial et général, l'une qualité ne dérogeant à l'autre, savoir : M^e (illisible) pour et au nom du dit sieur constituant remettre ez mains de nostre Saint Père le Pape la cure de l'Eglise paroissiale de la Nativité N. D. d'Aulon que ledit sieur constituant jouit paisiblement au dit lieu d'Aulon, et ce en cas de mort, et d'en faire expédier telles provisions que besoing sera en faveur de Me Pierre Labatut, diacre, bachelier en théologie, fils légitime du sieur François Labatut, marchand, et de défunte Jeanne Martin, mariés, du dit Aulon, et non en faveur d'autre, le tout soubs le bon plaisir de Sa Sainteté, avec pouvoir à son dit procureur de jurer sur l'âme de son constituant, qu'en la présente n'est intervenu dol, fraude, pacte illicite, ny simonie, ny rien y interviendra par si apres comme il a livré devant moy dit notaire et témoins, la main mise sur sa poitrine promettant de avoir pour agréable tout ce que par son procureur sera fait et négotié ne le révoquer aises de la dite charge, le relever indemne à l'obligation de ses biens présens et advenir qu'il a soubmis aux rigueurs de justice, ainsi l'a juré.

Présens : Me Euzèbe DE MIRAPOIX, docteur en medecine, habitant du lieu de Tournas; Jean RIGOLÉNE, maître chirurgien, Me Bernard AMYEL pratitien et Jean François IDRAC LAPRADE, tailheur d'habitz, tous trois habitants d'Aulon, soubsignés avec le dit sieur LABATUT. curé, et moy notaire.

AMYEL.

1704. — *Prise de possession de la cure d'Aulon par le prêtre Pierre Labatut.*

L'an 1704 et le 9 9bre au lieu d'Aulon, devant la porte principale de l'Eglise paroissiale de la Nativité N. D. d'Aulon, diocèse de C. sen. de Thle, régnant souv. prince Louis par la grâce de Dieu, roy de France et de Navarre, par devant nous, notaire royal et apostolique soussigné, présents les témoins bas nommés, a comparu en personne Me Pierre Labatut, prestre, bachelier en théologie, natif et habitant d'Aulon, qui nous a dit avoir esté pourvu de la cure de la Nativité N. D. d'Aulon par Mgr l'illustrissime et révérendissime Ev. de Comenge par la resignation qui en a esté faite en cour de Rome par Me Gabriel Labatut prestre et curé d'Aulon, dernier titulaire et paisible possesseur d'icelle ainsi qu'il nous a paru par le titre que ledit Me Pierre Labatut nous a remis en main, en date du 13 8bre dernier, signé de mon dit Seigneur Evesque, contresigné par Olivier, son secrétaire, scellé du sceau du dit seigneur Evesque, portant nostre commission, lequel nous avons reçu avec l'honneur et le respect en tel cas requis, et après avoir fait lecture d'icelluy, avons prins ledit Me Pierre Labatut par la main droite et l'avons mis en la réelle actuelle et corporelle possession de ladite cure de la Nativité N. D. d'Aulon et ses dépendances, fruits, profits et rentement, et ce par l'entrée de la porte principalle de la dite Eglise, atouchement du verrouil d'icelle, baisement du maître-autel, ouverture et fermeture du S. Tabernacle, entrée dans la sacristie, ouverture des fonts-baptismaux, sonnement des cloches, aspersion d'eau bénite et tout comme il est costume de faire en tel cas, pour par Me Pierre Labatut jouir des dits fruits, rentement et esmoluments, honneurs, dignités, fonctions, prééminences, franchises en dépendant, tout ainsy qu'en a joui le dit Me Gabriel Labatut curé, dernier titulaire et paisible possesseur de la dite cure de la Nativité, N. D. d'Aulon, dont a esté fait acte à la réquisition de Me Pierre Labatut, en présence du sieur Jean Rigolène, me chirurgien, Me Bertrand Amiel, acolite, et Laurent Daray, marchand, habitants d'Aulon soussignés, avec le sieur Labatut comparant, et moy notaire de ce requis. Amyel.

1708. — *Accord passé entre le prieur d'Aulon et le recteur ou vicaire perpétuel de cette paroisse.*

Comme soit ainsi que le sixième juillet dernier dentre Dom Jullien Dutaillis, sindic du Chapitre de Pessan, prieur d'Aulon, et Me *Pierre Labatut, prêtre, curé, vicaire perpétuel,* bachelier en théologie, du lieu d'Aulon, eussent policé à raison de la portion congrue et pretendue par led. sr Labatut, suivant l'acte d'option demandée par feu Me *Gabriel Labatut, predecesseur à lad. cure et vicariat perpétuel* par laquelle fut convenu qu'il en seroit passé acte publique lejourdhui en bas escrit, attendu que led. sr Dutailhis netoit encore pourvu de procure de la communauté dud. Chapitre monastère de Pessan. Mais pour lejourd'huy il a fait apparoir aud. sr Labatut le consentement que led. corps luy en a donné, par déliberation du quatrième du courant, retenu par Bordonié, secretaire de lad. communauté et conformement a ycelle et susdit pouvoir ycelles parties auroient requis, à moy nore, retenir acte de leur concordat, ayant remis à ces fins en notre main ce que nous aurions concédé pour etre enregistré et mis en acte publique. Cest pourquoy cejourdhuy *neufvieme jour du mois de septembre avant* midy aulieu d'Aulon dans la maison dud. sr Labatut, diocese de Comminge, senechaussée de Toulouse, reignant souverain prince Loüis, par la grace de Dieu Roy de France et de Navarre, par devant moy nore royal apostolique soubsigné, présens les témoins bas nommés, furent présens led. sr Dutailhis, sindic et prieur susdit d'une part et led. sr *Labatut, curé, vicaire perpétuel* d'Aulon d'autre. Lesquelles parties de leur bon grés et franc vouloir par stipulations et acceptations reciproques pour la validité du présent, tant pour eux que leurs successeurs à lavenir, ont acquiescé et acquiescent à lad. police laquelle veulent et entendent quelle sorte à son plein et entier effet etant de teneur, entre Julien Dutailhis, sindic du chapitre de Pessan, prieur d'Aulon, et Me Pierre Labatut, curé dud. lieu et bachelier en théologie, a été convenu et arreté que led. sr sindic a baillé et baille aud. sr curé present et acceptant, la moitié de tous les fruits décimaux, foins et carnelages qu'il a accoutumé de prendre aud. lieu, en quoy qu'ils puissent consister pour le payement de sa congrue portion, année par année, et pour toujours, sans que led. sr prieur soit tenu le relever d'aucuns cas fortuits; sera néamoins obligé led. sr prieur de luy compter chacun an vingt-cinq livres, pour tout supplément de congrue, led. sr curé joüira et percevra la presente recolte excroissante, fort battue de la grele pour le prix et somme de cent livres sans qu'il puisse prétendre cette année le susdit supplement ayant été cydevant payé de la somme de deux cens livres, pour parfaire sa congrue pourtion de la présente année, ont promis les susdittes parties dexecuter le contenu en la presente police et de le rediger en acte publique *à la prochaine feste Notre-Dame de septembre*, dont a été fait double à Viala *le sixième juillet mil sept cens huit.*

Signés : Dutailhis, sindic. — Labatut, Rr d'Aulon. — Viala, prestre. — Laforgue et Ducos.

1788. — *Reçus des suppléments de pension payés par le chapitre collégial de Pessan, pour le service paroissial d'Aulon, Peyrouzet et Aurignac.*

Je soussigné, curé d'Aulon, déclare avoir reçu de Simon Bonnet, habitant d'Aulon, fermier des fruits décimaux du chapitre de Pessan, la somme de 25 livres, que le chapitre me fait annuellement pour le supplément de congrue, dont je le tiens quitte, et ce, pour la courante année 1788.

Fait le 26 Xbre 1788.

DULONG, curé.

Je soussigné, curé de Cassagnabère et Peyrouzet, son annexe, déclare avoir reçu de S. Bonnet, fermier de MM. les chanoines de Pessan, fruits-prenants dans ma paroisse, la somme de 10 livres, que Messieurs les Chanoines doivent me payer annuellement pour leur contingent du supplément de ma portion congrue, de laquelle somme je les tiens quitte pour l'année dernière 1788.

Fait à Cassagnabère, le premier jour de l'an 1789.

AMIEL, curé.

Je soussigné, vicaire d'Aulon, déclare avoir reçu de Simon Bonnet, fermier des Mrs du Chapitre de Pessan, la somme de 100 livres, et le quitte jusques au 1er de l'an 1789.

Aulon, ce 13 janvier 1789.

BON, ptre.

Je soussigné déclare avoir reçu de Messieurs du Chapitre de Pessan, par les mains de M. Barrau, leur fermier, la somme de 36 livres, pour l'honoraire qu'ils payent annuellement au prédicateur de Carême de la ville d'Aurignac.

A Aurignac, le 12 avril 1789.

F. M. DALLAS, prédicateur.

Je soussigné déclare avoir reçu de Simon Bonnet, fermier de Messieurs les Chanoines du Chapitre de Pessan, la somme de 100 livres, pour honoraire de la messe matutinale d'Aulon, dont je le quitte jusques au 1ᵉʳ juillet de l'année courante.

Aulon, ce 29 mai 1789.

BON, pᵗʳᵉ.

(*Série G, 91. Archives du Gers.*)

1790. — *Prise de possession de la cure d'Aulon par Mᵉ Jean Bon.*

L'an mil sept cent quatre vingt-dix et le onzième jour du mois d'aoust, après-midi, au lieu d'Aulon, Diocèse de Commenge, senéchaussée de Toulouse, devant nous, notaire royal de la ville de Sᵗ Martory, résidant à Aulon, et apostolique au présent Diocèse, soussigné, présents les témoins bas-nommés, à l'entrée de l'Eglise paroissiale du présent lieu, a comparu personnellement Mᵉ Jean Bon, prêtre, natif de Génos au dit diocèse, résidant à Aulon, lequel nous a dit qu'ayant été pourveu du bénéfice : *cure d'Aulon,* sous l'invocation de Notre-Dame, cy-devant joui et possédé par feu Mᵉ Edouard Dulong, prêtre, dernier titulaire d'iceluy, comme il appert des lettres de nomination des chanoines et chapitre collégial Sᵗ Michel de Pessan, du diocèse d'Auch, en datte du neufième du mois courant, signée des dits chanoines, contre signée Cazaubon, secrétaire, et du titre accordé au dit Mᵉ Bon par le seigneur Evêque de Commenge, en datte de ce jourd'huy, signé Moulin, vicaire-général, et contre signé Pomian, secrétaire, en vertu duquel, nous, en qualité de notaire royal et apostolique au dit diocèse, sommes commis pour le mettre en possession de la dite cure. En conséquence, après avoir fait lecture, à haute et intelligible voix, de l'acte de présentation du chapitre de Pessan, et du titre de collation du Seigneur Evêque, iutervenu sur icelui, nous avons mis Mᵉ Jean Bon en la réelle, actuelle et corporelle possession du dit bénéfice : *Cure d'Aulon et ses dépendances,* par l'entrée libre de l'Eglise, prise d'eau bénite, prière à Dieu faitte devant le maitre-autel, baisé icelui, ouverture du tabernacle, séance prise dans le siège rectoral, confessionnal et chaire, visite des Fonts-Baptismaux, sonnement des cloches, entrée dans la sacristie, et autres formalités en tel cas requises et accoutumées, de quoi il nous requiert acte, pour lui servir et valoir ainsi que de droit, et pour qu'il jouisse des fruits, profits, honneurs, prérogatives et émoluments en dépendant.

Fait et lu, en présence de Mᵉ Guilhaume MONTFERRAN, curé de Latoue, y résidant, et de Jacques JAZIÉ, prêtre, vicaire de Peyrouset, y résidant. signés avec le dit Me Jean Bon comparant, nous notaire et autres assistants.

> Bon , curé. — Jazié, vicaire. — Monferran, curé. — Pioc, archiprêtre d'Alan. — Sarraute, maire. — Sentsébe, off. m. l. — Labatut. — Cassaigne, procureur scindic. — Amiel, major de la Légion. — Sarraute aîné, 1er capitaine. — Sarraute cadet, capitaine. — Artigue, curé. — Pujol, vicaire. — Décaux, curé de Sepx. — Pomian, curé. — Capdeville, prêtre. — Fortassin. — Barrautte, curé de Cazeneuve et ses annexes. — Amiel, notaire royal et apostolique.

1791. — *Vente des immeubles appartenant au Prieuré et à l'Eglise d'Aulon.*

L'an mil sept cent quatre vingt-onze, nous, Administrateur du Directoire du District de St Gaudens, nous sommes transportés, accompagnés du citoyen agent municipal d'Aulon, dans la salle d'audience du dit Directoire, où nous avons procédé à la vente des biens de mainmorte, situés dans la commune d'Aulon :

NUMÉROS DES VENTES.	DATE des PROCÈS-VERBAUX des ventes.	DÉSIGNATION des OBJETS ALIÉNÉS et de la COMMUNE OÙ ILS SONT SITUÉS.	INDICATION des ANCIENS PROPRIÉTAIRES.	ADJUDICATAIRES ou COMMANDITAIRES.	MONTANT DES ADJUDICATIONS.
71	15 février 1791.	Une maison et dépendances, 8 places, à Aulon.	Chapitre de Saint-Gaudens.	Sarraute (Antoine) et autres acquéreurs.	1325 [1] livres.
170	26 avril 1791.	2 places 3 boisseaux pré, à Aulon.	Obits des prêtres d'Aulon.	Sentsèbe (Bernard).	360 livres.
172		4 places terre et pré, à Aulon.		Avezac (Jean-Bertrand), dit Lavigne.	520 [2]

1. Maison basse, dite du Prieuré, et ses dépendances ; jardin et pré.
2. Il y a une folle enchère de 175 francs, le fonds ayant été revendu à Simon Cassagne, d'Aulon, le 1er août 1792, pour 345 livres.

NUMÉROS DES VENTES.	DATE des PROCÈS-VERBAUX des ventes.	DÉSIGNATION des OBJETS ALIÉNÉS et de la COMMUNE OÙ ILS SONT SITUÉS.	INDICATION des ANCIENS PROPRIÉTAIRES.	ADJUDICATAIRES ou COMMANDITAIRES.	MONTANT DES ADJUDICATIONS.
173		4 places terre et pré, à Aulon.	Obit des prêtres d'Aulon.	Sentsèbe (Bernard).	780
174		6 places 2 boisseaux terre, à Aulon.		Jean-Paul Daray et Dominique Daray.	980
175		1 place 2 tiers pré, à Aulon.		Castet (François).	920
176		4 places 3 boisseaux (quartier du Noyer) terre, à Aulon.		Noguès (Jean-Bertrand).	510 ¹
177		1 arpent 3 places terre, à Aulon.		Amiel.	800
178	26 avril 1791.	1 place terre, à Aulon, quartier du Hountaou.		Sentsèbe (Bernard).	50 ² livres.
179		2 places pré, à Aulon.		Cassagne (François).	116
180		2 places 3 boisseaux terre, à Aulon.			30
181		2 places terre, à Aulon.			80

1. Jean-Bertrand Noguès vend à Jean-François Sensèbe (1794).
2. Cession par B. Sensèbe à François Cassagne, le 16 avril 1792.

NUMÉROS DES VENTES.	DATES des PROCÈS-VERBAUX des ventes.	DÉSIGNATION des OBJETS ALIÉNÉS et de la COMMUNE OÙ ILS SONT SITUÉS.	INDICATION des ANCIENS PROPRIÉ-TAIRES.	ADJUDICATAIRES ou COMMANDITAIRES.	MONTANT DES ADJUDICATIONS.
182		2 places terre, à Aulon.	Obits des prê-tres d'Aulon.	Cazeneuve (Gas-pard).	145
183		7 places terre, à Aulon.		Ducos (Simon).	270
184		4 places terre, à Aulon.		Layrisse (Jean-Pierre).	540
185		5 places 10 escats terre, à Aulon.		Loubens (P as-cal).	880
186		1 arpent 5 places terre, à Aulon.		Bonnet (Simon).	1200
206		4 places 1 tiers terre, à Aulon.		Daray (Domini-que).	530
347	22 juin 1791.	3 places pré, à Mengué.	Fabrique de Mengué.	Martin (J e a n-François).	620 [1]
348		4 places pré, à Mengué.		Aîné (Pierre).	1000
472	1er août 1792.	5 places 3 boisseaux.		Cassagne (Si-mon).	345

1. Cession par Martin-Jean François à Ané (Guillaume), trafiqnant, le 16 juillet 1791, du pré et terre, dit *le Pradon*, actuellement biens nationaux.

1791. — *Dernier traitement du clergé paroissial.*

Le décret du 2 novembre 1789, qui abolit la dîme, avait ordonné qu'elle continuerait d'être perçue par le clergé jusqu'à son remplacement par un traitement honnête et convenable.

Le traitement des curés, à portion congrue, étant une des nécessités publiques les plus urgentes, il y est ainsi pourvu, en ce qui concerne M. Bon et ses vicaires.

ARRÊTÉ DU DÉPARTEMENT DU 12 AVRIL 1791.

Vu la pétition du sieur Gaudens Capdeville, prêtre, âgé de 63 ans, infirme, ci-devant vicaire et très pauvre, qui jouissait d'une pension de retraite de 200 livres sur la caisse des décimes, et demande qu'il lui soit accordé un secours relatif à ses besoins, n'ayant point retiré la dite pension depuis 1789;

Vu l'avis du Directoire du District de St Gaudens, qui atteste la vérité des faits énoncés dans la pétition, et propose d'accorder au suppliant une pension viagère de 700 livres, payable par quartiers et d'avance;

Ouï M. le Procureur général syndic,

Nous, demeurant l'attestation du District de St Gaudens et les dispositions de la loi du 19 janvier dernier, avons autorisé le Receveur de St Gaudens à payer provisoirement la somme de 100 livres, pour les premier et second quartiers de la dite pension, pour la présente année, sauf au dit Capdeville à se retirer devers le Comité des Pensions, pour faire statuer sur l'augmentation s'il y a lieu.   SAUBAT.

(*Série L, 507. Archives de la Haute-Garonne.*)

ARRÊTÉ DU DÉPARTEMENT DU 23 MAI 1791.

Vu l'avis du directoire du district de St Gaudens, du 16 avril dernier, qui déclare que le sieur Bon Jean n'a été pourvu de la cure d'Aulon que le 6 août 1790;

Ouï M. le Procureur général sindic,

Nous avons arrêté que le traitement du sieur Bon doit être fixé à la somme de 1,200 livres.

En conséquence, le receveur du District de St Gaudens demeure autorisé à payer au dit Bon la somme de 300 livres pour le 1er quartier de la présente année, le sieur Bon se trouvant payé de la somme de

480 livres, pour 4 mois 24 jours de l'année 1790, sur le mandat du district de St Gaudens, conformément à ce qui nous a été certifié par le dit district.

(*Série L — 507 — Archives de la Haute-Garonne.*)

DIRECTOIRE DU DISTRICT DE St GAUDENS DU 31 AOÛT 1791.

Avis d'accorder aux prêtres obituaires d'Aulon, à raison des biens vendus, la somme de 325 livres, à laquelle reviennent les 4 % sur le produit net.

Et au sieur Jean Bon, curé d'Aulon, exclusivement aux autres prêtres, à raison du pré dont la fondation était faite en faveur du curé seulement, la somme de 36 livres 15 sols, pour les mêmes 4 % du produit net ;

Et enfin qu'il paraît juste que tant les prêtres obituaires que le curé d'Aulon soient dispensés de rapporter les titres des fondations pour les raisons préalléguées, toute recherche à cet égard, à cause de leur ancienneté, devant leur être inutile.

ARRÊTÉ DU DÉPARTEMENT DU 8 NOVEMBRE 1791.

Vu la pétition du sieur Jean Bon et de Gaudens Capdeville, prêtre, attaché à la paroisse, qui réclament l'intérêt à 4 % du produit de la vente des biens formant la dotation des fondations établies pour la paroisse.

Vu l'attestation des officiers municipaux d'Aulon portant que, les titres ayant été incendiés, il résulte du cadastre de 1669 que les curés et prêtres attachés à la paroisse ont toujours joui des biens qui ont été vendus, le 26 avril dernier, et que les dits prêtres en ont toujours acquitté les charges et fait le service, consistant à *chanter, chaque samedi soir*, dans l'église paroissiale, *l'Antienne de la Vierge, le Libera, le De projundis avec leurs oraisons, et faire sonner les cloches;*

Vu l'avis du Directoire du district de St Gaudens du 31 août;

Ouï M. le Procureur général sindic,

Nous, attendu que les biens, qui étaient jouis par les dits prêtres, ont été vendus 8,141 livres, avons arrêté que l'intérêt à 4 % revenant à la somme de 325 livres 12 sous 9 deniers doit tourner annuellement à leur profit, auquel effet le receveur du district de S. Gaudens demeure autorisé à payer aux prêtres chargés de la fondation la somme de 162 livres 16 sous 4 deniers, pour l'intérêt des premiers 6 mois de la présente année, à la charge par eux de continuer de remplir la fondation.

Et les biens jouis en seul par le sieur Curé ayant été vendus 920 livres, l'intérêt à 4 % revient à 36 livres 16 sous, auquel effet le receveur du directoire du District demeure autorisé à payer au dit curé la somme de 18 livres 8 sous, pour les 6 premiers mois de la présente année, à la charge aussi de continuer de remplir la fondation.

(*Série L, 508. Archives de la Haute-Garonne.*)

ARRÊTÉ DU DÉPARTEMENT DU 7 NOVEMBRE 1792.

Présents : Guiringaud, Picquié, Sartor...

Vu la pétition du citoyen Jean Sénac, vicaire à Aulon, pour être payé du *bis* qu'il exerce dans la paroisse, depuis le 15 août dernier, à raison de 350 livres par an ;

Vu l'attestation de la municipalité du dit lieu :

Ensemble : l'avis du Directoire du District de St Gaudens du 26 octobre dernier, en faveur du paiement du *bis*, à commencer du 1er oct. courant, terme échu, et certificat de service;

Ouï M. le Procureur général sindic,

Le Département confirme l'avis du district de St Gaudens, pour avoir son exécution.

1791. — *Lettre adressée à M. Sarraute, avocat et électeur d'Aulon. — Il s'agissait de la consommation du schisme.*

St Gaudens, le 29 juin 1791.

Monsieur,

L'Assemblée Électorale qui devait avoir lieu le 30 du courant à Toulouse, pour la nomination des Députés à la première Législature, ayant été suspendue, il est instant de s'occuper de remplacer les Curés nonconformistes ; et pour y parvenir, je vous prie, Monsieur, de vous réunir ici aux autres Electeurs de ce District, pour procéder à ce remplacement le Dimanche 10 du mois de Juillet prochain, et à l'issue de la Messe paroissiale à laquelle vous êtes tenus d'assister (!). L'objet est trop intéressant, pour n'être pas persuadé que vous saisirez avec empressement cette occasion pour donner de nouvelles preuves de votre patriotisme et de votre zèle pour le bien. Je vous prie encore, Monsieur, de vouloir donner la plus grande publicité du jour du remplacement, afin que les Curés qui n'ont pas encore obéi à la Loi, ou qui l'ont fait avec des modifications, puissent, avant cette époque, y satisfaire, et pour que les autres Prêtres, qui désireroient être employés, puissent faire connaître leurs vœux.

> *Le Procureur, sindic du Directoire du District de Saint-Gaudens,*
>
> (Signé) MONTALÈGRE.

1794. — *Témoignage de fidélité rendu au prêtre Capdeville.*

MUNICIPALITÉ D'AULON. — DISTRICT DE MONT-UNITÉ. — ARRÊTÉ DU DIRECTOIRE DU DÉPARTEMENT DU 21 PRAIRIAL AN II (JUIN 1794).

Présents : Guiringaud, Picquié, Sartor...

Vu la pétition du citoyen Capdeville, neveu de Gaudens Capdeville, vicaire de Mengué, qui demande qu'il lui soit payé le traitement d'une partie du trimestre, qui lui est dû, jusqu'au jour de sa mort, arrivée le 27 pluviôse dernier (février 1794);

Vu l'extrait mortuaire du dit Gaudens Capdeville du 28 pluviôse;

Ensemble : l'avis du district du Mont-Unité, du 2 prairial courant, qui estime qu'il serait de la justice et de la bienfaisance nationale de faire droit à la susdite demande des héritiers du défunt;

Le Directoire, vu que le dit Capdeville n'avait point satisfait aux dispositions du décret du 2 frimaire, *en abdiquant son état et ses fonctions de prêtre,* déclare n'y avoir lieu de statuer sur la demande du dit Capdeville, neveu du défunt.

Liste chronologique des recteurs ou vicaires perpétuels de la paroisse d'Aulon.

Avant 1654, il est impossible de reconstituer la nomenclature des prêtres qui ont administré notre paroisse. Même avant le départ des religieux bénédictins, au quinzième siècle, le titre de *prieur d'Aulon* était devenu un bénéfice réservé à un des principaux moines de Pessan. La paroisse eut plus tard la même destination ; de sorte que les recteurs titulaires, déjà nommés ou présentés à l'évêque par le prieur, la faisaient administrer par des procureurs, qu'ils désignaient à leur tour.

Dans un titre de collation que nous avons retrouvé aux Archives vaticanes, le pape Paul III, à qui la paroisse avait été remise par résignation du dernier titulaire, *Raymond Ferrand,* la confère au clerc *Bertrand d'Espagne,* encore mineur. La bulle, datée de 1534, fait mention de la noblesse d'origine du jeune candidat, lequel descendait effectivement des anciens seigneurs d'Aulon.

Après cette date, et pendant plus d'un siècle, aucun document ne vient nous révéler les noms des anciens pasteurs d'Aulon. Mais à partir du dix-septième siècle nous sommes mieux renseignés, comme l'indique la statistique suivante :

1654. — Bertrand TRAMONT, prêtre et recteur d'Aulon.

1668. — Etienne CONTE figure dans un acte de M. de Froidour.

1675. — Gabriel LABATUT figure à cette date dans plusieurs actes, et finalement résigne le titre en faveur de Pierre Labatut, le 24 juillet 1703.

1704 à 1751. — Pierre LABATUT, nommé le 13 octobre 1704 et décédé le 14 février 1751.

1751 à 1754. — J. LAMALATIÉ.

1754 à 1779. — Jean-Pierre TAPPIE.

1779 à 1790. — Edouard DULONG, décédé le 6 août 1790.

1790 à 1830. — Jean BON, prit possession le 11 août 1790, fut maintenu après le Concordat, et mourut le 24 août 1830.

1830 à 1859. — Dominique SOUBIRAN, fut nommé le 10 novembre 1830, et mourut le 16 décembre 1859.

1860 à 1878. — Prosper PUGES, nommé en janvier 1860; il mourut le 10 décembre 1879.

1878 à 1902. — Michel ADER, nommé d'abord pro-curé jusqu'au décès de son prédécesseur. Il mourut le 25 juillet 1902.

1902 à . ... — B. BAZERQUE, installé le 12 novembre 1902.

Souvenir de la mission de 1896.

CANTIQUE A NOTRE-DAME D'AULON.

REFRAIN.

Salut, salut, sainte Patronne,
Vierge qu'imploraient nos aïeux !
Nous vous offrons cette Couronne ;
Un jour (*bis*), daignez ainsi nous couronner aux Cieux.

I. C'est devant cet autel qu'ils vous rendaient hommage
Ces chrétiens qu'à sa voix Sernin vit accourir.
C'est là que, retrempant leur zèle et leur courage,
Pour le Christ et pour vous, ils juraient de mourir !

II. Vous devîntes d'Aulon la gardienne et la Reine,
Le pays fut comblé d'innombrables faveurs !
Sur votre image, un jour, en déchaînant sa haine,
L'enfer frappa de deuil nos foyers et nos cœurs !

III. Cette image plus belle à nos vœux est rendue.
Un jour, un nouveau jour luit sur notre vallon.
Déjà, sur tous les fronts la joie est revenue.
Salut, trois fois salut, Notre-Dame d'Aulon !

IV. Vierge, à qui nous légua ce souvenir splendide.
A qui fut de ce don le discret promoteur,
Au fils de saint François, notre ami, notre guide,
Réservez, près de vous, un éternel bonheur.

V. Sous nos regards ravis, au sommet de ce temple,
Montez, montez ! voilà votre trône d'honneur !
Montez, et que de loin le pays vous contemple,
Enveloppant nos champs d'un regard protecteur.

VI. Montrez-le bien, ce Fils ! Que sa main bénissante
Nous accorde sa grâce à l'heure du danger !
Qu'il règne sur nos cœurs ! et que sa loi puissante
Enchaîne notre vie et nous force à l'aimer !

VII. Aulon à ses serments saura rester fidèle.
Conservez à ses fils des cœurs forts et croyants.
Que tous, enfants, vieillards, rivalisent de zèle,
Pour toujours vous chanter, ô Reine aimée des Francs !

VIII. Notre-Dame d'Aulon, exaucez nos prières !
La nuit, la sombre nuit autour de nous s'étend.
Vierge, en versant à flots les divines lumières,
Préparez à l'Église un triomphe éclatant.

Troisième série. — SEIGNEURIE D'AULON.

1524. — *Sentence judiciaire prononcée, le 17 novembre 1524,
par le juge mage de la Sénéchaussée de Toulouse.*

Nous, juge mage occupant le siège susdit,

Vu le procès mû par devant nous, entre les syndic, consuls, manants et habitants du lieu d'Aulon, impétrant de la présente cour lettres originales de maintenue d'une part, et noble Charles d'Espagne, seigneur de Ramefort, opposant, d'autre ;

Vu l'objet de la plainte en ce qui concerne les dits consuls ;

Vu la contestation de la possession de la part du dit, Ramefort ;

Vu les points ainsi que les délais accordés par la cour pour faire la preuve de la dite possession;

Vu l'enquête faite par autorité de la présente cour à la demande des dits consuls;

Vu les dires, déductions et allégations produits de part et d'autre;

Après délibération du conseil,

Sur le premier chef de la plainte pour l'utilité des dits syndic et consuls nous prononçons :

1° Qu'ils doivent être remis en possession et saisine de faire paître leurs animaux de quelque espèce qu'ils soient, en tout temps, dans le bois appelé le bois *de Garlas*, formant l'objet du litige entre les parties, en la juridiction dudit lieu d'Aulon, d'y amener des porcs pour les nourrir et leur faire manger les glans et les faines, de cueillir et de ramasser les glands et les faines, et d'agir à leur gré.

2° Que les dits syndic et consuls doivent être maintenus en possession et saisine, d'exercer la juridiction au nom du Seigneur, d'intervenir dans la connaissance des causes civiles et criminelles, de connaître des délits de dégradation, tant dans le dit bois que dans le ressort de la juridiction du dit lieu, de faire saisir au présent lieu les animaux occasionnant des dommages et des dégâts, de juger et de condamner, suivant l'exigence du cas et l'importance du dommage causé.

Ceux que nous ne pouvons remettre en possession, par la teneur de cette ordonnance ou par une sentence, ainsi que les parties en ce qui concerne le second chef de la plainte, si bon leur semble nous les renvoyons à un mois, dépens réservés jusqu'à la fin du procès.

BERTRANDI, rapporteur.

Donné et extrait d'après le véritable original (*en latin*) par moi DELACROIS, notaire, et pris d'après une copie du dit DELACROIS.

J. TRENCA.

1555. — *Contrat d'affièvement du Garlas, entre Honofré d'Espaigne, Baron d'Aulon, et les Scyndic et Consuls du dit lieu.*

Sachent tous présents et advenir que, l'an de grâce 1555 et le 14me septembre, Henry II, par la grâce de Dieu Roy de France régnant, au lieu de Ramefort, diocèse et comté de Comenge, en présence de moy, notaire royal, et témoins bas nommés, estably en personne : noble Honofré d'Espaigne, Seigneur et Baron d'Aulon, de son bon gré, a baillé, et, par teneur du présent instrument, baille à Bertrand Féraud syndic, Guilhem Martin, Bertrand Féraud, Sansot de Laudes et Bertrand Martin, consuls du dit lieu, présents, et au nom de toute l'universitté du dit Aulon, acceptant et stipulant, à nouveau fief, un terroir inculte, tant bois que forêts, nommé le Garlas, juridiction d'Aulon, contenant 42 arpents de terre, confrontant d'orient avec chemin public venant du Plaignet; du midy avec autre chemin public venant d'Aulon à S. Marcet; d'occident avec le ruisseau de Métau, et de septentrion avec le ruisseau de Garlas et avec Jehan Barus et autres ses confrontations, sy de plus en y a; et ce, moyennant la somme de 3 sols 4 deniers tournois pour arpent, montant le tout la somme de 7 livres tournoises, comptant pour livre 20 sols, et pour sols 12 deniers tournois, de fief annuellement payable à la Feste de Toussaint au dit Seigneur et ses successeurs, ou à son certain mandement, excepté la présente année de Toussaint, et à semblable jour de Toussaint semblable somme de 7 livres tournoises comme dessus *à perpetuité;* et ce, en payant pour les entrées du dit terroir de 42 arpents, dessus limitté et confronté, la somme de *200 escus petits,* comptant pour escus 27 sols, et pour sol 12 deniers tournois, de laquelle somme de 200 escus petits comptant comme dessus, le dit Honofré d'Espaigne a, devant moy, notaire, et témoins bas nommés, réellement reccu 100 escus petits, en 4 escus, sols réals de Castille et monnoye blanche; les autres 100 a dit et confessé avoir réellement reccu des dits scindic et consuls, au nom de toute l'universitté, les en quittant, soit réservant toutefois le dit Honofré, tant pour lui que ses héritiers et successeurs, au dit terroir, les usages de la dite pièce, comme un des autres habitants d'Aulon, et avec la dite somme de 7 livres tournois de fief annuel, payable comme dessus; ensemble : les dites entrées. Les dits scindic, consuls, manants et habitants d'Aulon en feront à leur plaisir du dit terroir, comme feudataires, selon la nature du dit contrat, sauf de le vendre, aliéner, ne mettre en main forte ny morte, sans le consentement du dit Seigneur, ou ses successeurs, et les dits scindic et consuls, au nom de toute l'université, se sont obligés et s'obligent au dit Honofré d'Espaigne, présent, stipulant pour lui et ses successeurs, luy payer le dit fief de 7 livres, au dit jour de Toussaint annuellement, et aussy le dit Honofré a promis et promet aux dits scindic et consuls, au nom de toute l'universitté, les en faire jouir et porter éviction et garantie du dit terroir, limitté et confronté; ensemble : faire ratiffier et esmologuer le contenu au présent instrument de maystre Anthoine Tornier, son curateur; et aussy toutes parties respectivement sy sont obligées, soubs hypothèque et obligation de tous et chacuns leurs biens, ont voulu estre contraincts par les cours temporelles de

MM. les Sénéchaux de Thle, juges ordinaires du dit Thle, Rieux, Rivière, Comenge, Nébouzan, ou par une d'icelles, renuntiant à tous droicts accoutumés, privilèges par lesquels, au contraire du présent instrument, pourraient venir. Et ainsi toutes parties l'ont promis et juré, sur les 4 saints évangilles de Dieu, corporellement touschés, de tout ce dessus tenir, observer, et ny contrevenir, en présence de Me Pierre de Montempuys, de la ville de St Gaudens, Me Gabriel Clerc, prestre, Jean Gaillard, Bernard de Ruau, Olivier de Gracien, Bertrand d'Huos, et noble Olivier de Monsérié, de Cassagnabère, Fortané et Bertrand de Castet, de Ramefort, témoins à ce appelés, et de moy, Jean Picotte, notaire royal de la ville de St Gaudens, qui le présent instrument ay retenu. En foi de quoy, me suis subsigné de mon sein, duquel use en mes actes. En foy de tout ce-dessus.

PICOTTE, notaire.

1623. — *Jugement en appel prononcé, le 6 avril 1623, par Messieurs du Parlement de Toulouse.*

Jeudi 6e avril 1623, en la première chambre des enquestes, présens Messieurs de Sevin, président, Agret, Durant, Catellan, Tiffault, Boisset, Lombrail, Ouvrier, Junius, Guillermy, Garaud, Puget, Calmels, Rudelle, Cambolas, Delherm, de Rech, Cassaignau.

Entre le scindic des consuls du lieu d'Aulon, appelant du jugement donné par les gens tenans les requestes du palais à Tholoze, le dernier juing mil six cens vingt-deux, d'une part; et maître Pierre de Sarrecave seigneur dudit lieu d'Aulon, appelé, d'autre. — Et entre lesd. scindic et consuls impétrants lettres royaulx du 23e novembre dernier, pour, disant droit à ladite instance, et sans avoir esgard à l'extraict de la donation de l'an mille trois cens soixante-trois, dénombrement de la juridiction d'Aulon, du 7e avril mil cinq cens quarante, du serement de fidellité, de l'an mil cinq cens nonante, et des articles de la réformation faicte par Me Bernard Broul, l'an mil cinq cens quarante-sept, et estre relaxés des fins et conclusions prinses par ledit Sarrecave; ensemble la cassation de l'acte de l'an mil cinq cens soixante-quatre, pour le regard d'une pièce dicte le pred Vésiau, restitution de la somme de trois cens livres et inthérestz d'icelle, maintenus en l'exercice de la justice politique (*sic*) et criminelle privativement à tous autres, et pour la civile ne pouvoir estre attirés ny convenus ailheurs que pardevant le séneschal de Nébouzan, en première instance, et autres fins contenues ès dites lettres, d'une part; et ledit de Sarrecave, défendeur, et autrement impétrant lettres royaulx du 17e décembre dernier, pour estre receu à conclure comme appelant dudit jugement, en ce que par icelluy lesdits consuls n'ont esté condampnez aulx despens des instances, d'autre. — Et entre Me Jean Caubère, juge en la seneschaussée et viscomté de Nébouzan, impétrant et requérant l'enthérinement de certaines lettres royaulx, du 17e de décembre dernier, pour estre joint à ladite instance, receu à opposition envers ledit jugement, comme tiers non nommé, ny comprins en icelluy, et pour estre maintenu en l'administration de la justice civile dudit lieu d'Aulon, privativement à tous autres, et par concurrence, de la criminelle et police, avec défense audit de Sarrecave d'y faire aulcune création d'officiers, et autres fins contenues èsd. lettres, d'une part; et lesdits de Sarrecave, et scindic et consuls dudit lieu d'Aulon, respectivement défendeurs, chacun en ce que les concerne, d'autre.

Veu le procès, plaisdes des dix-neufviesme aoust et 23e décembre 1622, griefs, contredits et autres productions desdites parties, ensemble le dire et conclusions du procureur général du Roy.

Il sera dict que la Cour ayant esgard aulx lettres dudit Caubère, l'a joinct et joinct en l'instance en l'estat, et faisant quant à ce droict sur les lettres dud. scindic et appel, en ce que lesdits conseillers et commissaires auroint maintenu définitivement led. de Sarrecave au droict et faculté de mettre ung juge et autres officiers, pour l'exercice de la justice civile dudit lieu d'Aulon, et auroict ordonné en maintenant lesdits scindic et consuls au droict et faculté d'exercer la justice politique et criminelle audit lieu d'Aulon, à l'assistance d'ung assesseur, qu'icelluy assesseur presteroict le serement ès mains du juge que seroit estably par ledit de Sarrecave, et auroit condampné ledit scindic à recognoistre tenir de la seigneurie directe dudit de Sarrecave, l'entier terroir de Garla, de la contenance de quarante-deux arpens, et auroit aussy condampné lesdits scindic et consuls à rendre compte des biens par eulx aliénés, et des fruictz et revenus d'iceux, a mis et mect l'appellation et ce dont a esté appelé au néant; et réformant pour ce regard ledit jugement, 1o a ordonné et *ordonne que l'assesseur à l'assistance duquel l'exercice de la justice politique et criminelle sera exercée audit lieu d'Aulon, prestera le serment ès mains desdits consuls;* 2o et a condampné et *condampne ledit scindic recognoistre de la seigneurie directe dud. de Sarrecave, ce qu'il se trouvera tenir dans led. terroir du Garla,* suivant la vérification qu'en sera faicte par experts accordés ou prins d'office par le commissaire que sur ce sera député, et ce, *soubz la rente annuelle et entière pourtée par le bail à fief, du quatorzième septembre, mil cinq cens cinquante cinq,* produit au procès; 3o et a relaxé et *relaxe lesd. scindic et consuls de la reddition de comptes à eulx demandée par ledit Sarrecave*. Et avant faire droict sur la maintenue de la justice haulte, moyenne et basse et exercice d'icelle, dudit lieu d'Aulon, requise par ledit Sarrecave, ensemble sur le surplus des lettres dudit Caubère, ordonne lad. Cour que lesdites parties seront plus amplement ouyes, diront, produiront et vérifieront tout ce que bon leur semblera dans quinzaine après la prochaine feste de Quazimodo, pour, ce faict, et les enquestes rappourtées et joinctes, leur estre dict droict ainsin qu'il appartiendra. Et cependant par provision et sans préjudice du droict desdites parties, 4° a ordonné et ordonne que ledit Caubère jouira de la justice civile et exercice d'icelle audit lieu d'Aulon, jusques à ce que autrement en soit ordonné; faisant inhibitions et défenses auxd. scindic et consuls, manans et habitans dudit lieu, de plaider ou se convenir ailleurs, en première instance, que pardevant ledit Caubère, juge audit vicomté de Nébouzan, à peine de cinq cens livres et autre arbitraire. Et en tout le surplus, sans avoir esgard aux lettres tant dudit scindic que dudit de Sarrecave, a mis et mect ladite appellation au néant, a ordonné et ordonne que ce dont a esté appelé sortira à effect. Si a condampné et condampne lesd. scindic et consuls aulx despens des instances jugées envers ledit de Sarrecave; lesquels ensemble ceulx desdites Requestes, ladite Cour a taxés et modérés à la somme de soixante livres; les autres réservés en fin de cause.

Sevin, Cassaignau, signés.

(*Arch. de la Haute-Garonne, série B. Parlement. — Reg. B. 428, fol. 169. —* Le premier jugement de 1622 mentionné dans celui-ci n'a pu être retrouvé parce que le registre de cette série a disparu des archives.)

1636. — *Extraits du testament de noble Pierre André de Massencome, marquis de Lagarde et seigneur d'Aulon.*

Comme il n'y a rien de si certain que la mort, ni rien de plus incertain que l'heure, j'ay creu que, Dieu m'ayant fait la grâce de m'avoir donné ceste cognoissance, parmi tant d'autres grâces infinies que j'ay receües de sa sainte bonté, que je devais, me trouvant appellé par M. le Comte de Gramond à servir, dans la ville de Baïonne, contre l'armée Espaignolle, qui menasse de l'attacquer, disposer ma conscience pour me randre digne de l'assistance de Dieu, pour servir le Roÿ et ma patrie comme Dieu me l'ordonne, et disposer de mes biens pour empescher les enfans, qu'il a pleu à Dieu me donner, de n'avoir débat ni procès pour le partage de mes biens qui leur pourroient arriver à chascun.

Ainsin faisant ce mot de testamant et dernière volonté ; ainsi après avoir fait le signe de la Croix au nom du Père et du Fils et du St Esprit, je déclare vouloir mourir dans la religion catholique, apostolique et romaine, comme mon père et tous mes prédécesseurs ont fait, et que mon cœur soit enseveli au lieu où il plairra à Dieu vouloir que ma vie finisse, tousiours souhaitant que ce soit en terre sainte, et, s'il ce peut, que mon corps soit porté à Lagarde, dans le tombeau où sont les cendres de ma femme, dans laquelle Eglise seront dittes les messes des morts, pour l'âme de feu messire Gaspart de Marestaing, seigneur de Lagarde, et Anne de Marestaing, sa filhe, ordonnées par moy par une fondation que j'avais déjà faite et nommé pour chapellain feu Me Jean Ader, prêtre de Hachan d'Astarac.

. . . .

Sera aussi fondée une messe qui se dira à tel jour que je serai décédé, priant Dieu pour moy ou mes successeurs, et si ce jour ce trouve estre feste chomable que le recteur ne peut dire la messe, sera dite un autre jour, et pour la fondation de cette messe sera bailhée par mon successeur de mes plus clairs biens la somme de 16 escus, qui randent 3 livres d'intherest au denier de l'Ordonnance, et mise en main sûre et responsable.....

..... Autant en sera bailhé au recteur de Mornède, autant à celui d'Aulon en Nébouzan, à celui de Barthe et Campusan en Magnoac, et à celui de Bout, aux mesmes conditions et pour la même somme.....

. . . .

Pour ce que je doibs à noble Pierre de Sarrecave....., je veux et j'entends qu'il soit payé du revenu des terres d'Aulon, Hachan et Haget, et que mon fils ne puisse rien retirer du reveneu qu'après qu'il soit payé, et les dites terres d'Aulon, Hachan et Haget seront affermées, ensemble : le reveneu des Greffes, et sera le tout employé au payement des dites terres, car il n'est raisonnable qu'il jouisse les biens que j'ai acquis que les vendeurs ne soient payés, ni que ma mémoire demeure blasmée par mes petits enfans.....

..... Pour les intherests de Me de Sarrecave, ils seront payés par Ceux qui me doivent à Aulon et lieux circonvoisins..... et parce que tout testament est invalable s'il n'i a nomination d'héritier, je nomme pour mon héritier universel et général mon fils, Jacques de Mansencome, et après luy, François de Mansencome, son fils, et s'il mouroit sans enfans, je veux que l'enfant de ma filhe, venant à être héritier, porte le nom et les armes de Mansencome.

. . . .

Et parce que c'est ma dernière volonté, j'ay escrit et signé le dit testament de ma main propre.

Fait à Orthez, le 30 octobre 1636.

LAGARDE MANSENCOME.

P.-S. — Pour ce qui regarde l'argent de tous mes chevaux et habits que j'ay ordonné estre donnés aux pauvres, j'entends qu'il sera mis à l'intherest, et que de l'intherest, il sera distribué, aux 4 festes annuelles : Noel, Pasques, Pentecoste et Toussaint, aux pauvres femmes veufves, et non aux riches, et aux autres pauvres quoique mariés, particulièrement à ceux de Lagarde, Mornède, Hachan debat, les plus pauvres paroisses, le tout selon le jugement que fera mon fils, et au temps où la dite somme ne sera donnée à quelque pauvre filhe, pour la nourrir, ou à quelque pauvre orphelin, pour estre mis en mestier..... Et sont priés les Pères Capucins de signer ce testament, pour tesmoigner quand besoing sera.....

Avons signé le présent, à la prière du Seigneur de Lagarde.

F. BARTHELEMY, ministre de la T...; — F, LAGUIE, religieux de M...; — DE FITES, tesmoing; — DE CASTET, tesmoing ; — DE FLURES, tesmoing.

Orthez, le 30 oct. 1636.

LAGARDE MANSENCOME.   (*Bibliothèque de la ville d'Auch.*)

1650. — *Bail à ferme des biens de la seigneurie d'Aulon.*

« L'an 1650 et le 17me juillet, après midi, au lieu d'Aulon et dans la
« maison seigneuriale du dit lieu, diocèse de Comenge, Sénéchaussée de
« Thle, vycomté de Nébozan, régnant Louis, par la grâce de Dieu Roy
« de France, par devant moÿ, notaire royal soubsigné, présans les tes-
« moings bas nommés, constitué en personne Messire Pierre André de
« Massencome, Seigneur Baron de Lagarde, Aulon et autres places,
« lequel, de son bon gred, a baillé en afferme et rantement à Jehan Cas-
« saigne et Philip Labatut, habitants d'Aulon, présans, stipullants et
« acceptants, savoir :
« La Seigneurie du lieu d'Aulon, et toutes les terres dépendantes,
« comme sont fiefs, lods, ventes, greffes des Consuls et juge du dit
« Aulon ; ensemble : tous les moullins et meyteries que le Seigneur a et
« possède à Aulon, comme sont :

<table>
<tr><td>

Le moulin de Dessus.
Le moulin de Miey.
Le moulin de Débat.
Le moulin de Lachaume.
Le moulin de Pimè.

</td><td>

Les meyteries du Bousquet.
—   de la Bernissère.
—   de Cougot.
—   d'Amaret.
—   de Mallane.
—   de Bordeneuve
et la meyterie du Château.

</td></tr>
</table>

« Les vignes d'Anan, de la Place et du Bousquet.

« Les preds dépendant de la Seigneurie, et autres que le Seigneur possède à Aulon.

« Le bois de la Bourdasse.

« Et ce, pour le temps et espace de deux ans et deux récoltes, qui ont
« commencé à la Fayte de S. Jehan Babptiste, et finiront à pareyl jour,
« ysseux deux ans complets et révoleus, quÿ sera en l'année 1652, et
« pour le prix et somme de 1500 livres, par an, que revient, pour les
« deux ans, à la somme de 3000 livres..... en receubant lesquelles som-
« mes le Seigneur sera teneu de leur servir de quittance balable, et, à la
« fin de l'afferme, sertiffier de l'entier prix d'iceluy, consentir à la can-
« cellation de l'acte.

« Fait, accordé entre parties que, advenant cas fortuits de grelle,
« main-forte, ce qu'à Dieu ne plaize, les fermiers seront teneus en ad-
« vertir le Seigneur, dans 8 jours, pour après accorder des experts pour
« la vérification et estimation du dommage, et en cas les dits experts ne
« pourront demeurer d'accord, sera louesible au Seigneur de retirer vers
« soÿ sa quote part des fruits de la meyterie ou terre qu'il sera grellé,
« au dit cas subroger pour une autre année le dit terroir qu'il sera
« grellé, et du tottal des meyteries, si le cas advenait.

« Conveneu est aussÿ et acordé entre parties que le Seigneur se ré-
« serbe, seur le total de l'afferme, le Molin du Millieu, ensemble : la
« rente du molin de la Rivière; comme aussÿ 8 paires de chaspons pour
« chasque année, deux dozaines de serbiettes pour chasque année, et,
« pour ce quÿ conserne les reveneus, a esté conveneu que les fermiers
« ne pourront tirer plus haut de 20 livres de chasque acquisition qu'il se
« faira, pendant la dite afferme; ainsi la part en sus appartiendra au
« Seigneur, ensemble : ce quÿ se troubera à della de 10 libres de chasque
« droit des amendes, droit de sang et confiscations quÿ se fairont.

« De plus, est conveneu que de tous les contrats d'achat que les fer-
« miers fairont ils seront teneus en faire rolle, contenant la date du con-
« trat, nom de l'acquéreur et prix de l'acquisition; ainsÿ promis et si-
« gne et contrerollé par moÿ notaire sobsigné, et par Jehan Cazaneufve,

« procureur d'office ; et ne pourront, non plus, les dits fermiers préten-
« dre droit de vente des biens que le Seigneur acquerra, pendant les
« deux années, non plus que le droit de prétation d'auscunes pièces quÿ
« seroient venduës, quÿ ne soit de l'adveu et conssentement du Sei-
« gneur.

« De mesme, seront teneus les fermiers rentrer tous les grains des
« meÿteries et molins, dans les greÿniers ou caves du Seigneur, pour
« estre vendus aux pacs de l'afferme ; de quoÿ sera aussÿ dressé rolle,
« signé et contrerollé par les dits nommés, de mesme que des derniers
« deux ans des biens quÿ sont affermés en argent et vin, lequel vin sera
« remis dans la cabe, pour estre vendu au temps qu'ils adviseront pour
« le payement du Seigneur et pour l'approbation de tout cÿ-dessus, les
« parties, chascun en ce que leur concerne, ont obligé leurs biens, meu-
« bles et immeubles, qu'ils ont soubmis aux rigueurs de justice, ainsÿ
« l'ont juré. Présents : Me Pierre de Villemeur-Cauberas, docteur en
« droit, advocat en la cour, habitant de la ville d'Aurignac ; Manaud
« Garros, Me chirurgien, de Castilhon, en Armaignac, et Estienne
« Duclos, cultivateur, du lieu d'Aulon, qui ont signé, et moÿ, notaire
« royal, de ce requis, soubsigné.

« LAGARDE — VILLEMEUR-CAUBERAS — DUCLOS.

« AMYEL, notaire. »

**1655. — *Le roi Louis XIV maintient Jacques de Mansencome
dans la pleine possession de tous les droits et privilèges appartenant à la seigneurie d'Aulon.***

Louis, par la grâce de Dieu, Roy de France et de Navarre, à tous présent et advenir, salut.

Nostre cher et bien amé Jacques de Mansenconne[1], seigneur et baron
de Hachan, nous a fait remonstrer que, par acte du 24ᵐᵉ juin 1630, il
auroit acquis de Pierre de Sarrecave, seigneur du dit lieu, la terre et
Seigneurie d'Aulon, dans la Vicomté de Nébouzan, avec tous les droicts
en dépendant, sans aucune réservation, et bien qu'en ceste qualité luy
et ses prédécesseurs aient été en possession et jouissance du droict de
justice haute, moyenne et basse du dit lieu, despuis la donation qui en
feut faicte par Gaston-Phœbus, comte de Foix, vicomte de Béarn, Mar-

---

1. C'est par erreur que le mot Massencome est écrit ici différemment de tous
les autres actes officiels où figure ce nom.

san et Gabardan, à Arnaud Ramond de Benque, le 3me novembre 1363,
néanmoins sous prétexte que le dit exposant n'a point encore obtenu
de nous, depuis notre advènement à la couronne, la confirmation et
continuation du dit droict, en la même forme que ses prédécesseurs en
ont joui ; en conséquence du dénombrement et reconnaissance faicte de
la dite terre avec le droict de justice par Marie D'Asté, Dame de Ramefort, le 20me avril 1540, et de l'acte de foy et hommage que feu Pierre-
André de Mansenconne, son père, en a rendeu par devant les Commissaires de nostre Chambre des Comptes de Thle, et autres nos officiers
sur les lieux, à la suscitation de certains particuliers mal intentionnés
au dit exposant, par animosité ou aultrement, prétendent le priver des
droicts, honneurs et privilèges qui lui appartiennent comme seigneur
haut justicier de la dite terre et Seigneurie d'Aulon, ce qui pourrait lui
causer un notable préjudice ; à ces causes, désirant gratifier le dit
exposant et reconnaissant les services importants qui nous ont été par
lui rendus et à nostre Etat et par le dit feu André de Mansenconne, son
père, et autres ses prédécesseurs, dans nos armées, en approuvant et
validant en tant que de besoing les dicts actes de donation et reconnaissance, foy et hommage, adveu et dénombrement, dont les extraicts
sont cy-attachés, sous le contre-scel de notre chancellerie, nous avons
audit exposant confirmé et ratifié, confirmons et ratifions par ces présentes, signées de notre main, le dit droict de justice haute, moyenne et
basse de la dite terre et Seigneurie d'Aulon, circonstances et dépendances, pour en jouir cy-après par lui, ses héritiers, successeurs et
ayant-cause pleinement et paisiblement, ensemble : des honneurs, privilèges, émolluments, franchises, libertés, exemptions, immunités,
prérogatives et prééminences qui en dépendent, et en la même forme et
manière qui en ont joui lui et ses dits prédécesseurs, et jouissent de
présent les autres seigneurs hauts justiciers du dit pays et Vicomté de
Nébouzan.

Sy donnons mandement à nos amés et féaux les gens tenant nostre
Cour de Parlement de Tholose, chambre des Comptes de Navarre, sénéchal de Thle, ou son Lieutenant, et à tous nos aultres justiciers et
officiers qu'il appartiendra, que nos présentes lettres de confirmation et
de validation ils fassent registrer, et du conteneu en ycelles jouir et
user le dit exposant, ensemble : ses héritiers, successeurs et ayant-
cause pleinement et paisiblement, sans souffrir qu'il lui soit faict, mis,
ny donner aucun trouble, ny empêchement, nonobstant tous édits,
déclarations et règlements à ce contraires, car tel est nostre plaisir, et
afin que ce soit chose ferme et stable à toujours, nous avons faict mettre notre scel à ces dites présentes.

Donné à Soissons, au mois de juillet l'an de grâce 1655 et de nostre règne le 13me.

Signé LOUIS, et sur les replis : par le Roy, PHILIPPEAUX, scellé du grand sceau de cire verte à lacs de soie rouge et verte.

Les dites lettres ont esté registrées, pour par l'impétrant jouir du conteneu en ycelles, suivant l'arrest du 29me décembre 1656.

(Archives du Parlement de Toulouse. — Edits. R. 20. Fol. 32.)

Enregistrement des lettres de Confirmation dudroict de Justice haute, moyenne et basse, dans la terre et Seigneurie d'Aulon, en faveur de messire Jacques de Mansenconne, Sieur et Baron d'Aulon, Lagarde, Miremont, etc. (nov. et décembre 1656).

Vendredi, 29me X^{bre} 1656, en la grande Chambre, présents : MM. de Fieubet, premier président, etc.

Vu les lettres patentes données à Soissons, au mois de juillet 1655, signées Louis, et, plus bas, par le Roy, Philipeaux, scellées du grand sceau en cire verte, par lesquelles Sa Majesté désirant gratifier Messire Jacques de Mansenconne, Seigneur et Baron de Hachan, Lagarde, Aulon et Miremont, et reconnaissant ses services importants et ceux rendus par son feu père et autres ses prédécesseurs, dans ses armées, en approuvant et validant en tant que de besoing les actes de donation et reconnaissance, foy et hommage des années 1363 et 20me d'avril 1540, ensemble : l'adveu et dénombrement, sa dite Majesté confirme et ratifie le droict de justice haute, moyenne et basse des dites terre et seigneurie d'Aulon, circonstances et dépendances, pour en jouir par le dit de Mansenconne cy-après et ses héritiers et successeurs aux honneurs, privilèges et émoluments, franchises, libertés, exemptions, prérogatives et prééminences qui en dépendent, et en la forme et manière qu'en ont joui lui et ses prédécesseurs, et de même que les autres Seigneurs hauts justiciers du dit pays et Vicomté de Nébouzan jouissent, et vu aussy la requeste aux fins du registre des dites provisions et patentes, et dire et conclusions du Procureur Général du Roy.

La Cour a ordonné et ordonne que les dites lettres patentes seront registrées ès registres d'ycelle, pour par l'impétrant jouir de l'effet et conteneu aux dites patentes, selon leur forme et teneur.

DE FIEUBET,   MADRON, signés.

(Arch. du Parlement. Reg. B 782.)

Spoliation des biens de la seigneurie, et indemnité accordée plus tard par la Restauration

Le gouvernement révolutionnaire avait vendu aux enchères les biens des nobles d'Aulon, tout comme ceux de l'église et du prieuré. Nous n'avons pas à faire connaître les noms des acquéreurs; mais les documents que nous transcrivons ici, montrent que le gouvernement de la Restauration chercha à indemniser le dernier seigneur d'Aulon.

Il avait été accordé au baron de Médidier, une indemnité de 43,567 fr. 75 c. Celui-ci fut loin de se montrer satisfait. Au commencement de l'année 1826, il provoqua une double enquête officielle, à Aulon et à Aurignac, pour faire évaluer les biens qui lui avaient été confisqués en 1792. Le 15 juillet, il adressa un rapport à M. de Juigné, préfet de la Haute-Garonne, afin de lui démontrer que ses biens étaient estimés, au commencement de la Révolution, à 77,767 francs. Il éprouvait donc une perte de 34,200 francs. Voici le résultat de l'enquête faite à Aulon :

L'an 1826, et le 7 avril, à la mairie de la commune d'Aulon, par devant nous, François d'Arcizas, maire de la commune d'Aulon, délégué par M. le Sous-Préfet de Saint-Gaudens, par arrêté de 21 mars dernier, à l'effet de procéder à une enquête administrative pour établir la valeur, en 1790, des biens appartenant à M. de Médidier, baron d'Aulon, émigré, sis en la présente commune, et vendus à la suite des lois révolutionnaires;

Est comparu mon dit sieur de Médidier, baron d'Aulon, chevalier de l'ordre royal et militaire de Saint-Louis, demeurant à Arcamont (Gers), lequel a dit que n'ayant point trouvé le rôle des impositions de cette commune pour les années 1792 et 1793, malgré les recherches qui ont été faites, une enquête administrative lui devient nécessaire dans son intérêt pour établir la valeur, en 1790, des biens immeubles qu'il possédait dans cette commune et qui ont été vendus révolutionnairement, afin d'établir la réclamation ou lésion qu'il se propose de former relativement à l'indemnité; lesdits immeubles consistant en une métairie appelée du *Bousquet*, avec toutes ses appartenances et dépendances, située dans les communes d'Aulon et Peyrouzet; plus deux moulins, l'un appelé *Moulin-de-Dessus*, et l'autre moulin de *Lachaume*, avec des prés attenants auxdits moulins, et avec leurs dépendances, situés dans la commune d'Aulon.

En conséquence, il nous prie de procéder à l'audition de cinq témoins notables de cette commune, et étant tous ici présents, il nous supplie de les entendre, et a signé de ce par nous requis,

DE MÉDIDIER, baron d'Aulon.

Nous, maire susdit, faisant droit à la réquisition du comparant, avons procédé à l'enquête administrative de la manière suivante :

Les cinq témoins, notables et habitants de la présente commune, ont été entendus séparément et successivement ainsi qu'il suit :

Premier témoin. — M. Bernard Sensébé, âgé de quatre-vingts ans, propriétaire, membre du Conseil municipal, demeurant à Aulon, qui a dit n'être parent, ni allié, ni serviteur, ni domestique du requérant, lequel, après serment fait par lui de dire la vérité, a déclaré en son âme et conscience que la métairie du *Bousquet* était d'une valeur en 1790, savoir : en revenu, à la somme de 1,500 francs et en capital à 42,000 francs. — Le moulin de *Dessus :* revenu, 350 francs; capital, 7,500 francs.

Deuxième témoin. — M. Sarraute (Simon-Philippe), cinquante-cinq ans, avocat et propriétaire à Aulon, qui a dit, etc. : *Bousquet*, revenu, 1,500 francs; capital, 42,200 francs. — Moulin de *Dessus*, revenu, 455 fr.; capital, 10,000 francs. — Moulin de *Lachaume*, revenu, 320 francs; capital, 7,200 francs.

Troisième témoin. — M. Jean-Gabriel Labatut, conseiller municipal, soixante-deux ans, évalue le *Bousquet* à 46,000 francs, et les *moulins*, comme les autres témoins.

Quatrième témoin. — M. Matthieu Duffort, soixante-dix ans, conseiller municipal, évalue le *Bousquet* à 45,000 francs; le moulin de *Dessus* à 12,000 francs, et celui de *Lachaume* à 8,000 francs.

Cinquième témoin. — Jean Cazeneuve, soixante-seize ans, évalue le *Bousquet* à 48,000 francs, et les *moulins*, comme le quatrième témoin.

L'audition des cinq témoins terminée, nous, maire susdit, avons clos et arrêté ladite enquête pour être envoyée de suite à M. le Sous-Préfet de Saint-Gaudens, et pour servir à M. de Médidier, baron d'Aulon.

Fait à Aulon, etc.

Jean-François D'ARCIZAS, *maire.*

1827. — *Décision portée par le Conseil de préfecture de la Haute-Garonne sur la valeur des biens de la seigneurie d'Aulon.*

Nous, maître des Requêtes, Préfet de la Haute-Garonne, séant en Conseil de préfecture ;

Vu de nouveau les pièces relatives à la demande en indemnité enregistrée à notre préfecture sous le n° 170, et formée par M. Joseph-Philippe de Médidier, baron d'Aulon, lesquelles pièces noús ont été renvoyées, le 20 décembre dernier, par son Ex. le Ministre des finances, avec un avis de M. le Directeur général des domaines, à l'effet de faire rectifier le bordereau suivant lequel l'indemnité a été réglée à la somme de 43,566 fr. 75 c., conformément à la seconde disposition de la loi du 27 avril 1825, qui veut que le capital de l'indemnité soit égal au prix de vente réduit en numéraire d'après le tableau de dépréciation des assignats au jour de l'adjudication, tandis que cette indemnité aurait dû être liquidée en prenant pour base la première disposition du même article de la loi, parce que les biens qui donnent droit à ladite indemnité, ont été vendus en vertu des lois des 12, 15 et 27 prairial an III, disposant que les ventes des biens dits *nationaux* seraient faites sur des soumissions à payer une somme égale à soixante-quinze fois le revenu de 1790, et que dans ce cas l'indemnité ne doit être que le montant de ce revenu multiplié par 18, ce même revenu, faute de procès-verbal d'expertise, étant déterminé par le quotient des mises à prix de l'adjudication divisé par 75 ;

Vu le bordereau rectifié, conformément à l'avis précité de M. le Direc_ teur général des domaines, et dans lequel l'indemnité, est liquidée à la somme de 18,995 fr 58 c.;

Les observations fournies par M. le baron d'Aulon en réponse a la communication qui lui a été donnée dudit bordereau rectifié, desquelles il résulte un refus d'adhérer à ce bordereau ;

Vu notre avis du 29 août 1826 sur la demande dont il s'agit ;

Considérant que l'indemnité due au réclamant devait être réglée d'après la première disposition de l'art. 2, de la loi du 27 avril 1825, qui veut que le capital, etc.

Considérant qu'il y a absence réelle du procès-verbal d'expertise...

Considérant que, lorsque les procès-verbaux d'adjudication ne renferment point toutes les indications exigées par la loi du 27 avril 1825, et que ceux d'expertise manquent tout à fait, on est sans moyen aucun pour régler l'indemnité sur les bases déterminées par la 1re disposition de l'art. 2 de la loi précitée, qu'alors il y a nécessité absolue d'en venir à l'application de la 2me disposition du susdit article ;

Considérant que, selon ce dernier mode de liquidation le montant de l'indemnité est égal à la valeur des sommes payées à l'Etat, par les acquéreurs des biens confisqués, et vendus sur la tête du réclamant pour cause de son émigration ;

Pour ces motifs, persistant dans notre précédent avis du 29 août dernier, estimons que l'indemnité due à M. J.-P. de Medidier, baron d'Aulon, doit être fixée à la somme de 43,566 fr. 75 c., conformément aux énonciations du bordereau dressé sous la date du 7 novembre 1825.

Fait en Conseil de Préfecture, à Toulouse, le 31 mai 1827.

Le Préfet, DE JUIGNÉ.

Les Conseillers de Préfecture : FRÉZAC, MAURAN, DE JUILLAC,
DE SAINTEGÈME.

Bien longtemps avant cette date, les deux sœurs du dernier seigneur d'Aulon étaient entrées en possession de la part qui leur revenait dans le partage des biens de leur père. L'acte que nous transcrivons ici, semble indiquer que leur mère, Gabrielle de Prat, avait été maintenue, même pendant la Révolution, dans la jouissance d'une partie des biens de la seigneurie. On remarquera que la particule nobiliaire a été supprimée à dessein dans l'acte notarié.

Le 12 messidor, an XII (1804) au lieu d'Aulon, devant nous Bertrand Amiel, notaire public, a comparu M. Etienne Cazessus, instituteur dans la commune de Saint-Laurent (de l'Isle), faisant pour et au nom de dame Jacquette-Françoise Médidier, épouse de M. Ambroise Rességuier, propriétaire demeurant à Juillac, canton de Marciac, et de dame Josephe Médidier, épouse de M. Louis-Gabriel Faudoas, demeurant à Salerm, toutes deux dûment autorisées par leurs maris ; lequel comparant comme procède a dit que, par arrêté des administrations compétentes et par jugement des tribunaux aussi compétents, dûment en règle et rendus en leur faveur, il leur a été adjugé en propriété et en jouissance, à titre de partage, certains biens dépendants de la succession de feu M. Médidier leur père, que lesdites dames de Rességuier et de Faudoas en sont déjà dans le temps entrées en possession, mais que par un élan de leurs sentiments et de leur respect pour feue Mme leur mère, elles l'ont laissée pendant son vivant jouir tranquillement desdits biens ; qu'aujourd'hui ayant eu le malheur de perdre leur mère depuis moins d'un an, il leur importe de jouir effectivement des biens qui leur appartiennent; et en conséquence, pour prévenir toute équivoque et ne laisser aucun doute sur leurs intentions, elles veulent se mettre en la réelle actuelle, corporelle, et publique possession desdits biens ; et à cet effet, ledit procureur fondé m'a requis, au nom des dames de Rességuier et de Faudoas, de les mettre en ladite possession savoir :

La dame de Rességuier, en son nom seul, du moulin dit *de Débat*, situé à Aulon, circonstances et dépendances.

La dame de Faudoas, en son nom seul, de la métairie dite de Sériran et toutes ses appartenances et dépendances, située à Aurignac, Peyrouzet et Séglan.

Au nom de toutes deux conjointement, et par indivis, de la métairie dite du *Cap-dé-Bosc*[1] et toutes ses appartenances et dépendances.

En foi de ce.....

AMIEL, *notaire.*

Quatrième série. — COMMUNE D'AULON.

1613. — *Serment de fidélité au Roi de France, prêté par les consuls et les habitants d'Aulon. Déclaration des biens et des privilèges de la commune.*

Devant Me Jean-Georges de Caulet, Trésorier général de France, Commissaire depputé par Sa Majesté pour la réception des homages et recognoissances au Pays de Nébouzan : avoir comparu Pasqual Féraud, fils de Pompet, comme ayant charge des Consuls, manants et habitants d'Aulon, par délibération du 14 courant, expédiée et signée par Me Cabestaing, not. de Peyrissas, lequel, moyennant serment par lui presté sur le *Te igitur et Croix du livre Missel*, touché en nos mains, *auroit recogneu le Roy, comme viscomte de Nébouzan, d'être le seul Seigneur justicier haut, moyen et bas dudit lieu d'Aulon*, en conséquence de quoy, lesdits habitants vont playder en 1re Instance devant le juge dudit Viscomté, le siège séant en la ville de Saint-Gaudens, et contribuent annuellement *au don gratuit*, qui est faict à Sa Majesté par les Etats dudit Pays, suivant les mandes qui leur sont envoyées, et, pour la Seigneurie Directe, auroit déclaré icelle appartenir anciennement au sieur Baron de Ramefort, pour raison de laquelle il prend, chascune année, desdits habitants 1 sol pour chasque arpent de terre labourable et inculte avec le droict de lods et ventes et autres devoirs seigneuriaux. Ly auroit déclaré lesdits consuls estres juges des causes criminelles par concurrence avec ledit Juge, comme aussi cognaistre de toutes affaires dépendantes de la police, pour le bien de la chose publique, par tout le district de leur consulat, et ensemble : *d'autres affaires civilles jusques à 60 souls.* Davantage, auroit déclaré appartenir à la communauté un bois, appellé de Garlas, assis en la juridiction d'Aulon, servant pour faire despaistre leur bétailh et prendre du bois pour bastir et chauffer et s'en servir en leurs autres uzages, en payant annuellement audit sieur baron de Ramefort la somme de 10 livres et quelques souls, auquel uzage et exercisse de justice iceulx habitants auroient esté mainteneus,

---

1. La métairie du *Cap-dé-Bosc*, dont il est fait ici mention, n'était pas située sur le territoire d'Aulon.

par sentance du Sénéchal de Thle, donnée en leur faveur contre noble
Charles d'Espaigne, pour lors sieur de Ramefort, du 17 nov. 1524. — En
oultre, auroit déclaré appartenir en propriété à ladite communauté un
padouenc, dit le prat besiau, de la contenance de 5 arpents ou environ;
ensemble : deux autres padouencs séparés, de peu de contenance, servant de pasturage pour leur bestailh, soubs la redevance de 4 carolus
pour arpent et 4 paires de chasponds qu'ils en font chascune année
audit sieur de Ramefort, suivant l'accord et transaction passée entre
noble Honoffré d'Espaigne, pour lors baron d'Aulon, et lesdits habitants, par devant M.ᶜ Savie, not. royal de la ville d'Aurignac, le 2ᵐᵉ may
1564. — Finalement, auroit desclaré iceulx habitants jouir le droict de
boucherie, tabverne et messaguerie, qu'ils arrentent au proffit de la
communauté, auxquels droicts et jouissance d'iceulx, ensemble : au
susdit Prat Besiau ils demeurent maintenus par l'instrument passé par
feu messire Bernard d'Abbadie, chevalier de Navarre, juge dudit Nébouzan, commissaire à cet effaict depputé par le Roy, en faveur du scindic
desdits manants et habitants, devant Debitis, not. de Saint-Gaudens, le
22ᵐᵉ may 1522, et encore iceulx habitants estre gardés et conservés en
tous lesdits droicts, uzages, facultés et privilèges, par sentance de
Mᵉ Anthoine Sanson, juge refformateur et conservateur du Domaine
du Roy audit viscomté de Nébouzan, du 4ᵐᵉ fév. 1612; et, à ces fins,
ledit Féraud, pour et au nom desdits consuls, manants et habitants,
auroit promis d'estre tousiours bons, obéissants et fidelles subjects du
Roy, sieur viscomte de Nébouzan, ne se distraire de son obéissance et
seigneurie, ny permettre estre faict aucune uzurpation en icelle, ny d'autres droicts dudit sieur, sur les paines portées par le droict et ordonnances, ce qu'ayant esté stipulé et accepté par Mᵉ de Cironis, substitut du
Procureur général du Roy, sans préjudice des autres droicts seigneuriaux et féodaux que Sa Majesté peut avoir audit lieu, exprimés ou à
exprimer, et qui pourroient avoir esté laisés par ledit Féraud audit
nom, et sans approbation des droicts féodaux et propriété du bois que
lesdits habitants disent appartenir au sieur de Ramefort, sur lequel ils
prétendent l'uzage.

Nous dit Président et Commissaire aurions ordonné et ordonnons que
ladite déclaration et recognoissance serait passé acte pour servir et val-
loir où il appartiendra, soubs les réservations faictes par ledit Substitut
du Procureur général du Roy et sans préjudice d'icelles. En tesmoing de
quoi, avons fait expédier lesdites présantes, signées de nous et scellées
du sceau de nos armes, à Thle, le 20ᵐᵉ de may 1613. — De Caulet.

Du mandement de mon dit sieur le Président et Commissaire,

Daures, insy signés.

1632. — *Sentence de l'Administration des Eaux et Forêts, confirmant les privilèges de la-commune d'Aulon.*

Anthoine Picot, sieur et baron de Piuset, chevalier des Ordres du Roy, Mᶜ Enquesteur et général refformateur des Eaux et Forests de France aux provinces, ressorts, gouvernements de Languedoc, Guienne, Provence et Dauphiné;

Veu par nostre Lieutenant général le traicté fait et passé entre Sa Majesté et Mᶜ Estienne Goutte, advocat au Conseil, pour raison de la recherche des uzurpations de son domaine, concernant les bois et forêts, terres vaines et vagues, iles, ilots et autres, dépendants tant de la couronne de France que de l'ancien domaine de Navarre uni, avec les arrêts du Conseil et de la Cour de Parlement de Thle, ordonnance de vérification et registre dudit traicté par nous donné, le 7 may 1631, verbal de vizite, et vérification faicte par Mᶜ Jacques Barrau, commissaire par nous depputé pour la recherche des uzurpations des bois et communaux, possédés par la communauté d'Aulon, en date du 18ᵐᵉ d'aoust, signés du dit Barrau et Claverie, notaire, avec l'exploict d'assignation aux consuls dudit Aulon à faire foy et remettre devers nous les titres en vertu desquels ils possèdent les bois et communaux ; la sentence donnée par le Sénéchal de Thle, le 17 nov. 1524, par laquelle lesdits consuls sont maintenus en la jouissance d'un bois, appellé Garlas, en païant 10 livres d'albergue ; un contract d'accord entre la communauté et le sieur de Ramefort, pour raison d'un communal possédé par icelle, en païant audit sieur, 4 carolus d'albergue; l'acte du 2ᵐᵉ may 1564, signé Savie, not. ; autre contract passé entre ladite communauté et Mᵉ Bernard Dabbadie, chancelier de Navarre, par lequels ils sont maintenus au Prat Besiau et padouenc y mentionnés, en date du 22 may 1522; autre contract de *bail à nouveau fief*, passé entre ladite communauté et le feu sieur d'Espaigne, baron dudit Aulon, pour raison d'un terroir, appellé Garlas, en date du 14ᵐᵉ sept. 1555; un hommage randeu par ladite communauté au Roy, comme vicomte de Nébouzan, desdits bois, terres et communaux, par devant le sieur Président de Caulet, commissaire à ce depputé, en date du 20ᵐᵉ may 1613, signé dudit sieur de Caulet et Amyel greffier; conclusions tant dudit Procureur du Roy que dudit Goutte.

Par notre présente ordonnance, attendeu ce que résulte de la susdite sentence du Sénéchal de Thle, et contracts d'accord passés entre ladite communauté d'Aulon et ledit sieur baron de Ramefort, des années 1524 et 1521, 1564 et 1555, avons maintenu et maintenons lesdits Consuls, manants et habitants d'Aulon, en la possession et jouissance desdits

Prat bésiau, terres et communaux, limités et confrontés auxdits contracts, pour en iceulx faire despaistre leur bétail, gros et meneu, et y prendre bois mort pour leur chauffage, et toute autre espèce de bois pour les bastiments et réparations de leurs maisons, à la charge de païer ladite albergue de 10 livres, d'une part, et 3 sols 4 deniers, d'autre part, portés par lesdits contracts à chasque feste de Toussaints, et de raporter, dans quinzaine, les quittances des païements par eux faicts d'icelles, despuis 29 ans ; autrement, et à faute de ce faire, dès à présent comme pour lors, les avons condamnés et condamnons lesdits consuls aux arrérages d'icelles, despuis ledit temps, en faveur dudit Me Estienne Goutte, suivant son dit traicté.

Faict à Tholose, le 30me jour d'aoust 1632.

PICOT.

1644. — *Serment de fidélité au Roi, prêté par les consuls et les habitants d'Aulon, et nouvelle déclaration des biens et des privilèges de la commune.*

Le 15 juin 1644, a comparu Mestre Bernard Martin, Notaire royal, habitant du lieu d'Aulon, faisant tant pour lui que pour les autres consuls et habitants dudit lieu, suivant la procuration a lui faite par iceux, le 9me may dernier, à lui assistant Darignac, Procureur au Bureau, lequel, en conséquence de l'assignation donnée aux dits consuls, en vertu de notre ordonnance, a déclaré que ledit lieu d'Aulon est situé dans la sénéchaussée de Thoulouse et vicomté de Nébouzan, duquel le sieur de Lagarde est Seigneur justicier, haut, moyen et bas, ayant acquis la Directe du Seigneur de Ramefort; que annuellement sont créés 4 consuls, portant chaperons rouge et noir, livrées du Roy, lesquels jugent des *Causes criminelles*, assistés d'un assesseur par concurrence avec le juge, et des affaires politiques, ensemble : *de la police* jusques à 60 sols. La communauté jouit et possède : 1o *un Bois* audit lieu, appelé *de Garlas*, pour faire despaitre le bestail et y prendre du bois pour bastir et se chauffer, et s'en servir en autres usages, en payant annuellement au sieur de Lagarde 10 livres quelques sols, contenant 42 arpents, auxquels justice et usages susdits les habitants dudit Aulon ont esté maintenus par sentence du sénéchal de Thle, donnée en leur faveur contre noble Charles de Ramefort, le 17me Nov. 1524; 2o un *Padouen*, dit *le Prat Beziau*, contenant 5 arpents, et deux autres petits *Padouens*, contenant en tout 2 arpents 1/2, servant de pasturage pour leur bestail, soubs la redevance de 4 Carollus et 4 paires de chapons qu'ils en font, chacune année, de rente audit sieur de Lagarde. comme estant au lieu et place du sieur Baron de Ramefort, suivant la transaction passée entre noble Honofre d'Espaigne, pour lors Baron, et lesdits habitants, retenue par Me Savy, notaire, le 2 may 1564; comme aussi jouissent les dits habitants du droict de boucherie, taverne et messaguerie, qu'ils afferment au profit de ladite communauté, auxquels droicts et facultés ils y ont esté maintenus par instrument passé par feu Mestre Bernard Dabadie, chancelier de Navarre, commissaire à ce député, retenu par Debitis, notaire de St Gaudens, et. despuis, gardés et confirmés en tous les susdits droicts, usages, facultés et privilèges par sentence de Me Anthoine Sanson, juge réformateur et conservateur du domaine du Roy en la vicomté de Nébouzan, le 4 fév. 1612; et que, au dit lieu, il n'y a aucuns biens nobles, du moins qu'il sâche; requerant, attendeu la dite déclaration, qu'il vous plaise le recevoir à prester ledit serment de fidéllité, sans préjudice des droicts de Sa Majesté et d'autres, s'il y eschet, ce que nous avons ordonné, à la charge par lesdits consuls de bailler par adveu et dénombrement au vrai et par le menu, et icelluy justifié de titres, dans 15 jours, pour tous délais.

A l'instant, ledit Martin, à genoux, tête nue, les mains mises sur le *Te igitur* et *Croix du Livre Missel*, aurait presté ledit serment de fidellité, et promis, tant pour lui que les autres consuls, estre et demeurer à toujours, très humbles, très fidelles et très obéissants subjects de Sa Majesté, et ne se distraire de son obéissance; à quoi nous l'avons receu, et ordonné que le Registre demeurera chargé de sa déclaration, soubs les réservations faictes par ledit Procureur du Roy, ce faisant, que acte sera expédié auxdits consuls pour leur servir ainsi que de raison.

Fait à Thle, au Bureau des Finances et Domaines, le 15 juin 1644.

1663. — *Réception du serment de fidélité au roi Louis XIV prêté par les consuls et les habitants d'Aulon.*

Me Bernard Daspe, Conseiller du Roy, Président et Juge Mage en la Sénéchaussée et Siège Présidial d'Auch, Commissaire subdélégué par la Chambre des Comptes de Navarre, et en exécution des lettres patentes du 5me juillet 1643, arrest du Conseil du 4me oct. 1545, déclaration du 31me déc. 1647, et autre arrest dudit Conseil du 22 déc. 1660, pour la réformation de l'ancien domaine de l'Armagnac, Vallées d'Aure, Maignoac, Neste et Barousse, au ressort de notre Sénéchaussée, et de la comté de l'Isle-Jourdain et de la vicomté de Nébouzan, baronie d'Aspet et viguerie de

Mauvezin, et pour la réception des foy et hommage dûs à sa Majesté, à cause de son advènement à la couronne, par les gentilshommes, communautés et autres possédant biens et fiefs nobles, justice et autres droits mouvants de Sa Majesté, et pour procéder à la vérification des adveux et dénombrements, réception des reconnaissances et confection des livres terriers, savoir. faisons que cejourdhuy 8me juillet 1663, s'est présenté devant nous, dit Commissaire, et dans notre logis, dans la ville de St Gaudens, le scindic des consuls et habitants du lieu d'Aulon, lequel, estant tête nue, les deux genoux à terre, sans épée, ceinture, esperons, ny manteau, tenant les deux mains jointes entre les nostres, en la présence et du consentement de Me Jean de St Pol, Procureur du Roy, nommé en la Commission, a faict et presté les foy et hommage lige et serment de fidéllité, que lesdits consuls et habitants d'Aulon doivent et sont tenus de faire au Roy, notre souverain seigneur, Louis XIV, par la grâce de Dieu Roy de France et de Navarre, à présent régnant, à cause de sa Vicomté de Nébouzan, pour raison de la justice criminelle en concurrence avec le Juge de Nébouzan; en la civile jusqu'à 100 sous; porter chaperons; 42 arpents de bois taillis, terres cultes et incultes, appellé le *Garlas*; bois tailhis, appellé les *Enganadures*; un padouenc, contenant 5 arpents; boucherie, taverne et misègue et autres facultés qu'ils ont au dit lieu, et plus amplement qu'ils expécifieront par le dénombrement qu'ils en bailleront, par eux ou leurs prédécesseurs en tout temps, et dont n'est mémoire du contraire, *joui et possédé le tout noblement, mouvant de Sa Majesté, à cause de sa Vicomté de Nébouzan*, promis et juré qu'ils seront bons, loyalds, fidelles subjects, serviteurs et vassalds de sa Majesté et de ses successeurs Roy de France, son bien et honneur pourchasseront et garderont, son mal et dommage éviteront de tout leur pouvoir, ses secrets ne revéler, bon conseil lui donner quand ils en seront requis, et ne se trouver en lieu où il se fasse conspiration contre sa personne, celle de la Reyne son espouse, ses enfants, et gens de son conseil; et, s'ils le découvrent, les advertiront au plustôt que faire le pourront, serviront, garderont et defendront sa dite Majesté envers et contre toutes personnes, et généralement fairont, tiendront, garderont et accompliront toutes les clauses contenues ès-chapitres de fidellité vieux et nouveaux; auquel hommage, Nous, en vertu du pouvoir à nous donné par Sa Majesté et par la Chambre des Comptes de Navarre, avons reçu et recevons lesdits Consuls et habitants d'Aulon, sans préjudice d'autres droicts et devoirs, sy aucuns en sont dûs à Sa Majesté, ni préjudicier à ceux d'autrui, à la charge de bailler l'adveu et denombrement desdits biens, et icelluy vérifier dans 40 jours, suivant l'ordonnance par devant nous, et de raporter copie du procès-verbal de ladite vérification ès-mains du Greffier de notre commission, et, à faute de ce faire, le présent hommage tenu pour non faict et advenu, et sera procédé à la reunion des dits biens et devoirs hommageables, pourquoi nous vous mandons et ordonnons aux Commissaires establis auxdits biens, à faute dudit hommage auparavant non faict, qu'ils en laissent et souffrent jouir pleinement et paisiblement lesdits Consuls et habitants d'Aulon.

En témoins de quoi, nous avons fait mettre le scel de Sa Majesté à ces présentes, signées de nostre main, non dudit Procureur du Roy, et de Me Raymond Molinéry, greffier subdélégué audit St Gaudens, ledit jour 8me juillet 1663.

DASPE, — MOLINÉRY, *greffier*.

1664. — Les administrateurs de la Vicomté de Nébouzan trouvèrent à redire sur les privilèges dont jouissaient les consuls d'Aulon, notamment celui d'exercer la justice. Ils cherchèrent à faire modifier ce point; mais les consuls, de leur côté, recoururent au juge mage de la sénéchaussée d'Auch, et en obtinrent la confirmation de leurs privilèges, comme le prouve le document suivant :

Les consuls du lieu d'Aulon contre le Procureur du Roy — Disent que la *justice criminelle appartient auxdits consuls*, qu'ils régiront *avec un assesseur* par concurence avec le juge de Saint-Gaudens, connaissant de *toutes causes de la police* et autres *procès civils jusques à 100 sols*, avec pouvoir de prendre un greffier, tel qu'il leur plaît, et peuvent porter *chaperons*, *livrées royales*, à quoi ils demeurent maintenus, par ordonnance donnée par le juge de Nébouzan et commissaire

Nous, Bernard Daspe, conseiller du Roy, etc., etc... savoir faisons que, entre Me Jean de Saint-Pol, procureur du Roy en la commission, demandeur aux fins de l'exploit du... d'une part, et les scindic et consuls et habitants d'Aulon, assignés et deffendeurs, d'autre part, ou les officiers du siège de Saint-Gaudens se seraient opposés en ce qu'ils dénombrent l'exercice de la justice civile à leur préjudice jusques à la somme de 100 sols, la sentence qui s'ensuit a esté prononcée :

Vu le procès, hommage rendu par lesdits deffendeurs, le 8me juillet 1663, signé : Daspe, juge mage et commissaire; de Saint-Pol, procureur du Roy; Molinéry, greffier, pour raison de *la justice criminelle*, en concurrence avec le juge de Nébouzan, èt *la justice civile* jusques à 100 sols; porter chaperons: 42 arpents de terre, appelé *le Garlas*; bois tailhis, appelé *las Enganadures;* padouenc de 5 arpents; boucherie, taverne et messaguerie, et autres facultés qu'ils ont audit lieu, etc., etc...

Nous dit commissaire, ayant aucunement esgard à l'opposition des

officiers royaux de ladite visconté de Nébouzan, disant n'y avoir lieu
de vérifier la justice civile dénombrée par lesdits consuls d'Aulon jusques à 100 sols, dans le 1er artigle, leur permettant seulement l'exercice
de la justice politique jusques à 3 livres, suivant les ordonnances;
ensemble : de la criminelle par concurrence avec le juge royal de la viscomté de Nébouzan à la charge par lesdits consuls de remettre, dans le
mois, devers le greffe de la commission, un extraict en forme de la
sentence du sénéchal de Thle, du 17me nov. 1524, et celle de Me Anthoine
Sanson, juge et réformateur du domaine du Nébouzan, du 4 fév. 1612,
mentionnés en l'honneur rendeu devant le sieur de Caulet, trésorier de
France et commissaire à cette partie député, le 20me may 1613, par lesquels lesdits consuls demeurent maintenus à ladite justice, sauf auxdits
officiers royals, sy bon leur semble, de se pourvoir contre ladite sentence
par les voies de droict, et ainsin et comme y verront estre à faire, et,
pour tout le surplus, déclarons ledit dénombrement avoir été bien et
dûment vérifié.

Ce faisant, avons maintenu et maintenons lesdits consuls d'Aulon en
la possession des droicts et biens par eux dénombrés, pour en jouir à
l'advenir, comme leurs prédécesseurs en ont bien et dûment joui par le
passé, soubs les charges et redevances accoutumées, sans préjudice de
plus amples droicts du Roy et d'autrui, et des services personnels dûs à
Sa Majesté par lesdits consuls et habitants d'Aulon, quy seront tenus
de laisser extraicts des présentes, devers le greffe de la Commission,
pour estre remis devers ladite chambre de Pau.

Mandons au premier huissier ou sergent faire tous exploicts requis et
nécessaires. — Donné à Auch, le 7me sept. 1664.

DASPE, juge mage et commissaire.

1668. — *Procès-verbal d'arpentage des bois de la commune d'Aulon.*

Aujourdhuy 16me May, par devant moy, Louis de Froidour, Commissaire député par Sa Majesté,... est comparu François Rey, arpenteur,
demeurant à l'Isle-Jourdain, qui nous a dit et rapporté avoir, en conséquence de notre Ordonnance, veu, arpenté et mesuré certains bois,
deppendant et appartenant à la communauté d'Aulon en Comenge, consistant en 3 Bois différents et séparés, l'un desquels communément
appellé *las Enganadures*. Il a trouvé de la consistance de 28 arpents,
planté de chesnes de 5 à 6 ans, abougris, rabroutis, scis en un terrain
pierreux, montueux et infirme, mal venant, à raison de quoi on ne peut

s'en servir qu'en taillis, ny ayant d'espérance d'aucun arbre dont on puisse tirer autre utilité que pour le feu, dégradé par la coupe journalière que lesdits habitants y font sans règle ny mesure, pour leur chauffage, n'estant borné d'aucuns fossés.

L'*autre Bois*, appelé *le Soulan*, confronte : d'Orient, le chemin de Cassagnabère à Latoue et terres dudit Latoue; du midy, le ruisseau de *las Espiasses* et terres dudit Aulon; du couchant, terres des particuliers habitants d'Aulon, et Septentrion, le ruisseau dit de *la Goutille* et terres des particuliers habitants d'Aulon; qu'il a dit estre de 66 arpents de consistance, planté en taillis, bois de chesne de l'âge de 3 à 4 ans, avec quelques ballivaux de 8 à 10 ans, partie abougri et rabrouti, coupé comme dessus sans règle ni mesure, et partie planté de buisson, en fonds partie médiocre, partie infirme environnée de fossés.

Finalement, *autre petit Bois*, appelé *de la Communauté*, en forme triangulaire, confronte, de l'Orient et autres côtés, terres des particuliers habitants d'Aulon, sans autres bornes ny fossés, qu'il a dit estre de la consistance de 10 arpents, mesure royalle de Thle, planté de chesnes, a présent ruiné, entièrement dégradé et réduit en broussailles, assis en fonds montueux, pierreux et infirme, n'y ayant espérance d'y voir jamais venir aucun bel arbre, ne pouvant servir que pour le chauffage.

Et, de tout ce que dessus, il a dressé son mesurage avec plan et figure géométrique, lequel, ensemble : son présent procès-verbal il affirme par sèrement de lui pris, à la présence du Procureur du Roy en ladite réformation, contenir vérité et estre bien et dûment faict.

En foi de ce, a signé nostre procès-verbal, avec nous et nostre greffier, les jour et an susdit.

DE FROIDOUR, REY, PRIOUX, greffier.

Ordonnance du Commissaire royal.

Louis de Froidour..... Commissaire député par Sa Majesté pour la réformation générale des Eaux et Forêts, au Département de la Grande Maitrise de Thle, au premier Garde du Roy en la Prévosté de son Hôtel, premier Huissier ou Sergent, Garde de Forest ou autre Sergent royal sur ce requis; Nous, à la requeste du Procureur du Roy, vous mandons et ordonnons par ces présentes assigner à certain et compétent jour, par devant nous, les habitants d'Aulon en Nébouzan, pour procéder sur le procès-verbal de visitation faite des bois et forests, deppendant de la communauté dudit lieu, fait par Fr. Rey, arpenteur, par nous commis; faire foy des titres justificatifs de la propriété, ou droits d'usage prétendus audit bois ; en voir ordonner le règlement et respondre aux conclusions du Procureur du Roy ; de ce faire vous donnons pouvoir, .

Faict à Thle, le 17me may 1668.

DE FROIDOUR.

Assignation faite aux habitants d'Aulon.

Pour procéder sur la commission ci-dessus, et en outre comme de raison, je, Huissier de la Com^on soubssigné, certifie avoir, en vertu d'icelle et à la requeste de M. le Procureur du Roy, donné assignation aux habitants d'Aulon, en parlant à François Daray, un des consuls du lieu, à estre et comparoir au 8me jour, après le présent exploict, par devant mon dit sieur de Froidour..... De laquelle commission et du présent mon exploict, j'ay fait et laissé copie audit Daray, consul, en présence de Me Estienne Conte, prestre et curé dudit lieu d'Aulon, tesmoin ; le 6me juin 1668.

CRABÉ, *huissier.* — CONTE, *prestre et curé.*

1668. — *Requête des consuls d'Aulon adressée à M. de Froidour et concernant les bois de la commune.*

Les scindic et consuls du lieu d'Aulon, en Nébouzan, deffendeurs, contre le Procureur du Roy en ladite réformation, demandeur.

Disent qu'ayant été procédé à la visitation et agrimensation des bois communs dudit lieu, appelés *le Garlas, Enganadures et Mont*, par François Rey, agrimenseur par vous commis, les produisants auraient été assignés devant vous pour faire foy des titres justificatifs de la propriété ou droits d'usages par eux prétendus auxdits bois, en conséquence de votre ordonnance du 18me may 1668, et exploit du 6me juin, dont la copie est cy cottée lettre..... A.

Suivant laquelle ordonnance, les produisants remettent un acte de bail à nouveau fief de 12 arpents de terre au *Solan du Garlas*, et de 9 arpents aux *Enganadures*, stipulé par les consuls dudit Aulon y desnommés, *de Jagmol d'Albadie*, procureur du sieur baron de Montespan, pour lors seigneur dudit Aulon, soubs le fief annuel de 4 liards par arpent, payables à chasque fête de Toussaints, ledit acte reçu *en langage vulgaire*, le 4 sept. 1500, par Avezac, notaire de la ville de St Gaudens, estant cy produit par extraict, duement collationné par Prioux, vostre greffier, et cotté..... B.

Les produisants ou leurs auteurs furent maintenus en la faculté de

                    AULON.

faire despaytre leurs bestiaux, gros et menus, manger les glands et
fage à leurs pourceaux, d'en recueillir audit bois *du Garlas*, et d'y prendre du bois pour leur chauffage et pour bastir, par sentence du sénéchal
de Thle du 10 nov. 1524, rendue entre Charles d'Espaigne, baron de
Ramefort, pour lors seigneur dudit Aulon, et les scindic et consuls,
dont l'extraict, duement collationné par ledit Prioux, greffier, est cy produit et cotté..... C.

Et quoique ces deux titres fussent assez forts pour maintenir les
scindic, consuls et communauté d'Aulon en la propriété et jouissance
desdits bois, néanmoins par contract du 14ᵐᵉ sept. 1555 reçu par Picotte,
not. de Sᵗ Gaudens, ils prennent encore à nouveau fief d'Honofre d'Espaigne, baron dudit lieu, 42 arpents du bois *de Garlas*, moyennant la
somme de 3 sols 4 deniers pour arpent, payables annuellement à la feste
de Toussaints, et 200 escus petits, pour le droict d'entrée, comptés audit
d'Espaigne, lors de la passation de l'acte, par lequel les scindic, consuls
et communauté dudit lieu peuvent faire à leurs plaizirs et volontés dudit
terroir *de Garlas*, appert dudit acte, collationné sur son original par
ledit Prioux, greffier, cy produit et cotté..... D.

Lequel bois, lesdits scindic et consuls auraient dénombré et recognieu
tenir en la forme susdite, devant Mᵉ Jean Georges de Caulet, trésorier
général de France, commissaire depputé par Sa Majesté pour la réception des hommages et recognoissances aux pays dudit Nébouzan et
autres, appert de l'extraict desdits dénombrements et recognoissances,
en date du 20ᵐᵉ may 1613, collationné par ledit Prioux, cy cotté..... E.

Et, par sentence de Mᵉ Anthoine de Picot, réformateur général des
Eaux et Forèts, du 30ᵐᵉ aoust 1632, ils auraient été maintenus audit
bois et autres biens communs, et en la faculté de faire despaistre leurs
bestiaux, gros et menus, audit bois, et de prendre du bois pour le chauffage et pour la batisse, et généralement pour en faire et disposer à leurs
plaizirs et volontés, appert de l'extraict de ladite sentence, collationné
comme dessus par ledit Prioux, cy cotté..... F.

Ly auraient lesdits scindic et consuls dénombré la propriété et droicts
quy leur appartiennent auxdits bois, et presté serment de fidellité
devant MM. les Trésoriers généraux de France, le 15ᵐᵉ juin 1644, appert
de l'extraict dudit dénombrement et serment de fidellité, collationné
par ledit greffier, cy cotté..... G.

Ly auraient les produisants rendu pareil homage et presté semblable
serment de fidellité, pour lesdits bois *du Garlas, Enganadures et
autres*, devant Mᵉ Daspe, commissaire subdélégué par la Chambre des

Comptes de Navarre, le 8me juillet 1663, appert de l'extraict d'icelluy, collationné comme dessus par Prioux, greffier, cy cotté..... H.

Devant lequel même commissaire, lesdits scindic et consuls auraient baillé entre autres le dénombrement de la propriété et droicts à eux appartenant auxdits *Garlas et Enganadures*, et y auraient esté maintenus par sentence du sieur commissaire, du 7me sept. 1664, appert de l'extrait d'icelle, collationné aussi par ledit greffier, cy cotté..... I.

Et pour ce qui est du terroir du Mont, quy aurait esté arpenté par ledit Rey, arpenteur, disent que ledit terroir, qui est *rural et subject à la taille et au fief,* aurait été acquis, en divers temps, pour la commodité et l'utilité publique, par les scindic et cousuls dudit lieu, estant une terre inculte, en laquelle il aurait crû, depuis lesdites acquisitions, broussailles et tailhis que lesdits habitants dudit lieu ont accoustumé de couper pour leur chauffage, duquel terroir du Mont aurait esté, en premier lieu, achepté 1 arpent, par les consuls dudit lieu, de Jean Boubbes, fustier, et Anthony Lozes, mariés, par contract du dernier oct. 1552, passé devant Savy, notaire, dont l'extraict collationné par Prioux est cy cotté..... K.

Par autre contract du 29me may 1553, passé devant ledit Savy, lesdits scindic et consuls auraient achepté 1/2 arpent dudit terroir du Mont, de Jehan Dupuy, appert de l'extraict du contract, collationné par Prioux, cy cotté..... L.

Comme aussy ils auraient acquis partie dudit terroir du Mont, de Jehan Martin, par autre contract du 27 fév. 1554, reçu par Jehan de Villemur, not. royal d'Aurignac, dont l'extraict collationné par ledit greffier est cy cotté..... M.

Et par acte du 27 aoust 1579, reçu par Bertrand Pellissier, not. du Fousseret, ils auraient acquis 2 arpents dudit terroir du Mont, de Jehan Martin, cordonnier, appert de l'extraict dudit acte, collationné par le mesme Prioux, cy cotté..... N.

Au moyen de tous lesquels actes sy dessus remis, vous voyez, Monsieur de Froidour, que la maintenue aux susdits bois ne peut point estre contestée aux produisants, ce que n'ayant pas besoing de plus grand raisonnement.

Concluent à la rellaxe desdits scindic, consuls et communauté d'Aulon, de la demande, fins et conclusions contre eux prises par ledit Procureur du Roy, partie adverse, avec despans et autrement pertinemment.

J. DAURES

14

1668. — *Jugement souverain en faveur des habitants d'Aulon rendu à Montauban le 27 juillet 1668.*

Entre le Procureur du Roy en ladite réformation, demandeur aux fins de la commission et exploits des 18 may et 16 juin 1668, d'une part, et les scindic et consuls du lieu d'Aulon, défendeurs, d'autre part ;

Veu ladite commission et exploits, cy dessus datés, à ce que les défendeurs soient tenus faire foy des titres de la propriété ou usage par eux prétendu du bois et forèts, situés dans le terroir dudit lieu d'Aulon, respondre au procès-verbal de l'estat d'yceluy et conclusions dudit Procureur du Roy, plan et figure géométrique dudit bois, remis par François Rey, arpenteur, contenant 104 arpents, mesure de Toulouse, divisé en 3 triages : le *premier*, appellé *las Enganadures*, de la contenance de 28 arpents, planté de chaysnes de 5 à 6 ans, abougris, rabougris, malvenant, ne pouvant servir qu'en tailhis, dégradé par la coupe ordinaire ; le *deuxième*, appellé *le Bois du Soulan*, de la contenance de 66 arpents, planté en tailhis, bois de chaysnes, de l'âge de 3 à 4 ans. avec quelques ballivaux de 8 à 10 ans, partie abougry et abrouti ; et le *troisième*, appellé *de la Communauté*, de la contenance de 10 arpents, planté de chesnes, ruinè entièrement et dégradé, réduit en broussailles ; procès-verbal de rapport faict par ledit Rey dudit arpentage et estat de bois, devant M. de Froidour, l'un de nous, le 16 may dernier ; acte de comparution faicte par les défendeurs, par Mᵉ Daures, procureur en Parlement, le 19 juin dernier, dans lequel leur est accordé délai de huitaine, pour se défendre et produire ; appointement dudit sieur de Froidour du 30 juin, portant que, dans autre huitaine, pour tous délais, les consuls défendraient et répondraient auxdites conclusions, sinon, ledit temps passé, permis audit Procureur du Roy de mettre sa production, pour lui estre fait droit ; production desdits défendeurs ; extraict de bail à nouveau fief du 4 nov. 1500, etc. (*suit la nomenclature des actes ou contrats déjà rapportés dans les documents précédents*). Nous, assistés des magistrats et gradués soubsignés, au nombre requis par les ordonnances, et au désir de nos lettres de commission, avons par jugement souverain, maintenu et gardé lesdits défendeurs en la possession et jouissance des bois dont est question, de la contenance de 104 arpents, et, faisant droict sur la demande dudit Procureur du Roy, avons ordonné que, par chascun an, il sera coupé dans lesdits bois jusques à la quantité de 10 arpents, de l'âge de 10 ans, de la mesure royalle de Thoulouse, suivant les délivrances qui en seront faites auxdits habitants par les officiers du seigneur d'Aulon, de suitte en suitte, et de proche en proche, pour estres lesdites coupes exploitées à la diligence des consuls, et le bois en provenant, distribué et partagé entre les habitants pour leur chauffage et autres nécessités ou uzages, à proportion de leurs possessions, chascun payant les façons de son bois et sa part des mesmes frais qu'il conviendra faire pour la délivrance, et, ce faisant, seront lesdits consuls tenus de laisser successivement 20 ballivaux de l'âge du tailhis par arpent, et les anciens et les modernes, sans qu'il puisse en estre fait aucune coupe que lorsqu'ils auront atteint l'âge de 40 ans, au quel temps lesdits consuls en pourront couper successivement, au nombre de 5 à 6 par arpent et jusques au nombre de 10 à 12 après 100 ans, lesquels seront coupés conjointement avec les tailhis, par marque et livrée des officiers, et partagés comme dessus, s'il n'est trouvé plus à propos, par délibération du conseil dudit lieu, que le tout ou partie soit vendu à un ou pluzieurs marchés, au profit de la communauté; auquel cas la vente sera faite par lesdits officiers, en la présence desdits consuls, au plus offrant et dernier enchérisseur, en la mesme forme et manière et sous les mesmes charges et conditions que les bois du Roy doivent estre vendus, pour estre les deniers en procédant, employés au paiement de la taille ou des debtes de la communauté, sy aucuns y a, sauf à chascun desdits habitants à se pourvoir du bois qui luy sera nécessaire pour son chauffage, bastiments et autres nécessités, dans les ventes des marchands, ainsi qu'ils aviseront bon estre; pourront lesdits consuls convenir, lors de l'exploitation du cayer des charges, et des articles et conditions de la vente des marchandises que les marchands pourront faire, et du prix auquel ils pourront les vendre auxdits habitants seulement; si non, leur laisseront la liberté d'en uzer et de vendre à qui et à tel prix que bon leur semblera, ainsi qu'il sera trouvé estre plus proffittable à ladite communauté, en ladite délibération du Conseil, lequel pour cet effet sera annuellement tenu auparavant, ou lorsqu'il sera procédé à la délivrance; et moyennant ce, aussy défenses seront faites auxdits habitants, de couper aucun bois ès-dites forets autrement qu'en la manière susdite, soubs les peines et amendes portées par les ordonnances royaux et règlements concernant les Eaux et Forêts du Roy, et les amendes et confiscations adjugées au proffit du seigneur dudit lieu, et les restitutions au proffit de la communauté. Seront tenus lesdits consuls, faisant ladite coupe, ou les marchands adjudicataires, observer les ordonnances et lesdites coupes subjettes à récollement, qui sera fait par lesdits officiers, suivant les termes prescrits par les ordonnances, et les délinquants condamnés ainsi qu'il appartiendra. Avons ordonné, en outre, qu'il sera permis aux-

dits habitants de faire pasturer leurs bestiaux ès-dits bois, dans le s
tailhis et endroits qui auront auparavant estés déclarés deffensables par
lesdits officiers, et, en ce faisant, observeront les ordonnances et règlements aux peines y portées, et pour empescher les délits qui se pourraient commettre à l'advenir, dans ces dits bois et abroutissements des
bestiaux, les consuls seront tenus d'establir un garde pour pourvoir à
la conservation d'iceluy, qui sera reçu par devant lesdits officiers, par
devant lesquels il fera ses rapports, pour estre les amendes adjugées au
proffit du seigneur, suivant les ordonnances et règlements, sauf aux
parties à se pourvoir par appel devant les officiers des Eaux et Forêts
du Roy pour leur estre fait droict; et seront tenus lesdits consuls de
faire borner lesdits bois par des fossés ou par des bornes qui seront
posées aux angles sortants et rentrants, duquel bornage sera dressé procès-verbal, qu'ils seront tenus de remettre au greffe de ladite Maitrise,
dans 6 mois, à peine d'en respondre à leurs propres et privés noms; en
joignons auxdits officiers de tenir la main à ce que dessus, et d'envoyer,
par chacun an, leurs procès-verbaux au Greffe de ladite Maitrise; le
tout, sans autre amende, despans, domages et intérêts que de la somme
de 10 livres; le payement de laquelle les consuls d'Aulon seront tenus
de procurer, dans quinzaine, après la signification de notre présent jugement, à peine d'en respondre, en leurs propres et privés noms, et d'y
estre contraints comme pour les propres deniers et affaires de Sa Majesté.

Sy mandons, etc... Faict à Montauban, ce 27 juillet 1668.

DE FROIDOUR, — BAZIN, — PELLET, — DAMBRES,
DUMAS, — CORAS, — MELLET, — VINCENT et
MAUGARROS.

*Diverses nomenclatures de sommes à payer, et réparties entre
les contribuables d'Aulon, de 1684 à 1688.*

1684. — Ce jourdhuy, septiesme mars, mil six cent quatre-vingt-
quatre, au lieu d'Aulon, en Nébozan, ont esté assemblés : Vidian Martin,
— Jean Martin, — Jean Durrieu, consuls régents..., etc., etc., etc.

Lesquels ont procédé au département des sommes sy-après énoncées :
Premièrement, de la somme de 66 livres, du contenu en la mande du
26 Xbre dernier, signée : Vidal, receveur, pour la coste part de la donation
accordée au Roy par les Estats de Nébozan, que compete au lieu
d'Aulon. . . . .

Pleus, de la somme de 145 livres 12 sols 9 deniers, pour la coste par.

que compette aussy, audit lieu d'Aulon, des impositions faittes par les Estats de Nébozan, suivant autre mande dudit jour 26 Xbre dernier, signée dudit Vidal.

Pleus, de la somme de 13 livres 10 sols, pour estre remboursée à Laurent Martin Borrombé du defray d'une exécution faitte sur ses meubles, à la requeste de Me Bertrand Cousture, notaire de Sepx.

Pleus, de la somme de 15 livres, en faveur de Jean Françoys Pey, Farge, Jean Martin et Jean Caubère, pour les rembourser de pareille somme de 15 livres, sur ce qu'ils ont fourny pour la communauté.

Pleus, de la somme de 6 livres 8 sols, pour la rétribution du présent département, faction des rolles et papier timbré.

Finalement, de la somme de 17 livres 7 sols 6 deniers, et pour le sol pour livre du droit de collecte, accordé aux consuls; revenant en tout à la somme de 363 livres 18 sols 3 deniers, laquelle, imposée et départie sur le nombre de 332 livres livrantes, monte, pour chacune livre, la somme de 22 sols.

En foy de quoy,

AMYEL, notaire.

1684. — Ce jourdhuy, vingt-cinquiesme juillet mil six cent quatre-vingt-quatre, au lieu d'Aulon, devant l'Esglise paroissielle, ont été assemblés : Pierre Labatut, Guilhem Layrisse, consuls régents, Me Gabriel Labatut, prestre, curé d'Aulon, Me Bernard Cazac de Pradère, docteur et advocat en la Cour, Jammes Cavé, Jean Martin Millet, Pey Farge, Bernard Gazave, Pey Martin, et plusieurs autres habitants du lieu d'Aulon, lesquels ont procédé au département des sommes inévitables qu'il convient imposer au présent lieu, par les raysons suivantes :

Premièrement. La somme de 141 livres 15 sols, que compette au présent lieu, de la subsistance deüe au Roy, la présente année, suivant la mande du 4 juin dernier, signée : Vidal, receveur.

2o La somme de 30 livres, en faveur de Me Bertrand Costure, notaire de Sepx, pour l'indemnitté des frays et décharge de la cède, qu'il auroit remise, pour servir à la communauté, au procès qu'elle a contre le sieur de la Baysse.

3o La somme de 9 livres, en faveur du sieur Labatut, curé, pour le desfray de ce qu'il a fourni, en retirant ladite cède d'entre les mains des experts.

4o La somme de 8 livres, pour la rétribution du depputé aux derniers Estats du Pays de Nébozan, en faveur dudit sieur de Pradère, laquelle luy a esté adjugée, en considération des soings qu'il prend aux affaires de la communauté.

5⁰ La somme de 12 livres, pour les frays et droict de vizitte des Chemins et Rivières — dressé deux verbaux — port et remise d'iceux.

6⁰ La somme de 9 livres, pour la direction et expédition des quittances du debte de Castet frères, Daray et autres, en faveur de moy, notaire
soubsigné.

7⁰ La somme de 6 livres 8 sols, pour le présent acte du département
faction des rolles et papier timbré.

8⁰ La somme de 3 livres, pour les frays faicts par lesdits consuls, au
bail *à prix fait* de la construction du Pont de la Comme, sur la rivière
de la Noué.

9⁰ La somme de 10 livres 19 sols, pour le sol pour livre, attribuée
auxdits consuls, pour le droit de collecte.

Toutes lesquelles sommes accumulées montent la somme de 230 livres
2 sols. Icelle, départie sur 333 livres livrantes, [a esté costizée à 14 sols
pour chacune livre livrante, qui sera levée par les consuls, quy en rapporteront bonne et valable quittance à la communauté.

En foy de quoy,

AMYEL, *notaire.*

1685. — Ce jourdhuy, quatriesme février mil six cent quatre-vingt-
cinq, au lieu d'Aulon en Nébouzan, ont esté assemblés : Bernard Tramont, Michel Cazeneuve, Raymond Clerc, André Regaignon, consuls
régents d'Aulon, et autres habitants, lesquels ont fait imposition et département des sommes qui sont sy après :

1⁰ 122 livres 5 sols, pour le contenu en la mande du 10ᵐᵉ novembre
1684, signée : Vidal receveur.

— 8 livres pour le deffray du député qui a assisté à la tenue des Etats.

— 66 livres 7 sols 6 deniers, du contenu en autre mande du 2ᵐᵉ décembre dernier, signé : Pégot receveur.

— 10 livres 10 sols, contenues en autre mande du 28 décembre dernier, signé : Vidal receveur.

— 5 livres 10 sols, pour les frays des verbaux de visitte des chemins
et rivières ; dresse, port et remise d'iceux.

— 40 livres, pour achapt de foin, paille et avoyne, pour la subsistance
de deux chevaux de deux cavaliers, logés au présent lieu.

— 6 livres 8 sols, pour la dresse du présent et rolles du département.

— 12 livres 18 sols, du droit de lière, à raison de 1 sol pour livre,
revenant toutes les susdites sommes à la totale de 271 livres 18 sols
6 deniers, laquelle, départie sur 333 livres livrantes, revient, sur chaque
livre, la somme de 16 sols 6 deniers, pour estre levée par les susdits

consuls et en rapporteront de bonnes quittances et certificat de l'employ des susdites 40 livres.

En foy de quoy,

AMYEL, *notaire.*

1685. — Ce jourdhuy, douziesme septembre mil six cent quatre-vingt-cinq, au lieu d'Aulon, a esté procédé à l'imposition et département de la somme de 60 livres, contenue en la mande quy a esté tirée par le sieur Vidal, receveur, retirée par les consuls.

— 30 livres, en faveur de Jean Laforgue, garde-forest, pour la rétribution de ses gages.

— 21 livres, pour payer le droit du Bureau des mobilliaires.

— 4 livres 10 sols, pour prendre avis sy le bien de Monsieur le Curé est subject à l'extraordinaire ou non (?).

— 1 livre, pour les frays qui ont esté faits contre Me Cousture.

— 3 livres, pour distraction de l'extraordinaire du bien dudit sieur curé, sur la dernière imposition.

— 6 livres 8 sols, pour les frays du département, faction des rolles et papier timbré.

— 7 livres 5 sols, du sol pour livre du droit de collecte.

Revenant en tout à 133 livres 3 sols, départie sur 330 livres livrantes, revient à raison de 8 sols pour livre, quy sera levée par les consuls, dont randront compte.

En foy de quoy,

AMYEL, *notaire.*

1686. — Ce jourdhuy, troisiesme mars mil six cent quatre-vingt-six, au lieu d'Aulon en Nébozan, à l'issue de la messe de paroisse, ont esté assemblés les sieurs Pierre Amiel, Jean Rigolène, Bernard Cazeneuve, Pierre Martin, consuls régents, Me Bernard Cazac de Pradère, docteur et avocat en la cour, juge d'Aulon, Gaspard Cazeneuve et plusieurs autres habitants, lesquels ont fait l'imposition et département des sommes sy-après énoncées :

1° De la somme de 65 livres 16 sols 6 deniers, pour la donation faite au roy, par le pays de Nébozan, suivant la mande du 24 janvier dernier, signée de Sède, receveur.

2° La somme de 150 livres 2 sols 6 deniers, que nous touche des impositions faites par ledit pays de Nébozan, suivant la mande du 24 janvier dernier, signée dudit de Sède.

3° La somme de 8 livres, pour la rétribution de notre député, suivant la déclaration du sieur de Sède, mise au pied de la mande.

4º La somme de 6 livres 8 sols, pour la dresse du département, faction de rolles et papier.

5º 30 sols pour la réparation de la chapelle de S' Michel.

6º 30 sols pour le remboursement de pareille somme payée par moy notaire, en descharge de la communauté envers deux cavaliers, qui sont logés à Aulon.

7º La somme de 11 livres 13 sols, pour le sol pour livre, en faveur des consuls, pour leur droict de collecte, revenant en tout à la somme de 245 livres, laquelle, départie sur 333 livres livrantes, avons trouvé revenir à 15 sols pour livre livrante.

En foy de quoy,

AMYEL, *notaire.*

1687. — *Département fait au lieu d'Aulon.* — Ce jourdhuy, neuviesme février 1687, au lieu d'Aulon en Nébozan, a esté faite l'imposition et département de la somme de 63 livres 3 sols 9 deniers, contenue en la mande du 25ème novembre, signée : de Sède, receveur. 120 livres 3 sols 9 deniers, contenues en autre mande du mesme jour, signée dudit de Sède. — 8 livres pour la rétribution du député des Etats du Nébozan, mise au pied de la mande. — 12 livres pour achepter de l'avoyne pour la subsistance du cheval du dragon, logé à Aulon. — 6 livres 8 sols pour les frays du département, faction des rolles et papier timbré. — 10 livres 13 sols, pour le sol pour livre, du droict de collecte, attribué aux consuls; revenant en tout à la somme de 223 livres 7 sols 6 deniers, laquelle départie, sur 330 livres, revenant, pour livre livrante, à 13 sols 7 deniers, quy sera levée sur les contribuables par les consuls en charge, et en rapporteront quittance en faveur de la communauté.

En foy de quoy,

AMYEL, *notaire.*

1688. — Ce jourdhuy, 23 janvier 1688, ont esté assemblés : Vidian Martin, Jean Durrieu, Jean Larrieu, Domenc Féraud, consuls régents du lieu d'Aulon, assistés d'Ogier Martin, Jammes Cavé, Jean Martin, Michel et Bernard Cazeneuve, Domenc Regaignon, Jean Bertrand Cassaigne, Guilhem Lafforgue et Laurens Martin, tous habitants dudit Aulon, lesquels ont fait l'imposition et département de la somme de 80 livres, du contenu en la mande du 1er Xbre.

— Le surpleus du contenu en ycelle qu'est pareille somme de 80 livres, ayant sy devant imposée et livrée par lesdits consuls.

— La somme de 138 livres 18 sols 9 deniers, contenue en une autre mande du 30 Xbre dernier.

— 8 livres, pour les attributions du depputé.

— 65 livres 7 sols 6 deniers, en une autre mande du mesme jour, 30 X^bre dernier.

— 6 livres 8 sols, pour les frays du présant département, papier timbré et faction des rolles.

— 12 livres, en faveur de Bernard Tramont et ses collègues consuls, l'année 1684, en tant moins de ce quy leur est deüe par leur closture de comptes, et le sol pour livre du droit de lière, attribué auxdits consuls.

Revenant en tout à 333 livres, qui sera levée sur 333 livres livrantes, à raison de 20 sols pour livre, dont les consuls rapporteront quittance.

En foy de quoy,

AMYEL, *notaire.*

1731. — *Visite officielle des bois d'Aulon, faite par l'adminis-*
tration des Eaux et Forêts.

L'an mil sept cent trente un, et le sisième jour du moy de février, nous, Jean-Baptiste Villa, seigneur d'Auribat, conseiller du roy, m^re des eaux et forêts de la maitrise particulière de Commenge et enclaves d'icelle, siège de la ville de Saint-Gaudens, commissaire en cette partie, deputé pour l'exécution de l'arrest du Conseil du 12 mars 1726, qui ordonne que touttes les commenautés, tant ecclésiastiques que laïques, réguliers et séculiers, et tous autres gens de mainmorte, seront tenus de faire arpenter, figurer et borner leurs bois six mois après la publication du susdit arrest, et d'en remettre quinze jours apres le plan figuratif et géométrique au greffe des maîtrises, chaquune desdittes comt^tés suivant son ressort, sinon qu'il y seroit pourveu à la diligence des procureurs du roy de maitrise et aux frais des deffaillants; et attendu que les consuls, sindits et comt^é du lieu d'Aulon n'ont pas encore satisfait au desir dud. arrest, nous, commissaire susdit, nous sommes, sur les requisitions du procureur du roi de nostre siège, rendu au lieu d'Aulon accompagné de Me Jean Bascans, greffier d'office, préalablement receu de luy en nos mains le serement en tel cas requis, de François Gaillac, garde de nostre suitte ordinaire; led. jour etant arrivés au susdit lieu, nous avons ordonné aud. garde d'aller sommer lesdits consuls, sindic et còmt^e dud. lieu d'avoir à nous venir joindre chez Me Bernard Amiel, not^re royal du presant lieu, chés qui nous avons pris gîte, pour estre presants et nous assister à la visite, arpentemant, bornage et levée du plan figuratif et géométrique que nous antandons faire faire de leurs bois communs, par Jean Cassaigne, arpanteur juré de nostre maitrise, qui s'est aussi rendu au présant lieu par nostre ordonnance, et pour

après cette opération estre par nous procédé à l'opposition du quart de
reserve pour croistre en futaye, et à la division des couppes des trois
quarts restants en coupes ordinaires de l'age de vingt cinq années,
conformemant au susdit arrest du 12 mars 1726 et en deffaut d'une
assez grande contenance à celle de trois coupes pour estre esploittés de
huit en huit ans, conformément à lettre de Mr de Baudrix, conseiller
d'Etat et intandant des finances, du 29 mars 1730, registré des registres
de nostre siege, le 20 décembre dernier, à quoy nostre dit garde a de
suitte satisfait et sommé les consuls, sindic et com^té dud. lieu d'Aulon
de se rendre demain, à huit heures du matin, aupres de nous tant pour
nous indiquer leur bois que pour estre presants, à l'execution de l'arrest
du Conseil à laquelle nous antandons proceder led. jour de demain
qu'on comptera 17 du mois de fevrier courant, ne pouvant de ce jour-
d'huy à cause des approches de la nuit.

Villa Gaillac, garde. — Bascans, greffier, ainsi signés.

Led. jour 17e du mois de fevrier 1731, ont comparu les sieurs Gabriel
Duclos, consul dud. lieu d'Aulon; Laurent Martin, consul, et les
s^rs Bernard Amiel, André Caseneuve, Jean Castet et Jean Layrisse,
garde particulier des bois de lad. com^té, et tous consuls, sindic et prudhommes dud. lieu d'Aulon pour en conséquance de la sommation que
leur feut faitte le jour d'hyer, par nostre dit garde, nous indiquer tous
leurs bois communs et nous assister tant dans nostre visite que dans
l'exécution de l'arrest du Conseil du 12 mars 1726, et pour nous declarer
s'ils avoient deja en partie satisfait, et que par le sieur Jean Cassaigne,
nostre susdit arpenteur, ils avoient fait arpanter, figurer et borner tous
leurs bois et lever le plan figuratif et géométrique que nostre dit arpanteur nous a dans l'instant exibé et remi entre les mains de nostre dit
greffier, nos commissaires susdits accompagné comme dessus et des
susnommés consuls, sindics et prudhommes dud. lieu d'Aulon, et sur
leur indiquation nous sommes rendus au bois vulgairement appellé du
Soulan, appartenant à lad. com^té d'Aulon pour en faire la visite que
nous avons commencé par la reconnoissance des bornes et confrontations et avons reconnu qu'il confronte.

Nous sommes ensuitte passés au bois vulgeremant appele les Enganadures, et nous avons trouvé qu'il confronte : doriant, landes du s^r de
Floran et terres du s^r de Mata ; couchant, landes des particuliers ; midy,
bois dud. sieur de Floran ; septantrion, ruisseau dit de la Goutille, et
qu'il est borné dans sa totalité par sept bornes dans les angles rantrants
et saillants ; nous sommes en outre entré dans le corps dud. bois et
lavons parcoureu de bout en bout et en travers, autant que la situation

du terrein nous la peu permettre, étant situé sur un panchant tres rude
du midy au septantrion, selon une contenance de trente un arpants
trente deux perches, et lavons reconnu sur un fonds médiocre planté
desance de chene de lage de cinq jusques à huit ans, abroutti et abougri
dans touttes ses parties, à cause des brouttes et couppes journaliers quon
y pratique, en sorte que s'il n'est entierement recepé, il ne scauroit jamais
produire, etant cependant certain que s'il etoit recepé il s'y formeroit un
taillis de bonne sperance.

Nous avons ensuitte interpellé les consuls de nous indiquer leur troisième bois, conformemant au jugemant souverain des commissaires
reformateurs, par lequel ils sont maintenus en la proprietté de trois triages de bois, et en consequance, ils nous auroient déclaré jouir et posséder un bois dit au *Mont*, sur lequel nous nous serions rendus et l'aurions
fait mesurer, borner et figurer, et avons trouvé..... (*la suite manque.*)

Clos et arretté led. jour, 19 février 1731. — VILLA GAILLAC, *garde
général*; — BASCANS, *greffier d'office*, ainsi signé.

Collationné : VIDAL, *greffier*.

1754. — *Délibération du Conseil général d'Aulon.*

Le 27 décembre de la même année, par devant G. Lacombe, notaire
royal de la ville d'Aurignac, le Conseil général d'Aulon, assemblé en la
forme accoutumée, par les soins du sieur Jérôme-Victor Cazac de Pradère, premier consul, considérant : 1º que, faute de logement pour le
vicaire au lieu de Mengué, juridiction du présent lieu, les habitants
sont souvent privés de messe, lors des inondations, le vicaire résidant
ailleurs contrairement à ses désirs; 2º que les ponts sur les rivières de
la Noue et de la Louge étant détruits, toute communication est interdite au moindre orage, même entre habitants, à tel point qu'on ne peut
être secouru ni pour le spirituel, ni pour le temporel; 3º qu'il y a lieu
de faire des réparations importantes au clocher d'Aulon; 4º de même à
la chapelle Saint-Michel, servant à enterrer les petits enfants, qui se
trouve actuellement interdite, faute de certaines réparations ordonnées
par Mgr l'Evêque de Comenge, sans qu'on ait pu leur donner de suittes,
la communauté se trouvant dépourvue de fonds, a unanimement donné
plein pouvoir au sieur Simon Sarraute, marchand dudit lieu, de poursuivre la permission de vendre le quart de réserve des bois communaux
et en employer le produit aux fins ci-dessus, avec promesse d'avoir
pour agréable tout ce qui sera fait par ledit sindic, et le relever, garan-
tir, indemniser des avances, soins, peines et vacations.....

G. LACOMBE, *not.*

1757. — *Requête des consuls pour prélever une nouvelle contribution par contrainte.*

A vous, Monsieur le Juge ordinaire du lieu d'Aulon,

Supplient humblem^t les consuls regens du lieu d'Aulon, disant que la comté dud. lieu étant chargée de travailler à la route royalle, et de randre parfait, incessament et sans delay, la portion du terrein qui lui avoit été assignée, la meme comté setant avisée que l'eloignement de leur chantier, seroit en etat de leur causer un derrangement notable à la culture de leurs terres; dans ce point de veue, lad. comté trouva à propos de traitter pour les ouvrages, et en conséq^{ce} elle prit déliberation par laquelle il feut donné plain pouvoir aux supp^{ts} de traitter aux conditions qu'ils le trouveroint à propos, avec les personnes qui voudroint se charger dud. ouvrage, avec promesse de les relever en tout principal depens, domages et intérets.

Les supp^{ts} ensuitte de cette déliberation, se sont donné tous les soins qu'il a depandu d'eux, pour seconder les désirs de la comté, et enfin ils sont parvenus à traitter dud. ouvrage avec les nommés Daries et Lampué de Montrejeau, qui se sont obligés de randre led. ouvrage parfait, moyenant une somme de cinq cent septante cinq livres, qui devoit leur etre payée, 200^l au commencement de l'ouvrage, pareille somme à demi ouvrage, et le reste à ouvrage parfait; ces entrepreneurs n'ont receu que cent livres à compte, cependant louvrage est pour ainsi parler fini, et comme les supp^{ts} ont besoin de contraindre les hab^{ts} chacun endroit soy, au payement de ce qui peut lui toucher du prix capital de lad. adjudication.

A ces causes; vu la susd. déliberation, acte d'adjudication et rolle de repartition dressé en conséquence, il plairra de vos graces, Monsieur, permetre aux sup^{ts} de contraindre tous les redevables, chacune en droit soy, au payement de ce qui le compte du prix de lad. adjudication, et ce par execution de leurs meubles, et autrement, meme de les vendre sans autre formalité de justice, vu que le cas requiert celerité, comme aussi de leur decerner une contrainte à trente sols par jour, jusques, à ce qu'il auroit payé avec depens, et fairés bien.

Veu par nous, juge soussigné, la presente, la deliberation de la comté d'Aulon du 17 avril dornier, l'acte d'adjudication dont s'agit du 20e dud. mois, ensemble le rolle de repartition fait sur tous les hab. de lad. comté, de la somme de six cents trente cinq livres, cinq sols, ordonnons que tous les denommés aud. rollé seront contraints chacun endroit soy au payement de leurs cottes, par prise et saisie de leurs biens, vente et delivrance d'iceux en la forme de l'ord^{ce}, même le cas echeant par logement, à raison de trente sols par jour jusqu'à parfait payement.

App^{vé} ce 1er juin 1757.

PÉGOT juge.

1760. — *Louis XV confirme un arrêt du Parlement de Toulouse porté contre les consuls d'Aulon et de quelques communes voisines, et concernant le transport du bois de chauffage.*

Louis XV, par la grâce de Dieu, roi de France et de Navarre,
Au premier notre huissier ou sergent sur ce requis.

Comme sur les réquisitions verbalement faites par Notre Procureur général, en Notre Cour de Parlement de Toulouse, disant que la nécessité de pourvoir à l'approvisionnement du bois à brûler dans Notre ville de Toulouse, avait engagé Notre dite Cour de rendre, les 24 mai, 29 juillet et 19 décembre 1758, des Arrêts pour régler le manière et le prix des charrois pour porter le bois dans les ports attenants la rivière de Garonne. Que nonobstant les soins et l'application qu'on a apporté pour faire exécuter en entier lesdits Arrêts, la mauvaise volonté des charretiers et des bouviers, quelques propriétaires et même les consuls de différentes communautés y ont porté des obstacles sous divers prétextes.

Ici les consuls d'Aulon et de Peyrouzet sont pris à partie et malmenés, parce que, dans leurs délibérations, ils avaient fixé le prix du transport différemment de celui déjà fixé par l'Arrêt du 19 décembre 1758. Un entrepreneur de Toulouse obtint du Parlement de cette ville un nouvel arrêt, daté du 21 août 1759, et d'après lequel, le bois devait être transporté jusqu'à Boussens, à raison de *quatre livres par canne.* Et il était défendu d'augmenter ce prix sous peine de 500 livres d'amende.

Au moyen de cet arrêt, qui a été publié et affiché, il était naturel de croire que la partie de bois et de charbon (*du bois de Lascoumettes acheté par ce marchand de Toulouse*) serait bientôt transportée dans Notre ville de Toulouse. Mais au lieu d'y obéir, les habitants d'Aulon et de Peyrouzet ont pris le parti de se sindiquer, et se sont pourvus en opposition contre cet Arrêt. Les charretiers des lieux circonvoisins, instruits de cette opposition, ont aussi refusé de faire les charrois ordonnés par ledit Arrêt, nonobstant l'acte adressé, le 6 novembre dernier, aux consuls des lieux d'*Aulon, Auzas, Aurignac, Sepx, Bouzin, Peyrouzet, Arnaud-Guilhem, Proupiary, Séglan, Saint-Elix et Prés-Auzas*, pour leur exposer les injonctions à eux faites par Notre dite Cour.....

... Il importe que l'opposition formée par les sindics des communautés d'Aulon et de Peyrouzet, n'arrête pas plus longtemps l'exécution des susdits Arrêts, quoique Notre dite Cour n'aye pu encore statuer sur le mérite de cette opposition. Les consuls et particuliers de ces communautés ne sont pas les seuls qui soient désobéissants aux ordres de Notre dite Cour.

Ici les communes de *Francon, Samouilhan* et *Marignac-Laspeyres* sont semoncées à leur tour. L'urgence d'approvisionner de bois une ville comme Toulouse vient augmenter la culpabilité des communes réfractaires.

Puis arrivent les *considérants* qui doivent motiver le nouvel arrêt.

Dans cette nomenclature nous relevons que, le 9 août 1759, les consuls d'Aulon avaient pris une délibération contraire à l'arrêt qui fixait le prix du transport du bois de chauffage. Le 22 septembre suivant, le syndic de notre commune adressa au Parlement de Toulouse une requête en appel, contre l'arrêt du 21 août de la même année.

Tout fut inutile, et Louis XV confirma tous les précédents arrêts du Parlement, avec ordre formel aux consuls intéressés de s'y conformer sous les peines les plus sévères. Le jugement se termine ainsi :

Nous à ces causes, requérant Notre dit Procureur général, commandons mettre le présent Arrêt à due et entière exécution, suivant sa forme et teneur.....

Prononcé à Toulouse, en Notre dit Parlement, le vingtième décembre de l'an de grâce 1760, et de Notre règne le quarante-cinquième.

(Collationné : Verlhac.)   Gasc, *pour le Roi.*

1762. — *Nouvelle requête des syndics d'Aulon pour plaider contre Joseph de Médidier, seigneur dudit lieu.*

A vous Monseigneur l'Intandant an Navarre, Béar et Généralité d'Auch.

Supplient humblement les srs Pradère et Sarraute, sindits de la communauté d'Aulon, qui ont l'honneur de vous represanter, que pour soutenir le procès que laditte communauté a contre monsieur de Médidier pandant au parlement de Navarre, ils vous auroint presanté requette pour leur permettre de playder, pour subvenir aux fraix d'iceluy, leur permettre d'imposer les sommes que vostre grandeur jugeroit convenable. Par ordonance du dix huit aoust mil sept cens cinquante six, vous auriés permis aux suppliants de soutenir ledit procès ; et a ces fins qu'il seroit levé par imposition une somme de cent cinquante livres. Par autre ordonnance du dix sept septambre mil sept cent cinquante huit, vous auriés de mesme permis aux suppliants de lever par imposition, une somme de trois cents livres, à repartir au marc la livre de la taille sur tous les habitans et bien tenans de laditte commenauté. Ces impositions furent faittes et levées an conséquance; cepandant il se trouve que par les grands fraix que ce procès a occasioné et occasione, ces sommes sont insuffisantes. Et le s^r de Médidier ayant fait signifier des nouvelles scrittures, auxquelles la commenauté ne peut sampecher de repondre mesme un etat circonstantiel de son denoumbrement, comme il luy a été aujoint par le s^r de Laborde très prejudiciable à la commenauté.

A ces causes, il vous plairra de vos graces, Monseigneur, veu le collationé de vos ordonances dudit jour 18 aoust 1756, et 17 septambre 1758, et la deliberation de la commenauté du 2 avril 1758; les rolles du procureur et sindits montant a la somme de 485 l. 19 s. 4 d. cy joints, sans a ce comprandre 62 jours d'affirmation, noumbre d'autres voyages et autres fraix qui auroint été faits; leur permettre d'imposer la somme de six cents livres pour subvenir aux fraix faits et a faire, et ferés justice et cette com^{té} faira des veux au ciel pour vostre conservation.

PRADÈRE, *sindic et supliant.*
SARRAUTE, *sindic et suppt.*

Vu la presente requête, nos ordonnances des 18 août 1756 et 17 septembre 1758, les pièces sur lesquelles elles ont été rendues, ensemble les Eclaircissemens par nous pris.

Nous, Intendant en Navarre, Bearn et Generalité d'Auch, permettons aux supliants, sindics de la communauté d'Aulon, par suitte d'autorisation, de lever par imposition au marc la livre de la taille sur tous les habitans et biens tenans dud. lieu, la somme de *six cens livres*, ainsy et de la même manière qu'il en a esté precedemment usé, conformément à nos ordonnances d'autorisation des dix huit août mil sept cens cinquante six, et dix sept septembre mil sept cens cinquante huit, avec deffenses auxd. sindics d'employer lad. somme a dautres usages qua la poursuitte du procès dont sagit, à peine d'en repondre en leur propre et privé nom, et à la charge d'en rendre compte aux formes ordinaires.

Fait ce 30 août 1762.

D'ETIGNY.

(En tête de la pièce se trouve écrite la demande suivante de vérification.)

Renvoyé à M. Pibrac pour veriffier, m'en rendre compte et me donner son avis. — A Auch, le 26 juin 1762.

D'ETIGNY.

1765. — *Autre requête des syndics d'Aulon pour soutenir le même procès contre Joseph de Médidier.*

A vous Monseigneur d'Etigny, Intandant en Navarre, Béar et Généralité d'Auch.

Supplient humblent les srs Hyerome Victor Cazac de Pradère et Antoine Sarraute, sindits de la comté d'Aulon, qui ont l'honneur de vous observer qu'ils auroint présanté diverses requettes a sa Grandeur, tandants a ce qu'il vous plese les autoriser et prermettre d'imposer une somme, a vous arbitraire, pour poursuivre la cassation de l'arrêt du 14 jeuillet 1763, rendu au profit du sr de Médidier contre lad. comté, et en conformité des délibérations du 27 Xbre 1763, 26 et 2 fevrier 1764, et consultations des srs Conte et Fossat, avocats au parlement de Navarre, et Ragon Ausone et Pelé, avocats au conseil, autorisation et diverses permissions d'imposer pour la poursuitte dud. procès au parlement de Navarre; mas lesdittes déliberations ne fixant et determinant point de somme, la comté a, craignant que le paquet ne fut renvoyé pour y statuer, passé une deliberation le dizième de ce mois, qui donne pouvoir auxdits sindits, de demander et poursuivre une imposition de la somme de six cents livres, pour la poursuitte de la cassation dud. arret. Ce considéré, et veu les pièces enoncécs cy dessus, playrra de vos graces Monseigneur, permettre aux sindits suppléants de lever au marc la livre de la taille, sur tous les habitans et bientenans de lade comté, la somme de six cents livres pour estre employée aud. procès et les suppliants ne cesseront de faire des veux au ciel pour vostre conservation et prosperité.

SARRAUTE, sindic suppliant.

Vu la présente requête, la délibon de la communauté d'Aulon, du 10 mars dernier, autres déliberations de lad. communauté du 17 Xbre 1763, 26 et 2 fer 1764, la consultation des srs Conte et Fossat, avocats à Pau, du 23 7bre 1763. Autre consultation des srs Ragon, Pelé et Ossone, avocats à Pau, du 23 7bre 1763. Autre consultation des srs Ragon, Pelé et Ossone, avocats au conseil, du 16 janvier de la présente année.

Nous, Intendant en Navarre, Bearn et Généralité d'Auch, avons aprouvé et autorisé la déliberation de la communauté d'Aulon, du 10 mars dernier; en conséquence, ordonnons que la somme de *six cens livres* sera imposée au marc la livre de la taille, sur tous les habitans et bientenans de lad. communauté, suivant le rolle qui en sera dressé par les consuls et repartiteurs ordinaires de lad. communauté, lequel sera vériffié et rendu exécutoire par le sr de Lassus Duperron, notre subdélégué à Montréjeau, pour être lade somme de *six cents livres* employée aux frais de la poursuite de l'instance au Conseil, en cassation de l'arrêt de la chambre des Comptes du Parlement de Pau, rendu entre lade Communauté et le sr de Médidier, sans que sous aucun pretexte lad. somme puisse être employée à d'autres usages, à peine contre les consuls, sindics et collecteurs, d'en repondre en leur propre et privé nom, et dont ils rendront compte aux formes ordinaires, et avant qu'il ne puisse être pourvu à d'autres impositions.

Fait à Paris, le 10 avril 1765.   D'ETIGNY.

1768. — *Requête des consuls et syndics d'Aulon pour pouvoir imposer la commune afin de soutenir un procès contre les fermiers du chapitre de Pessan.*

A vous Monseigneur de Journet intandant de la Generalité d'Auch.

Supplient humblement les consuls, sindics et Comté d'Aulon en Nebousan, et ont l'honneur de vous faire observer qu'il est dans le lieu une église paroissialle, très ancienne et bien bâtie en voutte, au centre de laquelle est un clocher en pierre de taille, rond et a l'antique, où sont quatre assés belles cloches, le tout soutenu par quatre grands piliers aussi en pierre de taille. Pour aller à lad. voutte, clocher, et toit, il n'est que deux seulles ouvertures ou portes, qui touttes deux communiquent à une maison tenante et jointe à l'église, que nous appellons la maison prieuralle, appartenante au chapitre de Pessan, seulle et unique routte pour aller à la voutte, clocher et toit; et par où la Comté a toujours eu le libre passage, pour ses usages nécessaires, et enfin dans l'impossible de passer ailleurs. Cependant le mois d'avril dernier les fermiers dud. prieuré entreprirent de deffendre, et fermer le passage, jusques meme à ampecher de rajuster les cordages des cloches qui avoient cassé, et dans la circonstance la plus défavorable. La Comté affligée d'une maladie epirexique, dans la saison des orages, pandant trois mois et davantage, il ne feut plus possible de sonner les cloches; pandant tout ce temps les offices divins enterrements et autres se firent sans son de cloche.

La communauté dans cette triste situation délibéra le 8 may dernier, aux fins de deffendre et poursuivre led. passage où il appartiendrait... *(Suivent la nomenclature de toutes les tentatives faites auprès des fermiers, la correspondance échangée avec le chapitre de Pessan, consultations des avocats, etc.)*

Voilla Monseigneur l'état de cette affaire. Ce consideré et veu la neces-

sité absolue dud. passage, l'usage de la Comté depuis la construction de
l'église et prieuré, quoique des plus anciennes, le refus, et l'obstination
du chapitre et fermiers, l'impossibilité de passer autre part, la conduitte
de la Comté, des suppliants, du chapitre, et des fermiers dans cette
affaire : Plaise de vos graces, Monseigneur, autoriser les délibérations
de la Comté d'Aulon, du 8e may et 23 8bre 1768, et permettre aux sindics
suppliants de lever sur tous les habitants et lieutenans, au marc la livre
de la taille, la somme de cinq cents livres, pour estre employés à la poursuite dud. passage; et les suppliants ne cesseront de faire des vœux
pour la conservation et prosperité de vostre personne.

SARRAUTE, sindic suppliant.   LASSUS DUPERRON, subdé .

1769. — *L'Intendant général, favorablement prévenu par les
chanoines de Pessan, refusa d'autoriser l'imposition de cinq
cents livres, et mit fin au procès en prenant comme arbitres
les deux avocats choisis par les consuls d'Aulon et deux
experts nommés par le chapitre suzerain.*

Vu la présente requête, les délibérations de la communauté d'Aulon
des 8 may et 23 octobre 1768, ensemble les éclaircissements à nous donnés.

Nous Intendant de la généralité d'Auch, ordonnons au sindic de la
communauté d'Aulon de raporter par devant les srs de Joly et Desirat,
avocats au Parlement de Toulouze, les pièces, titres et memoires que la
Communauté peut avoir au sujet de la servitude de passage dans la
maison prieurale dud. lieu pour aller au clocher de lad. parroisse, et les
srs de Joly et Désirat s'assembleront avec les srs Ricard et Solle nommés
par le chapitre de Pessan pour terminer l'affaire dont s'agit par la voye
de l'arbitrage.

Fait à Auch, le 28 février 1769.

JOURNET.

1769. — *Sentence du juge de la baronnie d'Aulon concernant
la fondation d'un obit.*

Bernard Pegot Vallibus, liscentier ez droit, avocat en parlement et juge
ordinaire de la Baronie d'Aulon, au Bayle de notre jurisdiction premier
huissier, sergent ou autre sur ce requis; comme en l'Instance devant
nous introduitte et pendante, entre Gaudens Lozes, menager sur son
bien, habitant de Scepx. Intimer faisant l'acte de subrogation consenty

en sa faveur par Jean Labatut, habitant d'Aulon et demandeur par exploit, pour se voir l'assigné condamner avec depens à delaisser au requerant un champ partie inculte et partie labourable, scitué aud. Aulon, quartier du champ du Câvé, confrontant les h^{ers} de M. de Viala ; et led. requerant avec restitution des fruits, jusqu'au jour dud. delaissement et autres fins de l'exploit fait par Lassuderie, le vingt octobre dernier, controlé à Salies, le vingt deux, par Me Danouilh d'une part, et Me Tapie, curé du lieu d'Aulon, intimé, assigné et deffendeur d'autre. La cause en audiance, ce jourd'huy quinze novembre mil sept cens soixante neuf, contradictoirement playdée, ouy led. Lozes en sa cause, ouy led. Me Tapie curé, ensemble le procureur fiscal, qui ont conclu comme est au registre par nous dit juge, fut appointé vû les pièces sur les simples qualités, il sera dit droit aux parties à l'issue de l'audience. Vû par nous juge soussigné, le testament de Me Gabriel Labatut, curé d'Aulon, du huit mars mil sept cent sept, l'acte de subrogation consenty par Jean Labatut à Gaudens Lozes, par devant Sarraute notaire, le seize octobre dernier, l'exploit d'intimation dud. acte et d'assignation dud. Lozes fait par Lassuderie, le vingtième octobre dernier, contrôlé à Salies le vingt deux, par Me Danouilh, au bas duquel est la réponse dud. Me Tapie curé. Les playdez faits en l'instance, resultans du registre, ou est notre apointement de renvoy a l'issüe, et les conclusions du procureur fiscal. Par notre presente ordonnance, vuydant le registre disant droit aux parties, demeurant la déclaration dud. Me Tapie curé, consignée dans notre registre, permetons aud. Lozes de prendre possession de la pièce de terre, appellée le champ du Câvé, limitée et confrontée en l'acte de subrogation et en son exploit introductif d'instance, à la charge par luy de payer annuelement la somme de quatre livres, seize sols, conformément à la fondation obituaire contenue au testament de Me Gabriel Labatut, curé d'Aulon, du huit mars mil sept cens sept ; et moyenant ce, sur le surplus des fins et conclusions dud. exploit, nous avons mis les parties hors d'instance, depens compensés.

Jugé ce quinzième novembre mil sept cens soixante neuf.

PEGOT, juge, signé.

A cette cause, requerant ledit Gaudens Lozes, nous vous mandons notre presente ordonnance intimée audit Me Tapie, afin qu'il ne l'ignore. Et pour raison d'iceluy faire tous exploits requis et nécessaires. De ce faire vous donnons pouvoir.

Expedié par moy, greffier ordinaire, soussigné, ce dix septième novembre mil sept cens soixante neuf.

DEJEAN, *greffier*.

L'an mil sept cens soixante neuf, et le vingt et septième jour du mois de novembre, par moy Jean André Loubens, bayle royal ressu au ciege de la ville d'Aurignac, résidant à Aulon, a la requette de Gaudens Lozes, menager de son bien, habittant du lieu de Sepx, ou il fait domisille dans sa maison d'habittation au dit lieu, et pour vingt et quatre heures seulement au lieu d'Aulon, ches Jean Daray, l'ordonence sy dessus et dans lautre descritte, a esté bien et duement signifiée suivant sa forme et teneur a Me Tapie, curé d'Aulon, c aux fins ne lignore avec comandement davoir a sy conformer de fait en parlant audit Me tapie, curé, trouvé dans son domisille au dit Aulon, au quel ay baillé coppie tant de la ditte ord^{ce} que du presant requis le controlle.

En foy de ce, me suis signé.   LOUBENS, *bayle.*

1777. — *Requéte du syndic d'Aulon pour obtenir l'autorisation de vendre un bien communal.*

A vous, Monseigneur Douet de la Boulaye, Intendant de la Navarre, Béar et Généralité d'Auch.

Supplie humblement Me Antoine Sarraute, ad^t en parlemant et n^{re} royal de la sénéchaussée de Toulouse, résidant Aulon et sindic de la com^{té} dud. Aulon, et a l'honneur d'observer à sa grandeur que, par son ordonance cy jointe du 26 octobre 1776, le suppléant feut déclaré créancier de la com^{té}, de la somme de huit cents soissante neuf livres, neuf sols, neuf deniers, et la com^{té} tenue de délibérer sur les moyens dont elle antand se servir pour pourvoir au peyement de lad. créance.

En execution de vostre ordonance, Monseigneur, cette com^{té} delibera le dix sept novambre même année, expédié d'icelle cy joint, pour qu'il vous plaise luy permettre de vandre en proprietté une partie d'un bois, taillis ou broussaille, quelle possede aud. lieu et dit le bois d'Aulon, cartier du Soulan, à prandre sur le couchant, confrontant Mr Despeyrens, jusque et à concurrance de lad. somme; et encore pour celle de quatre cents livres, pour faire juger le procès, et dans le cas il ne se trouveroit d'acquereurs, ordonner que lesdittes sommes seront imposés au marc la livre de la taille. C'est p^{uoy} veu voste ordonance et la deliberation des habitants d'Aulon, plaise de vos graces, Monseigneur, permettre à la com^{té} d'Aulon de vendre dud. bois ou broussailles, jusques et à concurrance de lad. somme de huit cents soissante neuf livres, neuf sols, neuf deniers, mountant de lad. creance, pour estre remise au suppliant, ensemble, pour celle de quatre cents livres, pour faire juger led. procès; et dans le cas il ne seroit des acquereurs, ce qu'on ne croit point, ordonner que lesdittes sommes seront imposés au marc la livre de la taille sur tous les habitants et bientenants, avec deffance de les employer à autres usages, et le suppliant ne cessera ses veux pour la prospérité et conservation de vostre personne.

SARRAUTE, *sindic.*

1778. — *Requête de M. Sarraute, notaire d'Aulon.*

A *Monseigneur Douet de Laboulaye, Intendant de la Navarre, Béarn et Généralité d'Auch.*

Supplie humblement Me Antoine Sarraute, adt en parlemant et nre royal, habitant d'Aulon, et a l'honneur de vous observer que la comté d'Aulon, par diverses déliberations, luy conceda un petit loupin de terrein pour la construction d'une ancoignure de sa maison, que vous autorisates par ordonance du 27 avril 1776, confirmée par arrest du conseil du 20 aoust suivant; que le sr Darcizas le provoqua a raison de ce, devant les ordinaires dud. Aulon, ou il feut rendu deux appts des 18 et 19 jeuillet 1777, ensemble une sentance du 3 octobre suivant; cette cause portée de nouveau devant vous, Monseigneur, sans vous arretter aux dits appts ny sentance, par ordonnance du 27 décembre 1777, vous avés de plus fort confirmé l'execution de vostre précedante, confirmée par arrest du conseil, et ordonné que par un expert antandu, nommé et asseremanté par Mr Montalègre, vostre subdelegué à St Gaudens, il seroit vérifié si le suppliant a rempli les conditions qui lui avoint été imposés par vostre précedante; que Mr Montalègre, vostre subdelegué, a comis et nommé le sr Dussaut inspecteur des routtes, qui se transporta en conséquance sur le local, et ayant reconu que le suppliant avoit plus que rempli, fit et remits au suppliant son verbal. C'est pourquoy veu l'acte de vostre ditte ordonance que narre vostre précedante, et arrest du conseil, le verbal dud. sr Dussaut du onze juin, qui porte que le suppliant est en règle, plaise de vos graces, Monseigneur, conformément à vostre ditte ordonnance, autoriser led. verbal dud. sr Dussaut et decharger le suppliant des dittes réparations, et le suppliant ne cessera ses vœux pour la prospérité et conservation de vostre personne.

SARRAUTE, *suppliant.*

Vu la presente requête, notre ordonnance du 27 avril 1776, l'arrêt du Conseil d'autorisation d'icelle, notre ordonnance du 27 décembre 1777, la relation dressée en exécution d'icelle, en date du 11 juin dernier, de laquelle il résulte que le suppliant a fait les ouvrages dont il s'agit et les éclaircissemens à nous donnés,

Nous, Intendant en Navarre, Bearn et Généralité, avons approuvé et autorisé lad. relation; ce faisant, avons déchargé le suppliant des réparations auxquelles il étoit tenu par notre d. ordonnance du 27 avril 1776.

Fait à Auch le 2 juillet 1778.   DOUET.

1784. — *Requête des syndics d'Aulon pour obtenir la confirmation d'une décision du Conseil.*

A vous, Monseigneur de Vergenes, Intandant de la Navarre, Béar et Généralité d'Auch.

Supplient humblement les s^rs Bernard St Sebe et Jean Pierre Fromant, sindits de la comté d'Aulon, de Nebousan, et ont l'honneur d'observer à sa grandeur que Me Sarraute adt, habitant d'Aulon, ayant désiré batir sur un terrein en roc qui se trouve au dessus de la fontaine cartier du vilage, la comté d'Aulon, par deliberation generale du 5e septembre 1783, dont expedié cy joint, luy concéda, moyenant une somme de dix livres, vingt huit pans de terrein and. cartier, du midy au septantrion. sur vingt quatre de large en euvre, et charga les suppliants de supplier sa grandeur d'autoriser lad. deliberation. C'est pourquoy et attandu que le terrein n'est d'aucune utilité à personne, qu'il ne peut rien produire tout en roc, qu'il fera par la nouvelle forme l'ambelissemant du lieu, plaise de vos graces, Monseigneur, autoriser lad. cession et délibération, et les suppliants ne cesseront leurs vœux pour vostre prospérité.

Vu la présente Requête, la Déliberation prise par la communauté d'Aulon le 5 septembre dernier et les Eclaircissements à nous donnés.

Nous ayant égard à lad. Requête, avons autorisé lad. Délibération pour être executée selon sa forme et teneur, aux charges, clauses et conditions qui y sont exprimées.

Fait ce 24 février 1784.

                                        NÉVILLE.

On lit en tête de cette pièce : « Renvoyé à M. Montalègre pour examiner l'exposé en la présente, en rendre compte et donner son avis.

Auch, le 23 janvier 1784.

    « En l'absence,

                                « NICOLAS. »

ÉPHÉMÉRIDES AULONAISES.

Nous relatons sous ce titre, et en suivant l'ordre chronologique, tous les faits détachés et de quelque importance qui n'ont pu trouver place dans le corps de la monographie. Les uns concernent la commune, d'autres la paroisse, ou même les plus anciennes familles d'Aulon. Nous n'indiquons la provenance que pour les faits notables qui n'ont pas été extraits des registres du notariat ou des délibérations consulaires. C'est dire que le plus grand nombre proviennent de cette double source.

1006. — Le prêtre Martin, d'Aulon, figure parmi les chanoines de la collégiale de Saint-Gaudens (*Gallia christ.*).

1120. — Bernard d'Aulon signe avec saint Bertrand, évêque de Comminges, l'acte de donation de la collégiale de Cazeneuve à l'Ordre des Hospitaliers de Jérusalem (*Cartul. de cet Ordre*).

1122. — Auger d'Aulon et ses fils donnent une propriété au même Ordre (*Id.*).

1209. — Guillaume d'Aulon figure parmi les bienfaiteurs du monastère voisin de Bonnefont (*Anal. Cisterc.*).

1307. — Arnaud Guillaume d'Aulon, chevalier de l'Ordre militaire du Temple, le défend courageusement contre ses adversaires (*Procès des Templiers*).

1358. — Pierre d'Aulon, écuyer d'Arnaud d'Espagne, gouverneur du Quercy, se distingue dans la guerre contre les Anglais.

1403. — Le moine Vital, de la famille de Vise, est nommé abbé du monastère de Pessan (*Catal. abb.*).

1553. — Le Sénéchal de Nébouzan tranche un désaccord survenu entre le prêtre Barus, de Peyrouzet, et noble Jean de Vise, écuyer à Aulon (*Docum. orig. sur parchemin*).

1593, 21 avril. — Mariage de noble Simon de Latour avec Madeleine de Vise, célébré à Aulon, en présence de Jean de Vise, seigneur de Saint-Élix ; Laurent de Gestas, seigneur de Floran ; Pierre Daure, seigneur de Viala ; Jean Bertrand de Latour, seigneur de Landorthe, etc. (*Parchemin*).

1606, 6 juillet. — Le Parlement de Toulouse met fin à un procès survenu entre les consuls d'Aulon et le recteur de cette paroisse, au sujet de la refonte d'une cloche. Question de payement.

1627. — Le Pape Urbain VIII accorde aux membres de la confrérie de Notre-Dame d'Aulon, une indulgence plénière, le 8 septembre de chaque année, et renouvelable tous les sept ans.

1673, 1er octobre. — Françoise de Boussar, veuve de noble Claude Daure, seigneur de Viala, fait une donation à l'église d'Aulon, et se réserve d'être ensevelie dans la chapelle de Notre-Dame, où se trouve le tombeau de la famille de Viala.

1680, 12 février. — Noble Bertrand d'Arcizas, seigneur d'Estansan, habitant de Saint-Lizier (Ariège), devient propriétaire à Aulon, par son mariage avec Catherine Dossun, de la noble famille de Vise.

1684. — Par ordre de M. de la Barrière, administrateur des ponts et chaussées du pays de Nébouzan, les consuls d'Aulon font construire un nouveau pont sur la Noue, au prix de 100 livres, plus deux chênes, exigés par l'entrepreneur Anglade, de Cassagnabère.

1693, 1er juin. — Madeleine de Vise, belle-mère de Bertrand d'Arcizas, cède au curé Labatut, et à ses successeurs, un pré appelé *de las Mèdes*, pour s'acquitter d'une donation faite par son époux Pierre Dossun, seigneur d'Orles. Le gouvernement révolutionnaire s'en empara en 1791.

1693. — Noble Pierre Dossun s'étant fait religieux au monastère de Bonnefont, son beau-frère, Bertrand d'Arcizas, devient le propriétaire des biens de la famille de Vise.

1703. — François Cazac de Pradère est nommé juge de Valentine.

1728, juin. — Une grande innondation occasionne de grands dommages dans toute la vallée de la Noue.

1729, 29 juin. — Joseph d'Arcizas, capitaine au régiment de la Couronne, donne une procuration à son frère, religieux de l'Ordre de la Merci, pour qu'il puisse affermer les propriétés que cette famille possédait à Aulon, lesquelles étaient réparties à cette époque entre cinq métairies : Maret, Bordeneuve, Bernissère, Bousquet et Cougot. C'était l'ancien domaine de la famille de Vise.

1735. — Gaspard Abolin, demeurant à Montesquieu-Volvestre, afferme pour plusieurs années les biens qu'il possédait à Mengué. Ils comprenaient à cette époque : le domaine de la maison Caddeau et les métairies de Martis, La Coste, Monplaisir et Mongaudi. Cette riche famille disparut de Mengué à la fin du dix-huitième siècle.

1735, 13 mars. — Les consuls communiquent aux habitants que, d'après une ordonnance de l'Intendant général, du 25 décembre 1734, la commune d'Aulon doit fournir un milicien au service du Roi. On se charge des frais du voyage et de l'équipement nécessaire.

1736, 25 mars. — Les frais d'érection d'une grande croix sur un terrain public (à droite de la fontaine) sont couverts par les revenus de l'affermage des prés communaux.

1737, 6 octobre. — Les consuls installent à Aulon, en qualité de régent, Jean Bastide, de Toulouse. Son traitement est fourni moitié par la commune et moitié par les parents des enfants qu'il doit instruire.

1741. — Le prêtre Jean Daure de Viala, dernier personnage de ce nom, fait testament en faveur de Joseph de Montpezat, seigneur d'Espeyrenx.

1742. — Une souscription des habitants d'Aulon couvre les frais occasionnés par la refonte d'une cloche.

1742. — Une forte inondation ayant ravagé les terres situées sur les bords de la Noue, les consuls réduisent considérablement le prix d'affermage des six prés communaux.

1745. — Joseph d'Arcizas vient s'établir à Aulon. Il achète l'ancien château des seigneurs et le fait restaurer. Ses descendants le possèdent encore en 1903.

1746. — Les consuls confient à Dominique Cassagne, entrepreneur, l'exécution d'importantes réparations à l'église, ordonnées par l'évêque de Comminges.

1747, 14 décembre. — Noble Joseph de Montpezat, domicilié au château de Viala, fait testament en faveur de Louis de Montpezat d'Espeyrenx, domicilié à Larcan. Le domaine comprenait les métairies de Viala et du Cap-dé-Bosc, avec leurs dépendances.

1748, 18 juin. — Le pape Benoît XIV accorde une bulle de sécularisation au monastère de Pessan. Les biens de l'ancien prieuré d'Aulon deviennent la propriété du nouveau chapitre collégial de Pessan.

1757, 24 juin. — M. de Lassus du Perron, délégué de l'Intendant général, écrit de Montréjeau aux consuls d'Aulon pour se plaindre. La portion de la nouvelle route confiée aux Aulonais était, paraît-il, mal exécutée !!!

1763, 4 septembre. — Les consuls sollicitent, auprès de l'Intendant général, l'autorisation de vendre à M. Amiel neuf cannes de terrain communal, situé près de l'ancien cimetière, et pour y construire une maison bourgeoise. Elle appartient actuellement à Mme Gabrielle Brousset.

1764, 16 décembre. — Les notables d'Aulon, réunis sous la présidence de Jean Tatareau, lieutenant général de la vicomté de Nébouzan, adréssent une pétition au Roi à l'effet d'obtenir deux grandes foires par an : le lendemain de la fête patronale (9 septembre) et le lundi de Quasimodo.

1765. — Michel Cazeneuve se fait accepter comme régent et donne même des leçons de latin aux enfants des bonnes familles d'Aulon.

1766, 14 septembre. — Les consuls décident de vendre certains biens usurpés à la commune afin de pouvoir payer les arrérages dus aux héritiers de feu Joseph de Médidier, seigneur d'Aulon.

1767, 20 septembre. — M. Antoine Sarraute, d'Aulon, fait créer en sa faveur un office de notaire royal à Latoue.

1768, 6 août. — Convention des consuls avec Louis Barrère, fondeur à Aspet. Celui-ci s'oblige à refondre une cloche pour 45 livres.

1771, 21 mai. — Les consuls établissent un règlement sévère relatif à l'époque des vendanges et de la coupe des foins.

1775, 20 juin. — Une forte inondation ravage toute la vallée, rend le chemin de Saint-Gaudens à Aurignac impraticable, ainsi que celui d'Aulon à Mengué. L'orage avait rendu le quartier du Peyrenc inaccessible aux bestiaux. Des prestations volontaires sont organisées pour réparer ces graves dégâts.

1777, 14 mars. — L'Intendant général autorise les consuls à vendre une partie du bois d'Aulon pour couvrir certaines dettes de la commune. La vente eut lieu quelques jours après et comprenait dix-sept lots.

1782. — Antoine Sarraute est nommé juge ordinaire de la Baronnie de Ramefort.

1785, 22 mars. — Les consuls reçoivent l'ordre de prélever dans la commune un impôt de 646 livres pour couvrir certaines dépenses accidentelles des Etats du Nébouzan, lesquelles s'élevaient à 23,103 livres.

1785, 1er juillet. — Jean-François Dispan de Floran, seigneur de Saint-Marcet, Lalouret, Larcan, Montpezat et coseigneur de Latoue, établit Antoine Sarraute, d'Aulon, son juge ordinaire, et même gruyer, dans toute l'étendue de sa seigneurie.

1788. — Bertrand Amiel, avocat d'Aulon, représente tout le district de la châtellenie de Cassagnabère à la dernière réunion des Etats du Nébouzan, célébrée à Saint-Gaudens, chef-lieu de la vicomté.

CONSULS D'AULON.

La liste que nous pouvons donner est très incomplète. Les noms des anciens consuls ne nous sont révélés que séparément par certains documents officiels où ils figurent à la suite de leurs propres actes. Outre qu'il existe de grandes lacunes dans la collection des actes consulaires, nous constatons dans ceux qui ont été retrouvés que bien souvent tous les consuls en charge n'y sont pas mentionnés, mais seulement celui ou ceux qui prenaient part à la délibération. Qu'on en juge :

De 1500 à 1789, il n'y a que dix-huit années dont les actes nous fassent connaître les noms de tous les consuls en charge. Les actes de vingt-deux autres années n'en mentionnent que trois et quelquefois deux. Quant aux interstices de cette longue période de près de trois siècles, nous les comptons par dix, vingt, trente et jusqu'à cinquante ans.

Dans ces conditions, il est préférable de mentionner les noms des consuls par périodes plus ou moins longues, et en les réunissant sous une même date approximative, sans égard pour l'année où ils furent en charge. Nous éviterons par là même des répétitions de noms, car certains personnages furent réélus alternativement pendant plusieurs années.

Les noms de famille qu'on verra répétés, ne signalent pas les mêmes individus. Il y eut jusqu'à deux et même trois MARTIN consuls en même temps. C'est leur seul nom de baptême qui les faisait distinguer.

1500. — A cette date figurent les premiers consuls dont nous ayons connaisance : MARTIN, MÉRIC, SERRES, LODES, PAILHAC.

De 1552 à 1554. — MARTIN, BARUS, CAZENEUVE, LARRIEU, CASTET, FÉRAUD.

1574. — MARTIN, FÉRAUD.

1640. — PEY, CAZAVE, DUCLOS.

De 1650 à 1653. — TRAMONT, MARTIN, PEY, BAUDÉAN, LAYRISSE, LAFFORGUE, GAZAVE, FÉRAUD, DUCLOS, BARUS.

De 1666 à 1684. — MARTIN, CASSAIGNE, CLERC, deux autres MARTIN.

De 1684 à 1691. — DURIEU, LABATUT, LAYRISSE, MARTIN, AMYEL, RIGOLÈNE, MARTIN, LARRIEU, FÉRAUD.

De 1691 à 1703. — AMYEL, REGAGNON, MARTIN, CAZENEUVE, DUCOS, DARAY, CLERC, MARTIN, DARAY, SOLLE.

De 1731 à 1736. — DUCLOS, MARTIN, SARRAUTE, FÉRAUD, MARTIN.

De 1737 à 1746. — LABATUT, FAVARON, AVEZAC, BOSC, MARTIN, ARTIGUES, CAZAVE, AMIEL, MARTIN, FÉRAUD.

De 1754 à 1765. — Cazac de Pradère, Martin, Labatut, Martin, Simon, Antoine Sarraute.

De 1766 à 1776. — Amiel, Noguès, Layrisse, Martin, Cassagne, Labatut, Favaron, Froment, Castet, Gilles Amiel, Saux.

De 1782 à 1784. — Amiel, Loubaut, Capdeville, Avezac, Sensébé, Layrisse, Labatut, Castet, Cassaigne, Faget.

1789-90.*— Derniers consuls d'Aulon : Jean Cassaigne, Paul Daray, Michel Cassaigne et Vincent Castet.

PÉRIODE RÉVOLUTIONNAIRE.

Il est inutile de répéter ici la multiciplicité des changements opérés parmi les magistrats d'Aulon pendant la période révolutionnaire. Nous les avons fait connaître aux chapitres huitième et neuvième, avec toutes les particularités que semblait requérir notre genre de travail.

Jean-Baptiste Sarraute fut le premier maire d'Aulon (7 février 1790). Et après lui, Bernard Martin, Bernard Sensébé, encore Jean-Baptiste Sarraute, Simon-Philippe Sarraute, Bertrand Amiel, Matthieu Duffort, encore Bernard Sensébé, et finalement Antoine Sarraute, occupèrent successivement, sous des titres divers, et pendant plus ou moins de temps, la première charge de la commune. Antoine Sarraute, nommé maire en 1800, mourut étant encore en charge le 18 novembre 1804.

ANCIENS JUGES DE LA BARONNIE D'AULON.

1686. — Bernard Cazac de Pradère figure à cette date dans un acte officiel.

1732. — Jean de Féraud. (Bernard Amiel, greffier.)

1748. — Pierre de Saint-Martin. (Même greffier.)

1757-1784. — Bernard Pégot-Vallibus. (Déjean, puis Dardignac, greffiers.)

1784-1790. — Pierre Adéma. (Dardignac, greffier.)

NOTARIAT D'AULON.

Les registres retrouvés par l'abbé Ader ne remontant pas au delà de 1640, il est difficile de préciser la date de l'établissement d'un notariat à Aulon. Certains actes du seizième siècle, déjà mentionnés, furent passés devant des notaires de Saint-Gaudens ou d'Aurignac, ce qui laisse supposer que le notariat n'existait pas encore.

1640. — Pasqual AMYEL est le premier notaire qui nous soit connu à cette date. Et jusqu'en 1858, c'est cette même famille Amyel (aujourd'hui disparue) qui devait détenir le notariat presque continuellement dans l'ordre suivant :

1684. — Bertrand AMYEL.

1717. — Bernard AMYEL.

1751. — François-Gilles AMIEL (nouvelle orthographe du nom).

1785. — Bertrand AMIEL. Il mourut en 1804.

1816. — Gabriel-Jean-François AMIEL, décédé le 13 novembre 1858.

1858. — A partir de cette date, le notariat d'Aulon a subi toutes sortes de vicissitudes, et finalement a été supprimé.

CORRECTIONS ET ANNOTATIONS

Page 2. — Quelques auteurs récents ont écrit qu'Aulon était un dérivatif du nom d'Abellion. La consonance a motivé leur opinion; mais elle n'est pas probante.

Ibid. — Dernier paragraphe, *lisez :* L'étude de cette localité, etc. Les communes qui l'entourent existaient déjà au treizième siècle.

Page 4. — Dans plusieurs actes passés sous le pontificat de saint Bertrand, la *Noue* est mentionnée par le mot latin *Anoa.*

Page 5. — Le titre de paroisse donné à Mengué ne doit pas être pris dans le sens qu'on lui attribue de nos jours. Voir le chapitre douzième.

Page 8. — Sur le culte d'Abellion, voir les notes complémentaires insérées dans l'*Avertissement.*

Page 15. — Dernier paragraphe, *au lieu de :* il possédait des biens, *lisez :* Les Bénédictins percevaient des fruits décimaux dans presque, etc.

Page 18. — Fin du deuxième paragraphe, *lisez :* par les cinq ou six révolutionnaires de la localité.

Page 19. — Deuxième paragraphe : En 1370, le prieuré d'Aulon était taxé par le Saint-Siège à 38 florins.

Page 26. — Deuxième paragraphe, *lisez :* comte Bozon de Mathas.

Page 28. — Une savante dissertation sur Jean d'Aulon a été publiée, en 1901, par Oscar de Poli, dans l'*Annuaire du Conseil héraldique de France, XIVme année.*

Page 29. — On nous fait observer que la *Festa de Martro* doit s'entendre de celle de saint Vidian, qui se célébrait autrefois à Martres-Tolosane avec un éclat extraordinaire et qui l'avait rendue très populaire dans tout le pays.

Page 40. — Deuxième paragraphe, *lisez :* Joseph Tranquillin.

Ibid. — Troisième paragraphe : Mais peu de temps après....., *lisez :* Mais avant cette dernière date, il s'était déjà élevé un assez grave conflit... Le 18 août 1756, le marquis d'Etigny autorisa les consuls d'Aulon à imposer la commune de 150 livres pour ouvrir ce procès, etc. Voir page 222.

Ibid. — La sentence du 14 juillet 1763 obligeait la commune de payer au seigneur une indemnité de 1108 livres, 19 sols, 7 deniers.

Page 46. — Le cimetière d'Aulon avait eu dans le temps une étendue beaucoup plus considérable. Lorsqu'on voulut construire la Maison commune, et, quelques années après, la maison Lamourelle, située en face, on trouva, en creusant les fondements, une grande quantité d'ossements humains, et, même certains objets en métal, très anciens, qui furent envoyés au Musée de Toulouse.

Page 49. — Note 3, *lisez :* Clément VII.

Page 62. — Le deuxième chapitre consacré à *Aulon pendant la Révolution* renferme plusieurs documents qui sont comme les *Pièces justificatives* de tout ce que nous rapportons dans celui-ci, sur la fin de l'ancienne paroisse.

Page 80. — Après la lettre de Pégot, *lisez :* Un autre document va nous montrer de quelle manière prit fin, etc.

Page 112. — La lettre au sous-préfet de Saint-Gaudens est datée de l'an IX et fut écrite par le maire Antoine Sarraute.

Page 130, note 1. — L'abbé Puges mourut dans la soixantième année de son âge, et fut inhumé, le 11 décembre, au milieu de la grande allée du cimetière, au nord de la grand'croix, qui abritait déjà les restes de ses deux prédécesseurs.

Page 134. — Nous extrayons de l'*Echo de Saint-François* (année 1894) et du registre du Tiers-Ordre d'Aulon, la notice nécrologique suivante : « Bertrand Lamourelle, né le 8 mai 1820 et décédé le 24 avril 1894, fut l'honneur du Tiers-Ordre parce qu'il en fut le parfait exemplaire. Dieu seul connaît tout le bien qu'il a opéré autour de lui, surtout depuis 1868, époque de son affiliation à la famille franciscaine. Vivant dans le monde sans lui appartenir, sa pensée et son cœur se dépensaient pour Dieu en visites quotidiennes à l'église, en communions très fréquentes et en bonnes œuvres de toutes sortes. Sa mort fut un deuil pour la paroisse. Les ennemis de la religion eux-mêmes témoignèrent unanimement combien la haute vertu de ce parfait chrétien s'était imposée à leur respect et à leur admiration. Le T. R. P. Léonard de Saint-Pé, provincial des capucins de Toulouse, qui vint présider les obsèques, attesta par sa présence la reconnaissance de l'Ordre de Saint-François pour ses amis et bienfaiteurs. »

Page 220. — Deuxième ligne, *lisez :* route royale de Montréjeau.

Page 228. — La requête du syndic d'Aulon fut exaucée le 14 mars 1777.

Page 232. — Un document, daté du 1ᵉʳ juillet 1715, nous apprend qu'un membre de la famille Cazac de Pradère, de Mengué, avait fondé une rente annuelle de 28 livres en faveur de l'hôpital de Saint-Gaudens. L'acte en question mentionne les trois métairies des Bigots, de Laprade et de Carrillotte comme appartenant à cette famille.

FIN.

Toulouse, Imp. DOULADOURE-PRIVAT, rue St-Rome, 39. — 1912

9 782019 938116